Efficacy and Participation:
A View of the Grass-roots Democracy in China

效能与参与视域下的中国基层民主政治
——以山西城乡居民的调查为例

李蓉蓉◎著

The Survey of Urban and
Rural Residents in
Shanxi as an Example

序 言

民主政治历来是政治学和比较政治学研究的重要问题，尤其是30多年来，随着中国改革开放的深入，国人对民主政治的关注和研究越来越多，关于民主政治发展路径的研究和争论成为学界关注的重要问题，尤其由于基层民主政治是较早进行试验的，因而也引发了最多的关注和研究。这些研究大体上可以分为两种类型：一是以相关理论研究为指导，对中国基层民主政治的意义、作用、路径及相关问题的探讨；二是以实践研究为主，多以个案研究的方法探究中国基层民主政治的特点。这些研究无疑都是相当宝贵的。本书选择的视角是，通过城乡居民的政治态度和政治行为这一问题的研究，来对中国基层民主政治进行较为客观、科学的评价，从而为基层民主政治的发展提供数据支持和理论指导。由于我国学界对如何审视和评价30多年来中国基层民主政治的制度绩效还缺乏系统的研究，因此，这一研究是非常有价值的。

本书依据相关的民主化理论，结合中国基层民主政治的现实，深入接触城乡居民，以中国城乡居民的政治效能感和政治参与为题进行访谈，并在此基础上科学编制问卷进行调查，深入分析和全方位描述城乡居民的政治效能感和政治参与及其关系的现实图景，揭示影响它们的因素，进一步指出中国基层民主政治存在的问题与不足。具体而言，本书的研究意义主要体现在三个方面：第一，通过对中国城乡居民政治效能感和政治参与及其关系的客观描述与分析，进一步检视中国基层民主政治的制度绩效。第二，通过城乡居民政治效能感和政治参与的比较研究揭示影响中国基层民主发展的因素与缘由。第三，通过观照中国基层民主中涉及的诸多问题，进一步验证西方现代化和民主理论中的诸多观点，考证其适用性。

在本书中，作者以理论—模型—假设—验证的研究路径对主题进行了较为系统的分析。在理论部分，在详尽地梳理基层民主政治、政治效能感和政治参与概念与相关理论的基础上，借鉴和引申西方相关理论，提出了中国城乡居民政治效能感和政治参与的操作化概念，并在理论模型中，全面展示了三组自变量与政治效能感和政治参与的关系，为研究假设提供了理论依据。在方法部分，通过论述研究路径、问卷设计和抽样，充分说明了研究工具和路径的科学性。在研究结果部分，作者通过描述城乡居民政治效能感及其影响因素、城乡居民政治参与及其影响因素、中国城乡居民政治效能感和政治参与及其关联性比较三部分内容，较全面地展示了中国城乡居民的状况。在结论部分，作者提出中国基层民主政治已取得一定的成就，表现在乡村民主中，村民政治效能感正在从较低水平向较高水平推进，村民不仅具有了一定政治知识的主观感知，而且也具有了一定影响村委会和村干部的主观能力感，这种中低水平的主观能力感必将成为今后较高水平政治效能感的基础。同时，村民参与村委会选举比例较高，参与选举的主动性增强；在社区民主中，城市居民的政治效能感已趋向适中，民主所需的基本态度已经形成，政治参与的广度在逐步扩大，参与范围也在增加。但是，30多年的基层民主政治还存在诸多不足，从城乡居民政治效能感和政治参与角度而言，具体表现为以下几方面：第一，村民民主态度并没有充分形成，政治参与深度不够，乡村民主政治的效力不足。第二，尽管城市居民已具备相应的民主态度，但政治参与明显不足，社区民主仍需让权于民。第三，城乡居民政治效能感与政治参与之间的关系要求基层民主政治进一步深化。第四，西方诸多现代化理论和民主理论在中国现实政治中并不一定具有理论的普适性，需要具体问题具体分析。

　　本书的特点在于作者运用了政治心理的研究理路，以此来审视中国基层民主，把政治效能感和政治参与及其关系当作分析主题，研究视角有其独特性；并且将城市居民和农村居民共同作为研究对象，进行城乡二元比较，这比单纯地研究农村或者城市社区更有价值；作者通过大量的田野调查和数据分析，得出了一些与传统的现代化理论和人们的日常经验有所不同的结论，为今后的理论研究和政治实践提供了基础。

李路曲

于上海师范大学

2014 年 1 月 18 日

目 录

导　论 …………………………………………………………… 001
　　一、研究缘起与研究意义 ………………………………… 001
　　二、国内外研究动态 ……………………………………… 006
　　三、研究方法与策略 ……………………………………… 039
　　四、本书的思路和研究内容 ……………………………… 048

第一章　政治效能感与政治参与的理论及其模型建构 …… 050
　　一、政治效能感：中国基层民主政治的心理基础 ……… 050
　　二、政治参与：中国基层民主政治的行为表征 ………… 074
　　三、中国城乡居民政治效能感与政治参与的模型建构与
　　　　基本假设 ……………………………………………… 081
　　四、小结 …………………………………………………… 091

第二章　研究设计和研究过程 …………………………………… 092
　　一、研究方式 ……………………………………………… 092
　　二、问卷设计 ……………………………………………… 092
　　三、抽样 …………………………………………………… 100
　　四、资料的收集和分析 …………………………………… 112
　　五、小结 …………………………………………………… 112

第三章　城乡居民政治效能感的形态及其影响因素 ………… 113

一、农村居民政治效能感的形态及其影响因素 ………………… 113
　　二、城市居民政治效能感的形态及其影响因素 ………………… 147
　　三、小结 ………………………………………………………… 165

第四章　城乡居民政治参与的表现及其影响因素 ………………… 167
　　一、农村居民政治参与的表现及其影响因素 …………………… 169
　　二、城市居民政治参与的表现及其影响因素 …………………… 191
　　三、小结 ………………………………………………………… 206

第五章　城乡居民政治效能感与政治参与的比较与关联性 ……… 207
　　一、城乡居民政治效能感及其影响因素的比较分析 …………… 209
　　二、城乡居民政治参与及其影响因素的比较分析 ……………… 220
　　三、城乡居民政治效能感与政治参与之间的关联性分析 ……… 229
　　四、城乡居民政治效能感与政治参与关系的比较分析 ………… 245
　　五、小结 ………………………………………………………… 248

第六章　效能与参与视域下的中国基层民主政治 ………………… 250
　　一、检视中国基层民主政治的标准 ……………………………… 251
　　二、效能与参与视域下中国基层民主政治取得的成就 ………… 252
　　三、效能与参与视域下中国基层民主政治存在的问题 ………… 256
　　四、深化中国基层民主政治的几点思考 ………………………… 265
　　五、结论 ………………………………………………………… 270

参考文献 …………………………………………………………… 272
附录一：中国村民政治效能感和政治参与调查问卷 …………… 287
附录二：中国市民政治效能感与政治参与调查问卷 …………… 298
后　记 ……………………………………………………………… 308

图表索引

图 1-1　城乡居民政治效能感和政治参与的理论模型……………… 83
表 1-1　政治效能感概念的操作化…………………………………… 88
表 1-2　政治参与概念的操作化……………………………………… 90
表 2-1　农村居民政治效能感及其各维度的内部一致性系数……… 94
表 2-2　农村居民政治效能感问卷中各题目的平均数、标准差和
　　　　题总相关一览表…………………………………………… 95
表 2-3　农村居民政治参与各层次的克隆巴赫系数值……………… 96
表 2-4　农村居民政治参与各层次之间及其与总分的相关矩阵…… 97
表 2-5　城市居民政治效能感及其维度的克隆巴赫系数…………… 98
表 2-6　城市居民政治效能感问卷中各题目的平均数、标准差和
　　　　题总相关一览表…………………………………………… 98
表 2-7　城市居民政治参与各层次的克隆巴赫系数值……………… 99
表 2-8　城市居民政治参与各层次之间及其与总分的相关矩阵…… 99
表 2-9　山西省七个村庄的基本情况一览表………………………… 108
表 2-10　山西省城乡居民样本分布表………………………………… 111
表 3-1　村民村庄政治效能感的平均数与标准差…………………… 114
图 3-1　"如果你有困难找村干部解决，他们一般会处理"选项的
　　　　百分比……………………………………………………… 116
表 3-2　村民政府政治效能感的平均数与标准差…………………… 117

表3-3	村民表达不满的渠道选择的百分比	119
表3-4	村民政府重视型和回应型政治效能感的配对T检验	120
表3-5	村民村庄政治效能感及其各类型在年龄上的方差分析	122
表3-6	男、女村民在村庄政治效能感上的T检验	124
表3-7	村民受教育程度在其政治效能感及其维度、类型上的方差分析	125
表3-8	村民村庄政治效能感及其维度与类型在经济收入上的方差分析	127
图3-2	政治效能感与村民家庭年均收入关系图	129
表3-9	村民村庄政治效能感两维度及其类型在政治面貌上的T检验	130
表3-10	干群"关系"在村民村庄政治效能感及其维度和类型上的方差分析	133
表3-11	村民得到村委会帮助的项目与百分比	134
表3-12	村民村庄政治效能感及其维度和类型在物质诱因上的方差分析	136
表3-13	四个村庄村民村庄政治效能感及其维度和类型上的方差分析	138
表3-14	城市居民社区政治效能感及其维度上的平均数、标准差和T检验	149
表3-15	城市居民政府政治效能感及其维度的平均数与标准差	150
表3-16	城市居民社区政治效能感及其维度和类型在性别上的T检验	153
表3-17	城市居民受教育程度在政治效能感及其维度和类型上的方差分析	155
表3-18	城市居民经济收入在社区政治效能感及其维度和类型上的方差分析	156

图 3-3	不同经济收入水平市民的政治效能感关系图	159
表 3-19	党员与非党员市民在社区政治效能感及其维度和类型上的 T 检验	160
表 3-20	三个社区市民社区政治效能感及其维度和类型上的方差分析	161
图 3-4	"关系"在城市居民中的认识比例	164
表 4-1	农村居民参与活动情况一览表	171
表 4-2	农村居民发表意见的百分比	172
表 4-3	农村居民政治参与及其深度的平均数、标准差	173
表 4-4	农村居民推动性政治参与内容的百分比	175
表 4-5	农村居民参与村委会选举主动性的百分比	176
表 4-6	农村居民参加村庄公共活动的百分比	177
表 4-7	影响村民政治参与的社会人口学变量的回归分析模型	180
表 4-8	党员与非党员村民在不同政治参与深度上的 T 检验	181
表 4-9	男、女村民在政治参与深度上的 T 检验	183
图 4-1	不同经济收入村民的主动参与图	184
表 4-10	不同地域农村居民政治参与的方差分析	185
表 4-11	四个村庄政治参与深度的方差分析	186
表 4-12	干群"关系"在政治参与及其深度上的方差分析	189
表 4-13	物质诱因在政治参与及其深度上的 T 检验	190
表 4-14	城市居民参与政治活动的百分比	193
表 4-15	城市居民发表意见方面所占的百分比	195
表 4-16	城市居民政治参与及其深度的平均数、标准差	195
表 4-17	城市居民推动性政治参与的百分比、平均数和标准差	198
图 4-2	城市居民政治参与的主动性	199
表 4-18	影响城市居民政治参与的社会人口学因素的回归模型	202

表 4-19 党员与非党员市民在政治参与及其深度上的 T 检验 …… 203

图 4-3 不同社区城市居民参与不同活动的百分比 ………… 204

表 4-20 不同社区的城市居民政治参与及其深度上的
方差分析 …………………………………………… 205

表 5-1 城乡居民社区（村庄）政治效能感及其维度的平均数、
标准差比较 ………………………………………… 210

表 5-2 村民、市民在不同类型政治效能感上的比较 ………… 210

表 5-3 城乡男女性居民政治效能感及其维度上的 T 检验 …… 215

表 5-4 农村与城市女性居民受教育程度的百分比比较 ……… 216

表 5-5 年龄与城乡居民政治参与及其深度的方差分析 ……… 224

表 5-6 城乡居民受教育程度在政治参与及其深度上的
方差分析 …………………………………………… 226

表 5-7 5 个自变量对村民总体政治参与影响的回归模型……… 232

表 5-8 4 个自变量对村民维持性政治参与影响的回归模型…… 234

表 5-9 7 个自变量对村民推动性政治参与影响的回归模型…… 235

表 5-10 3 个自变量对村民敦促性政治参与影响的回归模型 … 236

表 5-11 村民村庄内在政治效能感各类型与其政治参与深度的
回归模型 …………………………………………… 237

表 5-12 影响城市居民总体政治参与诸变量之间的
回归分析模型 ……………………………………… 240

表 5-13 3 个自变量对城市居民维持性政治参与的回归模型 …… 241

表 5-14 3 个自变量对城市居民推动性政治参与影响的
回归模型 …………………………………………… 242

表 5-15 3 个自变量对城市居民敦促性政治参与影响的
回归模型 …………………………………………… 242

表 5-16 城市居民内在、外在政治效能感与政治参与深度的
回归模型 …………………………………………… 244

导　论

自从 1978 年中国农村开启第一个村委会选举至今,中国基层民主政治建设已有 30 余年的历程。在 30 多年的社会发展和变迁中,中国基层民主政治①从萌发到壮大,从稚幼到较为成熟,成为中国特色社会主义民主的重要组成部分。回顾农村和城市民主政治路程,可以说是"喜忧参半",喜的是,在市场经济的推进下,城乡社区终于可以从国家全覆盖的政治生活中,逐渐摆脱其控制,成为社会自治的主要场域,率先走出了一条中国特色的民主道路。忧的是,在基层民主政治的推进中,也遭遇了意想不到的诸多问题:比如村民自治中的"两委关系"难题,宗族势力的渗透以及贿选政治的出现;在社区选举中出现的居民参与冷漠,社区居民自治难以实现等影响民主政治推进的现实难题。中国基层民主政治该怎样发展,成为当下人们关注的主要问题之一。对于这一命题的关切应该立足于对已有经验的反思和总结的基础上,当然也离不开人类已有的丰富理论的指导和对现实经验的梳理。

一、研究缘起与研究意义

民主政治是现代国家政治发展的必然选择,其内在的逻辑是民主制

---

① 在我国,基层民主应该包括:村民委员会选举、居民委员会选举和企事业基层民主建设。本书主要是指村民委员会选举和居民委员会选举。

度不仅给人们提供了自由、平等地参与政治活动的机会，保证了每一个公民的政治权利，在很大程度上实现了"善"的政治，而且在政府职能日益扩大的现代社会中，民主政治也是普通民众监督和控制权力扩散的一种有效手段。因此，在政治实践和政治理论发展的历史长河中，民主政治是无法回避的主题。从民主实践看，自雅典民主到今天西方社会的代议制民主，公民参与范围的扩大以及拥有的权利往往是西方国家炫耀的资本，同时催生了西方民主政治一系列的特征，成为其标志性的产物，如竞争、多党制以及政治参与等。从民主理论看，从直接民主、民主共和，到人民主权理论、代议制民主，再到精英民主、多元民主理论以及参与民主理论，西方学者几乎讨论了所有有关民主政治的话题，尽管在很多问题上存在分歧，但也有相当一致的认识。共识是民主政治是迄今为止最好的政体，分歧是民主究竟是一种价值，还是方法，是精英下的有限民主还是公众直接、广泛的民主？由此形成了两类民主派系，一类是以卢梭（Jean-Jacques Rousseau）等学者为代表的古典民主理论，一类是以熊彼特（Joseph Alois Schumpeter）为代表的现代民主理论。古典民主理论的代表强调民众直接参与，认为只有民众直接地参与政治活动才能真正地体现"公意"，卢梭断然提出，公意是不能被代表的，也是不能够被取代的。① 包括晚近的参与式民主理论，更是依托古典民主理论的滥觞，提出了参与式民主才是真正的民主。这种民主理论一方面强调互惠式的参与理念，另一方面更加强调民众政治参与所应具备的公民精神。而现代民主理论试图证明的是，民主不过是一种手段和方法，不过是给予人民一个决定他们领导人的机会，因此，民众直接参与所有政治活动和决策是不可能的，只有选举才是比较现实的渠道。尽管现代民主理论并没有给予民主参与如此多的意义，但是，现代民主理论的代表熊彼特在其文章中也反复强调即使是这种有限参与，在小觑民众参政

---

① [法]卢梭：《社会契约论》，何兆武译，商务印书馆2003年版，第33页。

水平的同时,也不得不指出:民主自治需要选民和议会必须在智力和道德水平上有相当的高度,也需要民众在选举中具备相当的能力和素养。①因此,不管是古典民主理论还是现代民主理论,虽然在强调民众参与的角度和观点上有所不同②,但在两类民主理论中却有着共同的关照,即政治参与均是民主政治的核心要素。而政治参与并不是凭空发生的,引发其发生和持续的动力是处于参与中的民众所特有的公民精神和民主态度,公民精神和民主态度中最为核心的构成要素之一就是公民的政治效能感。可以这么说,政治效能感和政治参与成为民主国家在民众层面上两个比较显著的特征。

对于中国而言,自鸦片战争以来,民主就是追求的目标,先后经历了旧民主主义革命、新民主主义革命、社会主义革命、社会主义建设四个发展阶段,最终确立了"建设社会主义民主国家"的重要目标。在这样的目标指引下,中国的民主化道路与西方国家的民主就有着本质不同,不再单纯地以选举和竞争作为判断民主国家的唯一标准,而将人民当家做主作为社会主义民主的本质体现,由此展开党内民主、法治民主、协商民主、基层民主,其中基层民主建设,是社会主义民主建设的重大突破和典型表现。这是因为:第一,中国基层民主政治是中国民主政治建设的领跑者和推动力。改革开放之初,江西省一个小村庄的乡村管理试验拉开了中国乡村政治改革的序幕,这使得中国农村在家庭联产承包制后,再一次成为世人的关注点。由此在神州大地上开始了村民自治,中国农民开始用自己手中的选票选举自己心仪的管理者,从那时起至今,中国大多数农村进行了村委会选举。据统计,仅在2005—2007年间,全国有31个省份共626655个村开展村委会选举,占村委会选举总

---

① [美]约瑟夫·熊彼特:《资本主义、社会主义与民主》,吴良健译,商务印书馆2002年版,第424页。
② 郭秋永:《当代三大民主理论》,新星出版社2006年版,第22页。

数的98.4%，有17个省份试点了较大规模的"海选"。① 不仅如此，在乡村选举中，我国农民智慧地创造了许多新的选举方式：如"两票制"，由乡村自治推演到乡镇长选举以及人大代表的竞选，乃至社区居委会选举，由此可见，基层民主政治无疑是启动中国选举民主工程的引擎，引发了中国民主政治建设的多米诺骨牌效应，成为中国民主政治建设的推动力。第二，中国基层民主政治催生了中国民众的公共意识和公民精神。30多年的中国基层民主建设，农村和城市社区的自治，在实践的层面上引导广大民众关注公共事务、提升公民政治素养乃至有序参与政治等方面具有不可低估的作用。有数据表明，中国村民对选举方面的知识和了解程度有了较大提高②，也有调查证实中国公民对政治的关注度在提高。③ 中国基层民主政治的重大意义充分展现了中国民主政治的活力和魅力。

与此同时，我们也看到，在中国基层民主选举中，尤其是村委会的选举中，也呈现出与西方民主选举相似的方面：公开竞争选举已是普遍做法，选举中也会出现以宗族为派系的竞选，即使是在社区居委会的选举中，也出现了一定程度的竞争。由此可见，对于民主制度而言，它并不是哪一个国家独有的制度特权，在不同的国家，由于历史文化的不同，对于某一个制度的选择，既有与其他国家相似的部分，也有不同的方面。民主制度也是如此。在中国民主政治建设中，其本质与西方国家民主政治是不同的，但是在基层民主上，民主选举、民主管理、民主决策和民主监督却有着与西方民主政治共同的要素。这样也就同样要求，

---

① 黄卫平：《中国选举民主：从广度到深度》，见高建、佟德志主编：《中国式民主》，天津人民出版社2010年版，第128页。
② 我们的调查设计了村民对于村委会选举的整套程序是否了解以及是否知道国家的相关政策等问题，从回收的数据看，村民对于村委会选举程序有所了解的比例为85%。对于国家领导人的了解占到84.3%。
③ 房宁：《中国政治参与报告》，社会科学文献出版社2011年版，第226—227页。

民众的公共精神和民主态度是基层民主政治开展和推行的基础。

中国基层民主政治的实践无疑也引起了中外学者的高度关注和极大兴趣，在研究中，不乏学者的溢美之词，如有的学者认为，村民自治是中国民主政治最为生动，也是最具活力的重要组成部分，作为人民民主的重要实践，村民自治充分体现了人民当家做主的基本理念，创造了丰富多样的民主形式。① 当然在研究中也不乏对中国基层民主政治中出现的问题以及未来的发展充满担忧之意的学者，有一部分学者以为，中国的村民自治和居民自治只是一种"仪式化"，远远没有达到民主真正的目的和价值。上述争论当然是民主建设中遭遇到的关键问题。在这些褒贬之中，本研究意图另辟蹊径，从民众政治态度、政治行为乃至两者的关系层面解读、审视中国基层民主政治的成效与不足，之所以选择这样的视角，是基于以下考虑：

第一，中国基层民主政治30多年的发展成就无疑首先体现在制度层面上的变化，《村委会组织法》和《居委会组织法》的出台和完善，不仅为基层民主政治的操作提供了可依据的文本，还为城乡居民②的政治生活提供了制度环境。然而，政治制度的完善和政治环境的变化最后能否有真正的效果，不应仅仅停留在制度层面的文本改变，最终应该体现在民众的心理层面，因为民众心理层面的改变才是政治文化变化的最终体现。而民众政治态度的变化是心理改变的中心，政治效能感作为民众一种较为特殊、积极的政治态度，可以充当基层民主政治的考量依据。同样，作为民主政治的核心要素的政治参与，在中国基层民主政治建设中，自然也是一个重要的、无法回避的要素。因此，从城乡居民政治效能感、政治参与以及两者的关系考察中国基层民主政治或许是澄清中国基层民主政治争议的一个较为独特的视角。

---

① 高建、佟德志：《中国式民主》，天津人民出版社2010版，第5页。
② 城乡居民是"城市居民"和"农村居民"的统称，其简称分别是"市民"和"村民"。

第二，有关民主政治、政治效能感和政治参与的研究，国外已有相当多的理论和观点，也在很多国家适用。但是，对于中国这样一个发展中国家，一个面临诸多变革的国家，那些所谓"通用"的西方理论是否在中国适用？是否能够用来解读中国政治场域中出现的诸多现象？尚需进行深入的研究和探讨。具体到本研究中，将观照到以下诸多具体的问题：（1）在中国民主政治最为活跃的地方，城乡居民是否形成了相应的政治效能感？形成的政治效能感又体现出怎样的形态？这种形态与西方民众的政治效能感是否一样？它是不是同样受到社会经济发展的影响？（2）中国城乡居民的政治参与是怎样的表现？它的形成是受到社会经济地位的影响还是更多地受到政治效能感的影响？（3）中国城乡居民的政治效能感与政治参与之间是否如西方理论所说的那样，政治效能感越高，政治参与越积极？（4）从城乡居民的比较而言，是不是像西方理论所描述的那样，受教育程度越高的民众，政治效能感和政治参与均较高？是不是城市居民一定比农村居民的政治效能感和政治参与水平更高？总之，对于这些具体问题的研究，不仅可以重新审视西方民主理论和现代化理论的普适性，更为重要的是为中国政治学"本土化"提供些许有益的经验和帮助。

二、国内外研究动态

本研究涉及的三个关键术语，即基层民主政治、政治效能感和政治参与，均是中西方研究的热点问题，因此需要一一梳理。

（一）国外研究动态

1. 基层民主政治

西方学者关于基层民主政治（grassroots democracy）的研究很多，但具体到对中国基层民主政治的关注，则是伴随着中国基层民主政治实践的推进逐渐展开。20世纪90年代开始,西方学者开始抛弃固有西方民主理论的"袈裟",关注中国农村和社区这片神奇土地上发生的不同于西方民主制度的实践。西方学者对中国基层民主的研究主要有以下几个方面的内容:

第一,关于中国基层民主中的乡村选举的研究。中国基层民主的表现形式是在村庄和城市社区进行村民自治和居民自治,而自治的核心表现就是村民和居民的选举。选举作为衡量基层民主政治的重要方面,西方学者急于通过自己的调查和研究对中国基层社会发生的政治变革进行评估,因此,围绕村委会的选举和居委会的选举展开了一系列的研究。墨宁(Melanie Manion)的研究发现,在中国乡村的选举中,乡村领导人和选民之间存在高度的一致性,这种联系在选举中具有重要的作用。① 史天健(Tianjian Shi)则发现,在不同的选举制度下中国村民所表现出的不同的选举倾向,以及即使是在有限选择的条件下,选民会有相应的选举意识,将选举看作是对于自己政治利益的追求,并且这样的选举激励了人们的政治参与、惩治腐败和民主的发展。② 他的另一篇文章则是通过对参与村庄自治制度的设计者和推动者在村委会选举制度的出台中扮演了怎样的角色的分析,说明中国基层民主的推进过程。③ 凯文和李连江(Kevin & Lianjiang Li)通过对村民自治的介绍,试图说明中国乡村的村民自治只是在国家控制下的提升领导能力、惩治腐败和产生高水平干部的一种尝试,而非真正的民主。④ 对于社区选举的研究相对较少,

---

① Melanie Manion, "The Electoral Connection in the Chinese Countryside", *American Political Science Review*, Vol. 90, No. 4, December 1996, pp. 736 – 748.

② Tianjian Shi, "Voting and Nonvoting in China: Voting Behavior in Plebiscitary and Limited-Choice Elections", *The Journal of Politics*, Vol. 61, No. 4, November 1999, pp. 1115 – 1139.

③ Tianjian Shi, "Village Committee Elections in China: Institutionalist Tactics for Democcracy", *World Politics*, Vol. 5, No. 3, April 1999, pp. 385 – 412.

④ Kevin & Lianjiang Li, "Accommodating 'Democracy' in a One-Party State: Introducing Village Elecyions in China", *The China Quarterly*, No. 162, June 2000, pp. 465 – 489.

其中比较著名的研究是德国学者托马斯·海贝勒（Thomas Heberer），他通过对居委会的直接选举和间接选举进行分析，发现中国社区居委会的选举对大多数居民来说意义不大。① 上述这些研究，呈现出两种趋势：一种趋势是对中国基层民主，尤其是农村村委会选举的积极肯定，认为它在中国基层民主建设中具有里程碑的作用，为未来中国的民主化道路奠定了基础；而另一种趋势则是质疑农村选举是不是起到了真正的作用。

第二，关于中国基层民主政治的文化研究。除了关注中国基层民主政治改革中选举制度和现状的研究外，西方学者最为关切的是在制度运行中民众的主观感知和倾向，由此来说明中国基层民主政治的特点。史天健通过了解中国公民的四种态度：即对于政策的一般态度，政治效能感，对于主权、权力的态度和对待改革的态度来推知中国公民所具有的政治文化是否与民主国家的政治文化相似，作者得出结论，中国基层民众已有20%至30%的比例具有与民主国家相似的态度，甚至这一数据还超过了某些民主国家。即便如此，基层选举并没有在人们的主观倾向上产生多大的变化，相反，作者认为，中国的精英在改革中扮演着重要角色。② 罗伯特·帕森特和覃清山（Robert A. Pastor & Qingshan Tan）通过对中国多省的选举调查认为，中国村民对于村庄选举的意义给予很高的认可。③ 托马斯·海贝勒的研究发现，虽然市民在日常生活中对居委会的认识有限，但是选举仍然会对市民的政治意识和

---

① ［德］托马斯·海贝勒、君特·舒耕德：《从群众到公民——中国的政治参与》，张文红译，中央编译出版社2009年版，第135—169页。
② Tianjian Shi, "Culture Values and Democracy in the People's Republic of China", *The China Quarterly*, No. 162, June 2000, pp. 540 – 559.
③ Robert A. Pastor & Qingshan Tan, "The Meaning of China's Village Elections", *The China Quarterly*, No. 162, June 2000, pp. 490 – 512.

政治参与产生影响。①

西方学者对于中国基层民主政治的研究,不论是制度取向还是文化取向,不论是积极的肯定还是消极的否定,均是从已有的西方理论入手,界定与审视中国的选举制度与民众态度。同时研究多涉及中国基层社会微观层面的内容,研究方法多采用经验研究,缺少理论上的宏观关照和相应的实地研究资料的依托。

2. 政治效能感

政治效能感(sense of political efficacy)的研究兴起于20世纪50年代的美国,作为影响政治行为的一个重要政治态度变量,政治效能感一直深受西方学者的关注,以至于保罗·R. 阿布拉姆森(Paul R. Abramson)这样认为:"在美国的政治学界,政治效能感的研究仅次于政党认同而被关注"。② 经过半个多世纪的发展,国外学者对政治效能感的认识逐渐深入,形成了比较丰富的研究成果。概括而言,国外学者关于政治效能感的研究主要集中在以下四个方面:政治效能感的内涵、政治效能感的结构与功能、政治效能感的测量和政治效能感的影响因素。毫无疑问,上述各方面的研究为政治学乃至政治心理学的发展作出了一定的贡献,但是从中也能发现些许问题和瑕疵,仍有较大的空间去思考和研究。

(1)政治效能感的内涵

国外关于政治效能感的内涵界定主要有三个观点,即"感觉说"、"主观能力说"和"形成说"。这三个观点其实从不同的方面对政治效能感进行了界说,但又相互补充,相得益彰,成为全面解读政治效能感的理论基础。

---

① [德]托马斯·海贝勒:《城市选举带来制度变化和合法性——城市社区居民的选举认知和参与意识》,见何增科、[德]托马斯·海贝勒等主编:《城乡公民参与和政治合法性》,中央编译出版社2007年版,第135页。

② Paul R. Abramson, *Political Attitudes in America: Formation and Change*, San Francisco: W. H. Freeman and Company, 1983, pp. 135 – 183.

最早对政治效能感进行研究的是美国密西根大学调研中心的安格斯·坎贝尔（Angus Campbell）等学者，他们在1954年对影响美国民众选举行为的因素进行了较为系统的研究，研究发现除了政党认同、问题取向和选民取向三个因素外，另一个很重要的因素就是政治效能感。坎贝尔认为，每个人在选举参与中的卷入程度都是不一样的，如果采用一个概念来理解、说明这一程度上的差别，政治效能感就可以充当扩充政治态度的一个基本概念。由此坎贝尔提出了政治效能感的基本内涵："政治效能感是一种个人认为自己的政治行动对政治过程可以产生的政治影响力的感觉，也是值得个人去实践其公民责任的感觉。是公民感受到政治与社会的改变是可能的，并且可以在这种改变中扮演一定的角色的感觉"。① 由此可见，在这一界定中，作者说明了两个基本问题：第一，政治效能感的主体是公民，客体是政治；第二，他强调政治效能感是个体自身对政治的内在主观感受，是对自身政治能力的一种自信程度的衡量。因为对于一些人来讲，政治是遥远而复杂的王国，这一王国是他无法企及的；而对另一些公民来讲，则认为政府的事民众是可以理解和影响的。这一界定由于强调个体内在对政治影响力的感觉，可称之为"感觉说"。

无独有偶，1963年美国学者加布里埃尔·A.阿尔蒙德和西德尼·维巴（Gabriel A. Almond & Sidney Verba）用"主观政治能力（subjective political competent）"这一概念考察美国、英国、德国、意大利和墨西哥等五国公民政治能力的差异，研究发现，在五国中，那些具有较强政治能力的民众更喜欢参与政治活动，比如这些人更愿意跟踪政治、注意选举和讨论政治，他们更喜欢表达对选举的满意并且确信自己对地方政府的活动是有影响力的。在此阿尔蒙德运用"主观政治能力"这一概念来

---

① Angus Campbell, Gerald Gurin & Warren E. Miller, *The Voter Decides*, New York: Row, Peterson and Company, 1954, p. 187.

表达公民不同的政治效能感,他这样表述:"公民自认为有这种能力的程度,具有重要意义。自认为有能力参与政治系统的频率,可能被看作是判断国家民主程度的标志……在许多方面,信念在一个人的能力中,是关键性的政治态度。有自信的公民看来是民主的公民。他不仅认为自己能参与,还认为别人也必须参与。他不仅认为自己能参与政治,而且是比较积极的。也许最有意义的是,有自信的公民也是较满意,较忠诚的公民。"① 阿尔蒙德这一并不十分严谨的界说指出政治效能感的意义以及具有较强政治效能感的公民的表现。他强调了政治效能感是指向公民自身政治能力的意涵。

关于政治效能感的第三个认识,称之为"形成说"。这一观点主要是由戴维·伊斯顿和杰克·丹尼斯(David Easton & Jack Dennis)提出的。他们从政治制度得以维持和继续的角度探讨在政治社会化过程中存在于个体政治效能感中的三个要素以及这三个要素之间的关系。伊斯顿指出:"作为一个概念,政治效能感是以三个彼此独立但又紧密关联的要素表现出来:即作为规范的政治效能感、作为心理学倾向或者感觉的政治效能感和作为一种行为方式的政治效能感"。② 政治效能感的这三个表现,伊斯顿进一步解释,作为一种规范,政治效能感是指民主制度中的成员应该能够影响政府,而政府也应该具有回应性的功效,这种在儿童三年级时就已习得的应然的规范成为个体政治效能感中的基本的、持久的"态度结构"。③ 作为一种感觉,政治效能感是个体必须感觉到自己在政治自我认同上是有能力的,是感觉自己能够影响政府,政府也能够

---

① [美]加布里埃尔·A.阿尔蒙德、西德尼·维巴:《公民文化——五个国家的政治态度和民主制》,徐湘林译,东方出版社2008年版,第232、145页。
② David Easton & Jack Dennis, "The Child's Acquisition of Regime Norms: Political Efficacy", *The American Political Science Review*, Vol. 61, No. 61, March 1967, pp. 25 – 26.
③ 郭秋永:《抽象概念的分析与测量:"政治功效感"的例释》,第二届美国文学与思想研讨会文集,1991年,第319页。

回应个体的感觉。对于这一向度的认识，伊斯顿非常清晰地表明，为显示个体的效能，一个人必须感知他在政治上的个体同一性层面的能力，他必须在有关政治领域用一系列强势的力量构建一种心理的示意图。作为一种行为的政治效能感，是在政治上的行为表现，也就是其在政治活动中所形成真正的影响。① 伊斯顿的观点尽管是从儿童政治社会化角度探究政治效能感的，但却指出了政治效能感的核心，即应然的规范、能然的感觉和实然的行为之间各自独立又相互关联的综合体，三者的关系在于应然的规范会形成能然的感觉，能然的感觉可能在必要的时候转化为实然的行动。

至此，西方学者关于政治效能感的讨论已经从形成机制、实质和指向三个方面作出比较完整的解释。

（2）政治效能感的结构与功能

坎贝尔等人的研究激发了很多学者对政治效能感的关注，使其逐渐成为一个热点领域。随着研究的深入，有学者对坎贝尔等人关于政治效能感的单面向认识提出质疑，美国学者罗伯特·E. 莱恩（Robert E. Lane）认为所谓的政治效能感具有隐性的意义，应包含两种不同的成分：其一，与他人相比，个人自认为对政府具有影响力；其二，面对政治体系而言，个人自认为政府会对其要求有所回应。② 这样的观点一经提出，就在学界引起巨大反响。有很多学者比较认同莱恩的观点，认为政治效能感所具有的两个结构向度或者多个结构向度才能真正反映其复杂性

---

① David Easton & Jack Dennis, "The Child's Acquisition of Regime Norms: Political Efficacy", *The American Political Science Review*, Vol. 61, No. 61, March 1967, pp. 25–26.
② Robert E. Lane, *Political Life: Why People Get Involved in Politics*, Glencoe: The Free Press, 1959, p. 149.

的特点。① 其中乔治·布莱克（George I. Balch）抽取近千名大学生进行的测量证实了这两个维度存在的合理性，他说："内在政治效能感（internal political efficacy）是个人相信自己可以影响政府的感觉，而外在政治效能感（external political efficacy）则是个体相信当权者或者政府应该回应民众的感觉"。② 随后有学者提出了政治效能感的第三个结构变量，即集体政治效能感（collective political efficacy），作者认为，由于个体总有归属的团体，因而团体本身就具有能够一起组织及采取行动以达成特定目的的一种信念。③ 然而，对政治效能感这一结构的研究后期并不多见。

在此研究的基础上，研究者开始关注内、外在政治效能感之间的关系，布莱克的研究表明公民的内在政治效能感与外在政治效能感之间的关联性较弱，他的依据是内在政治效能感更多地与个人早期生活中的能力有关，而外在政治效能感更多地与开放的政治系统有关。④ 但是，也有相当一部分学者认为，内在政治效能感与外在政治效能感之间具有较为紧密的关联性，他们的依据是"一个确信政治体系会回应其要求的个体同样认为自己是有能力控制政府官员的行为的"。⑤

---

① 赞同将政治效能感分为内在政治效能感和外在政治效能感两个维度的研究还有：J. Miller McPherson, Susan Welch & Cal Clark, "The Stability and Reliability of Political Efficacy: Using Path Analysis to Test Alternative Models", *The American Political Science Review*, Vol. 71, No. 2, June 1977, pp. 509 – 521; Paul R. Abramson, *Political attitudes in America: Formation and Change*, San Francisco: W. H. Freeman and Company, 1983, p. 143; Alan Acock, "A New Model for Old Measures: A Covariance Structrue Analysis of Political Efficacy", *The Journal of Politics*, Vol. 47, No. 4, November 1985, pp. 1062 – 1084.

② George I. Balch, "Multiple Indicators in Survey Research: The concept 'Sense of Political Efficacy'", *Political Methodology*, Vol. 1, No. 2, spring 1974, p. 9.

③ Lee, Francisl. F, "Collective Efficacy, Support for Democratization and Political Participation in Hong Kong", *International Journal of Public Opinion Research*, Vol. 18, No. 3, September 2005, pp. 297 – 317.

④ George I. Balch, "Multiple Indicators in Survey Research: The concept 'Sense of Political Efficacy'", *Political Methodology*, Vol. 1, No. 2, spring 1974, p. 9.

⑤ Coleman and Davis, "The Structural Context of Politics and Dimensions of Regime Performance: Their Importance for the Comparative Study of Political Efficacy", *Comparative Political Studies*, Vol. 9, No. 2, July 1967, pp. 189 – 206.

上述研究表明政治效能感不是一个单一面向的概念，而是至少可以区分为两个彼此联系而又独立的结构要素，即内在政治效能感和外在政治效能感。内在政治效能感是指个人相信自己有能力影响政府或政治精英的感觉，可以包括政治事务的可变感、政治过程的可理解性以及影响手段的可取得性①，也就是说个体自认为自己具备影响政治的能力，是面向自我的政治能力的感觉；外在政治效能感则是指个人相信政府官员或者制度，或者政治精英对于民众有所反应并予以重视的程度，也就是说，外在政治效能感是个体对于外在政治体系回应度的感觉，可以包括政治制度的外在政治效能感和政治领导人的外在效能感。② 与此相对应，也有人将内在政治效能感称作"投入（input）功效"，将外在政治效能感称作"产出（output）功效"。③

关于政治效能感功能的认识，国外学者基本达成一致。具体来说，可以总结为以下两点：第一，政治效能感是预测公民政治参与的重要指标。这一观点几乎得到了所有研究者的支持。④ 他们认为，态度（atti-

---

① 郭秋永：《抽象概念的分析与测量："政治功效感"的例释》，第二届美国文学与思想研讨会文集，1991年，第322页。
② Stephen C. Craig, Richard G. Niemi & Glenn E. silver, "Political Efficacy and Trust：A report on the NES Pilot Study Items", *Political Behavior*, Vol. 12, No. 3, September 1990, pp. 289 – 314.
③ Stephen C. Craig, "Efficacy, Trust, and Political Behavior：An Attempt to Resolve a Lingering Conceptual Dilemma", *American Politics Research*, Vol. 7, No. 2, April 1979, p. 229.
④ 支持这一观点的西方学者有：Angus Campbell, Gerald Gurin & Warren E. Miller, *The Voter Decides*, New York：Row, Peterson and Company, 1954；J. Miller McPherson, Susan Welch, Cal Clark, "The Stability and Reliability of Political Efficacy：Using Path Analysis to Test Alternative Models", *The American Political Science Review*, Vol. 71, No. 2, June 1977, pp. 509 – 521；Douglas Madsen, "A Structural Approach to the Explanation of Political Efficacy Levels Under Democratic Regimes", *American Journal of Political Science*, Vol. 22, No. 4, Novermber 1978, pp. 867 – 883；Philip H. Pollock III, "The Participatory Consequences of Internal and External Political Efficacy：A research Note", *The Western Political Quarterly*, Vol. 36, No. 3, September 1983, pp. 400 – 409；Alan Acock, "A New Model for Old Measures：A Covariance Structure Analysis of Political Efficacy", *The Journal of Politics*, Vol. 47, No. 4, November 1985, pp. 1062 – 1084.

tude）作为个体对待某个特定对象时所做出的比较持久、评价性的内部心理倾向，由于其稳定性和评价性的特点，对个体行为会产生较大的暗示和影响作用。坎贝尔在其论证中这样说明："对于选民是否卷入选举更为深入的考虑应该是其政治价值和态度，不同个体参与选举程度不同是因为其基本的政治态度不同，政治效能感就是这样一个基本概念"。[1]具体到政治效能感的内、外结构对选举参与的影响，有学者的研究表明，内在政治效能感与政治参与的关联性较大。第二，政治效能感是考量一个国家民主化程度的内在指标。由于政治效能感表明的是公民与政府之间的关系问题，因此一般认为，一国公民的政治效能感越高，说明这一国家的公民自认为可以改变本国政治决策的程度就越大，则反映其国家的民主化程度较高。

（3）政治效能感的测量

可以这样说，政治效能感是一个实用性非常强的概念，因为从这一概念诞生之日起，学者们就试图采用比较科学的手段和方法测量其高低，以便达到测量的准确性，这样导致的结果是对政治效能感测量的研究比对政治效能感基本理论的研究还要丰富。总结国外关于政治效能感的测量研究，其一始终探求的是问卷内容的设计是否能最好地体现其理论的预测，其二则是在此基础上运用更加合适的统计学方法达到上述目的。

美国密歇根大学"调查研究中心"（Survey Research Center，简称SRC）于1952年设计出第一套关于政治效能感的测试量表，这一量表在随后的十几年中，由于通过严格的检验而普遍受到政治学者的赞同。这套量表测量题目只有四个。即，题目1：有时政治和政府看起来很复杂，不是像我一样的人可以了解的（政治太复杂）；题目2：投票是

---

[1] Angus Campbell, Gerald Gurin & Warren E. Miller, *The Voter Decides*, New York：Row, Peterson and Company, 1954, p. 187.

对于像我这样的人能够对政府运作发表看法的唯一方式（投票是唯一方式）；题目3：我认为政府根本不会顾及像我这样人的想法（官员不关心）；题目4：像我一样的人根本不会影响政府的做法（无法评判）。上述问题的答案均采用"同意"与"不同意"两个选项，回答不同意则被认为是具有政治效能感。① 这样一份测量量表成为后期经验研究进行政治效能感测量的模板，其后的研究大都是在此基础上进行的修订和扩充。

  随着政治效能感在理论上的日渐成熟以及测量手段的日渐多元化，研究者们采用多元项目分析、路径分析和协方差结构方程等比较先进的统计方法对政治效能感的题目进行重新审视。布莱克在1974年运用多元项目分析方法对坎贝尔等人所建立政治效能感测量题目进行研究，表明了政治效能感应具有内在与外在两种不同的面向，证实了莱恩的观点。1977年，米勒·麦弗逊斯（Miller McPherson）等人运用路径分析的方法对SRC的信度和效度进行了再分析，研究发现：第一，已有的SRC测量在"我认为政府根本不会顾及像我这样人的想法（官员不关心）和像我一样的人根本不会影响政府的做法（无法评判）"上具有较高的效度，并且，认为关于政府回应的这两个题目对于政治效能感的结构具有较高的稳定性；第二，SRC中其他两个项目则相对缺乏效度，即感觉太复杂和投票是唯一的方式；第三，米勒也证实内部政治效能感和外部政治效能感的区别。② 1985年，随着数理统计的发展，有学者利用协方差结构分析对政治效能感的结构因子——内在政治效能感与外在政治效能感存在的合理性给予了进一步的肯定，并且证明了内在政治效能感与外

---

① Paul R. Abramson, *Political Attitudes in America: Formation and Change*, San Francisco: W. H. Freeman and Company, 1983, pp. 135 – 183.

② Miller McPherson, Susan Welch & Cal Clark, "The Stability and Reliability of Political Efficacy: Using Path Analysis to Test Alternative Models", *The American Political Science Review*, Vol. 71, No. 2, June 1977, pp. 509 – 521.

在政治效能感有一定的相关性。① 然而，这些关于政治效能感的测量遭到了斯蒂芬·C.克雷格（Stephen C. Craig）的反对，他认为传统的政治效能感测验是没有效度和信度的，他提出以下观点：第一，内在政治效能感应与外在政治效能感相分离；第二，外在政治效能感与政治信任相分离。除此之外，在研究中，他进一步提出将外在政治效能感细化为基于政体的外在政治效能感和基于领导人的外在政治效能感两种。② 这样更能体现外在政治效能感的理论内涵。

至今，关于政治效能感测量的问题还在争论着，但是人们已经普遍采用美国选研中心提出的一套问卷。关于这套问卷有台湾学者认为，美国全国选举研究中心提出的测量题目不仅经过多次的修订，而且在其他欧洲国家也比较适用。③

（4）影响政治效能感形成和变化的因素

政治效能感的重要性也引发了西方学者对其形成和影响因素的研究，研究成果丰富且呈现出错综复杂的变量关系。作为重要的政治态度的变量之一，政治效能感的形成和改变不仅与其社会人口学因素紧密关联，而且与其他主观政治心理要素乃至政治环境、政治参与都有密切的关系。以下分别论述。

首先，公民个人背景因素的影响，包括种族、性别、年龄、宗教信仰、教育水平、智能水平、职业等方面。这些影响因素可以概括为个体社会人口学的特征，是一些客观的指标。

---

① Alan Acock, Harold D. Clarke & Mariance C. Stewart, "A new Model for Old Measures: A Covariance Structure Analysis of Political Efficacy", *The Journal of Politics*, Vol. 47, No. 4, Novermber 1985, pp. 1062 – 1084.

② Stephen C. Craig, Richard G. Niemi & Glenn E. Silver, "Political Efficacy and Trust: A report on the NES Pilot Study Items", *Political Behavior*, Vol. 12, No. 3, September 1990, pp. 289 – 314.

③ 吴重礼、汤京平、黄纪：《我国"政治功效意识"测量之初探》，载《选举研究》，1987年第2期，第26页。

教育水平与政治效能感的关联性。在阿布拉姆森早期的研究中，作者指出黑人儿童在政治效能感上低于白人儿童，种族差异导致政治效能感的不同。对于这一结论的解释，作者以为主要有四个方面导致这一结果，即教育水平、社会剥夺感、智能水平和现实政治的不同。其中，教育水平成为影响政治效能感高低的很重要的因子。[1] 其他学者也有研究证明，教育水平影响着政治效能感的高低，一般而言，教育水平越高的公民，政治效能感相对较高，反之则越低。[2] 一个国家的公民受教育程度与其国民经济的发展水平密切相关，因为在一个经济比较发达的社会里，人们受教育的可能性与普遍性相对较高，对于政治现象的认识和反应相对成熟，国民相应的政治效能感水平也就较高。

年龄、性别与政治效能感的关系。作为社会人口学非常重要的要素，性别和年龄与政治效能感的关系成为必定考查的因素。大部分研究发现年老的民众政治效能感低于年轻人。阿布拉姆森在总结以往研究的基础上，通过自己的研究进一步证实了这一结果，他的研究发现，在内在政治效能感方面，年老的群体要低于年轻的群体，而外在政治效能感方面并没有太大的差异。[3] 同时他也非常明确地声明，关于年龄与政治效能感的关系并没有一个可信的规律，或许由于教育、时代的发展等不同原因会导致某一个年龄段的民众政治效能感会发生变化，而不一定是年龄的原因。但是，2003年有学者的研究却再一次证明了年轻人和中年人的政治效能感高于老年人。[4] 与年龄相关的另一个指标

---

[1] Paul R. Abramson, "Political Efficacy and Political Trust Among Black Schoolchildren: Two Explanation", *The Journal of Politics*, Vol. 34, No. 4, November 1972, p. 1248.

[2] Chung-LI Wu, "Psycho-Political Correlates of Political Efficacy: The case of the 1994 New Orleans Mayoral Election", *Journal of Black Studies*, Vol. 33, No. 6, June 2003, pp. 729–760.

[3] Paul R. Abramson, *Political Attitudes in America: Formation and Change*, W. H. Freeman and Company, 1983, pp. 135–183.

[4] Chung-LI Wu, "Psycho-Political Correlates of Political Efficacy: The case of the 1994 New Orleans Mayoral Election", *Journal of Black Studies*, Vol. 33, No. 6, June 2003, pp. 729–760.

就是性别,由于女性政治社会地位普遍偏低,一般认为女性的政治效能感会低于男性,然而近期有研究表明,女性的政治效能感与男性无显著差异。①

其次是关于个人主观政治心理对于政治效能感的影响的研究,个人主观政治心理包括政党认同、政治信任、公民主观期望、公民责任感、政治练达、政治认知等。其中政党认同、政治信任和政治认知对政治效能感的作用是这一方面研究颇多的内容。

政党认同与政治效能感的关系。政党认同(party identification)是个人对政治团体归属感的一个态度变量,是个体心理上的认同而不是法律或者规范下的支持。因为政党认同是一个高度稳定的政治态度,因此其对选举的行为乃至其他政治态度也会有比较大的影响。一般认为,政党认同会影响政治效能感。有研究表明:具有较强政党认同的民众由于会夸大自身影响力而具有较强的政治效能感。② 然而,阿布拉姆森却认为政党认同和外在政治效能感之间并没有过于紧密的关系,两者只是分别作用于个体的政治行为。③ 吴重礼在对新奥尔良市长选举的研究中也发现了这一特点。④

政治信任是民众对于政府的信心。作为民众政治态度的又一表现,政治信任(political trust)自身就是一个非常受关注的研究领域。它不仅牵涉到民众的政治行为,更与政治效能感关系密切。莱恩关于政治疏

---

① Chung-LI Wu, "Psycho-Political Correlates of Political Efficacy: The case of the 1994 New Orleans Mayoral Election", *Journal of Black Studies*, Vol. 33, No. 6, June 2003, pp. 729 – 760.

② Ronald D. Lambert, James E. Curtis, Steven D. Brown, Brown, Barry J. Kay, "Effects of Identification with Governing Parties on Feelings of Political Efficacy and Trust", *Canadian Journal of Political Science*, Vol. 19, No. 4, December 1986, pp 705 – 728.

③ Paul R. Abramson, *Political Attitudes in America: Formation and Change*, San Francisco: W. H. Freeman and Company, 1983, p. 301.

④ Chung-LI Wu, "Psycho-Political Correlates of Political Efficacy: The case of the 1994 New Orleans Mayoral Election", *Journal of Black Studies*, Vol. 33, No. 6, June 2003, pp. 729 – 760.

离感的研究表明，政治疏离感的三种表现就体现了政治信任与政治效能感之间的紧密关系，研究认为，政治疏离在政治态度上的三种表现首先是认为自己对政治毫无影响也不愿参与，这表示个人对政治极为消极，这一类型的表现与政治效能感比较接近；其次是政府不会为我的利益而运作，也不会在乎我的利益，这一点表现出对政府的不信任；最后是公民不赞成政府的决策。① 政治信任与政治效能感在理论上的密切性主要体现在政治信任与外在政治效能感的密切关联性上，早在1974年布莱克就证明了外在政治效能感与政治信任之间的关联性较强。这是因为政治信任感是指民众对于政府的信心，而外在政治效能感是民众对于政治体系回应其反映的信心，两者极其相近，微小的区别在于，外在政治效能感更加强调民众自身对政府回应的主观信心，而并不直接涉及现实中政府的具体表现；政治信任感则是民众基于政府现实表现基础上建立的对政府的感受和信任。

政治认知与政治效能感的关系。所谓政治认知（political cognition）就是对政治知识的了解程度，一般而言，具有较高政治认知水平的民众，应该具有较强的政治效能感，因为对政治知识的了解程度高，说明个体比较关注政治，相应地在政治上投入较大精力，这些民众自然会认为自己具有影响政治的能力。很多学者的研究证明了这一观点的正确性。阿尔蒙德在五国公民文化的调查中就发现，那些对政治和政府的事务比较关注的公民，主观能力较强。②

其实，在上述政治心理与政治效能感的关系上，很难说清楚变量之间的因果关系，它们共同属于个体政治心理现象的一部分，彼此之间难以明确区隔。

再次是政治环境因素对政治效能感的影响。个体很多的政治态度

---

① Robert E. Lane, *Political Ideology*, New York: The Free Press, 1962, p. 162.
② ［美］加布里埃尔·A.阿尔蒙德、西德尼·维巴：《公民文化——五个国家的政治态度和民主制》，徐湘林译，东方出版社2008年版，第232页。

是由其所在的政治环境决定的,政治环境(political environment)既指一个国家大的政治现实环境,如政治体制与政治文化等,也包含个体所在的组织,比如团队和党派,甚至不同地区的亚环境对于个体的政治态度都有影响。马格利特·康威(M. Margaret Conway)认为,行政区域、选举程序等政治背景都会影响选民的认知、偏好、态度和信仰,进而影响到个体的政治行为。① 阿布拉姆森在试图解释美国黑人的政治效能感低于白人时认为,一些政治制度和政治安排倾向于缩小黑人的政治影响力,而且美国黑人所属的团体,在政治环境与政治权力上都处于相对弱势地位。② 对这一问题进行深入研究的美国学者劳伦斯·鲍勃和富兰克林·D. 吉列姆(Lawrence Bobo & Franklin D. Gilliam)运用美国1987年的一般性的社会调查数据,对居住在不同城市的黑人参与政治的情况进行分析,他们发现在黑人担任市长的城市中,黑人参与政治的比例较高,因此他们认为,一个团体如果有成员在政治上具有代表性并且在决策上具有影响力时,其团体成员的政治参与情形会有所上升,也就是说,处于劣势团体的成员会因为团体中有成员担任政府官员,而使得该团体成员在政治上的影响力增加,从而使得政治效能感提高,这一发现被称作"政治赋权理论"(political empowerment theory)。③ 政治赋权理论本质是由于团体成员之间的相互认同,才使得由于团体中某一成员成为精英后,其他团体成员的政治效能感有所提高。另外一个西方学者玛丽安·C. 斯威瓦特(Marianne C. Swewart)则是以社会分歧与差异相当明显的联邦政治体系为例,发现个人在中央与地方的政治效能感的高低

---

① M. Margaret Conway, "The Political Context of Political Behavior", *The Journal of Political Behavior*, Vol. 51, No. 1, February 1989, pp. 3 – 10.

② Paul R. Abramson, *Political Attitudes in America: Formation and Change*, San Francisco: W. H. Freeman and Company, 1983, pp. 135 – 183.

③ Lawrence Bobo & Franklin D. Gilliam, Jr, "Race, Sociopolitical Participation and Black Empowerment", *The American Political Science Review*, Vol. 84, No. 2, June 1990, pp. 377 – 393.

由于所属地域的不同而产生差异，尤其表现在外在政治效能感方面。①由此可见，民众政治效能感的不同会受到不同地域、不同团体以及不同制度的影响。

最后是政治参与（political participation）对政治效能感的影响。作为一个态度变量，在传统的研究中，所坚持的一个理论就是"态度—行为"模式，即态度决定行为，因此，有很多研究沿着这样的思路证实了政治效能感影响个体的政治参与行为，尤其是对于选举参与的影响。但是，很多研究也发现，政治效能感与政治参与之间的关系可能并不是一个简单、单向的因果关系，两者很可能是互为因果的关系。阿尔蒙德与维巴的研究就表明，地方政府允许民众参与的地方，能够培育一种效能感，这种感觉可以传播到整个国家的层面。② 斯蒂文·E. 芬克尔（Steven E. FInkel）通过研究1972年、1974年、1976年美国选举的数据发现，政治态度与政治行为是互为因果的，具体表现在政治参与对外在政治效能感的影响上。③ 美国伊利诺州立大学王靖兴、王德育以2004年中国台湾"总统"选举为例，研究了台湾民众的政治参与对政治效能感的影响，他们发现，选民的投票行为以及助选活动影响个体的外在政治效能感，这种影响是在选举参与与选举结果两项因素互动下产生的，也就是说，民众的政治参与行为必须与其主观期望结果相一致的时候，其政治效能感才会有明显的增加。同时发现，民众的政治参与行为对受访者

---

① Marianne C. Swewart, Allan Kornberg, Harold D. Clarke, Alan Acock, "Arena and Attitude: A Note on Political Efficacy in a Federal System", *The Joyrnal of Political*, Vol. 54, No. 1, February 1992, pp. 179 – 196.

② [美] 加布里埃尔·A. 阿尔蒙德、西德尼·维巴：《公民文化——五个国家的政治态度和民主制》，徐湘林译，东方出版社2008年版，第145页。

③ Steven E. Finkel, "Reciprocal Effects of Participation and Political Efficacy: A Panel Analysis", *American Journal of Political Science*, Vol. 29, No. 4, November 1985, pp. 891 – 913.

的内在政治效能感没有影响。① 上述观点同样得到了美国学者佩特曼的赞同和支持，卡罗尔·佩特曼（Carole Peteman）认为，民主参与能够促进人类的发展，提高人们的政治效能感，减少人们对于权力中心的疏离感，培养对公共问题的关注，有利于形成一种积极的、富有知识的并能对政府事务具有敏锐兴趣的公民，从而有助于一个参与性社会的形成。②

在近半个多世纪国外学者关于政治效能感的研究中，呈现出研究对象逐渐扩大、研究内容逐渐深化的特点，有利于人们对政治效能感的认识。然而，研究中也暴露出一些问题和缺陷，具体来说，第一，从研究主体看，研究主体多是选民，这在国外学者那里是当然的主体，而且没有太多的差异；但是缺乏对于像中国这样发展中国家的主体研究，尤其是缺少以城乡居民为研究对象的研究。第二，从研究内容看，丰富但零散，难以形成较为系统的认识。对于政治效能感的研究，国外学者主要集中于内涵、测量与影响因子等几个方面，得出了大量的结论，呈现出内容的丰富性。然而，在研究中，也表现出所选取的研究工具的多样性以及研究结论零散性的特点，这就容易导致结论的无规律性，进而无法形成系统性的理论。例如，关于政治效能感的测量，至今人们对于政治效能感的问卷题目尚有争议，难以统一；再如关于政治效能感影响因子的研究，从目前看影响因素有政治环境、社会人口学因素以及政治心理层面和政治行为等方面，这些因子共同作用影响政治效能感，但是这些因子之间是怎样的关系，他们对于政治效能感的影响究竟是怎样的，似乎均没有一致和系统的研究结论。这种状况严重影响了政治效能感的研究，亟待改变。第三，从研究方法看，主要以经验性研究为主，忽视规范性研究。由于政治效能感是一个"应用性"概念，因此研究伊始，学

---

① 王靖兴、王德育：《台湾民众的政治参与对其政治功效意识之影响：以2004年总统选举为例》，载《台湾民主学刊》，2007年第1期。
② [美]卡罗尔·佩特曼：《参与和民主理论》，陈尧译，上海世纪出版社2006年版，第9页。

者们主要围绕如何测度政治效能感以及如何与选举行为相关联展开考虑，研究方法主要采用了经验性研究，从所得资料来看，95%的文章都是运用问卷和结构式访谈进行的研究，得出一些关于政治效能感的特征以及影响因素的结论。勿容置疑，这些经验性研究在一定程度上说明了政治效能感的基本问题，但是对于形成政治效能感完整而系统的理论存在方法论上的缺陷，因此，应该通过规范性研究以及其他研究方法归纳和整合相关经验研究，使其系统化和理论化，有利于加强人们对政治效能感的全面认识，也可以更好体现这一政治现象的复杂特质。第四，从研究范围看，研究缺乏跨文化比较，难以发现不同国家政治效能感的共同规律。从获得资料看，政治效能感的研究主要集中于美国和中国台湾，研究的对象也多是西方国家和中国台湾地区，很少涉猎发展中国家。这样就很难全面认识政治效能感在不同地区和国家之间的表现，也难以发现共同的规律和不同的属性。就政治效能感本身而言，对于较成熟的民主国家，政治效能感高预示着政治参与比较高，但是对于发展中国家而言，是不是也是这样的规律？或者也能证明政治效能感越高就越好呢？诸如此类问题都需要进行大量深入的研究。

3. 政治参与

自18世纪初期政治参与逐渐成为欧美政治生活的主要话语，20世纪初期，民主政治研究的兴起，更使其成为民主政治关注的焦点和核心概念，有许多学者认为，政治参与是民主政治的核心。[1] 然而，正是在这样的研究历程中，政治参与成为政治学研究中最为复杂和模糊的概念之一。在近一个多世纪的研究历程中，西方学者的研究内容主要涵盖了对政治参与的界定、政治参与的动因、政治参与的形式等内容。从研究历程上讲，则经历了从政治参与的"交互性的行动（partipation as interaction）"概念到政治参与的"工具性的行动（participation as instrumental

---

[1] 郭秋永：《当代三大民主理论》，新星出版社2006年版，第11页。

action）"概念的发展过程。① 在交互性的政治参与的界说指导下，政治参与遵循的价值是互惠的，公民彼此是沟通的，同时体现的功能是"促进公民自我实现，增进政治知识和孕育政治美德"②，这一趋势的研究更多地反映在西方政治学家对于民主的理解中，尤其是古典民主理论和参与民主理论以及协商民主理论之中。古典民主理论的代表人物卢梭，就在阐释公意的基础上说明了公众直接参与的重要性："公意必须从全体出发，才能对全体都适用。公意如果为了私，就摆脱了公意"。③ "公意需要民众的共同参与，共同决策，才能够形成公意而绝非众意。"④ 参与民主理论的代表佩特曼就认为社会领域的政治参与不仅具有教育的功能，还有"控制""保护"功能、监督的功能和整合的功能，从而推进民众的直接政治参与。⑤ 协商民主则以为在每个公民平等参与公共政策的制定过程中，通过自由表达意见，能够培养出维护健康民主所必需的公民美德。⑥

除此之外，西方政治学者对于政治参与的研究更多地以"工具性的行动"概念为主，在这种概念界说指导下，政治参与被认为是公民影响精英决策，采取竞争的方式获取权力的过程，从而能够保障自我权利，确保政治的正当性。在这样的理念导引下，形成了以丹尼尔·勒纳（Daniel Lerner）、迈伦·韦纳（Myron Weiner）、塞缪尔·亨廷顿（Samuel

---

① 政治参与的交互性的行动概念和工具性的行动概念是郭秋永先生在其《政治参与》一书中提出的。他认为在政治参与的概念界定中，第一个基本界说，则将政治参与看作是植基在个体认同社区公益之上的一种政治活动，较为看重公民的成员身份、分享正义的观念、及趋于"共同善"的行动取向的观念；而另一种政治参与的界说，则隐含在政治过程就是权力的形成、分配和执行，那么政治参与就是影响权力分配的一种政治行动，也是公民试图以极小代价追求极大利益的一种交易行动。（台湾）幼狮文化事业公司1993年版，第23—24页。

② 郭秋永：《政治参与》，（台湾）幼狮文化事业公司1993年版，第24页。

③ [法]卢梭：《社会契约论》，何兆武译，商务印书馆2003年版，第39—40页。

④ [法]卢梭：《社会契约论》，何兆武译，商务印书馆2003年版，第134页。

⑤ [美]卡罗尔·佩特曼：《参与和民主理论》，陈尧译，上海世纪出版社2006年版，第9页。

⑥ 孙永芬：《西方民主理论史纲》，人民出版社2009年版，第292页。

P. Huntington)和西德尼·维巴为代表的诸多理论和模型,这些理论和模型可以概括为政治参与的动机理论、政治参与的因素理论、政治参与的形式理论。

政治参与的动机理论是对公民为什么参与政治的各种解读。关于这一问题,西方学界形成了本性说、理性选择说、利益说。① 本性说认为,人们之所以参与政治是出于人们的本性或者一种自然的倾向。在本性说之中,一是来源于亚里士多德的"人是天生的政治动物"② 这一命题;另一个则是来自柏拉图的生物细胞的"有机体说",由于国家是一种生物体,每一个个体则是国家有机体的一个细胞。细胞离不开有机体而存在,因此个体如若想生存,就要在国家生活中发挥一定的作用,参与其中的活动。由于本性说主要发端于古希腊的理想政治,这种说法只能部分解释人们参与政治的动机,而且由于其远离现代政治生活,其学说的解释力具有较大的局限性。理性选择说主要出自于卢梭的《社会契约论》,主要表达的是人们为了满足自己的需求和国家建立契约,参与政治生活。利益说,则是功利主义的观点,主要观点是人们参与政治更多地是为了自身的利益或者为了免去惩罚。莱恩通过非常清晰的分析,认为人们参与政治是为了自身利益。具体来说,人们为了寻求经济和物质的改善,或者为了寻求友谊的满足以及影响力,缓解紧张,寻求权力,提升自我评价。③

政治参与的因素理论是西方政治学家研究的主要内容,强调影响政治参与的因素有哪些,将这些因素进行归纳,可以分为经济因素、心理文化因素和社会因素等。第一,经济因素。西方学者认为,政治参与的量的增加首先与一个国家的经济发展密切相关,尤其对于发展中国家,

---

① 陶东明、陈明明:《当代中国的政治参与》,浙江人民出版社1998年版,第107—117页。
② [古希腊]亚里士多德:《政治学》,吴寿彭译,商务印书馆2007年版,第105页。
③ Robert E. Lane, *Political Life: Why People Get Involved in Politics*, New York: The Free Press, 1959, p. 101.

由此衍生出一系列的政治参与模型,最为经典的当属美国学者塞缪尔·亨廷顿,他提出社会经济不平等、政治暴乱以及民主政治参与的缺乏,乃是由于一个社会的社会经济落后所致,从而提出了一个良好社会的经济发展与政治参与的"良性系统"。① 第二,心理文化因素。政治参与是政治人的行动表现,因此,必然会受到心理因素的影响,从20世纪60年代开始,丹尼尔·勒纳就提出了政治参与的动员理论,这个理论认为影响政治参与的基本元素有心理变项和社经变项,其中心理变项为"可动性人格"。② 近些年西方学者更加丰富了这方面的研究,有研究指出政治信任以及人格等心理要素都可能影响民众的政治参与③,并且强调任何外在的因素都是通过这种心理变量作用于人的政治行为的。第三,社会因素。影响政治参与的社会因素更多的是指个体所建构的社会网络与其所处的社会地位,如西蒙娜和罗萨里奥(Simona Gozzoa & Rosario D'Agata)的研究表明人们所建构的社会资本会提高民众卷入政治的水平,从而影响人们的政治参与。④ 除此之外,西方学者大部分认为公民受教育程度、性别、年龄等均是影响政治参与的社会因素,只是在这些因素影响程度上,近些年有不同的争论,有学者表明受教育程度对政治参与的影响不大。凯姆·坎迪和卡尔·帕尔默(Kam Cindy D. & Carl Palmer)的研究证实了这一观点。⑤ 第四,环境因素,不同的政治制度

---

① [美] 塞缪尔·亨廷顿:《难以抉择——发展中国家的政治参与》,汪晓寿、吴志华、项继权译,华夏出版社1991年版,第21页。

② 郭秋永:《政治参与》,(台湾)幼狮文化事业公司1993年版,第72页。

③ Mitchell A. Seligson, "Trust, Efficacy and Modes of Political Participation: A Study of Costa Rican Peasants", *British Journal of Political Science*, Vol. 10, No. 1, January 1980, pp. 75 – 98; Aina Gallego & Daniel Oberski, "Personality and Political Participation: The Mediation Hypothesis", *Political Behavior*, Vol. 34, No. 10, May 2011, p. 425.

④ Simona Gozzoa & Rosario D'Agata, "Social Networks and Political Participation in a Sicilian Community Context," *Procedia Social and Behavioral Science*, April 2010, pp. 49 – 58.

⑤ Kam, Cindy D. & Carl Palmer, "Reconsidering the Effects of Education on Political Participation", *Journal of Politics*, Vol. 70, No. 3, July 2008, pp. 612 – 631.

和地域也是影响政治参与的重要变量。

政治参与的形式理论主要围绕公民参与政治的形式或者类型进行研究，这一方面涉及关于政治参与的界定，最为著名的理论是亨廷顿提出政治参与的动员参与和自动参与之间的关系，在亨廷顿看来，政治参与中的动员参与和自动参与之间的界限并不明晰，而且所有的政治参与都是动员和自动参与的混合。① 这种划分是政治参与形式最为基本的区分。当然，采用不同的标准，政治参与可以划分为不同的类型，西德尼·维巴将政治参与的13个项目构成四种类型：公民主动接触、合作活动、投票和竞选活动。② 莱斯特（Lester Milbrath）将14种政治参与行为根据"行为的层级性"和"代价的层级"两个标准，区分了三种政治参与的类型，即冷漠者、旁观者和格斗者。肯特·詹宁斯（M. Kent Jennings）指出中国乡村主要的参与模式：抗争性参与（contentious of participation）和决定性参与（determinants of participation）。分析结果发现，存在三种自主性参与：即群体性行为，向干部表达意见，接触代表。③ 上述西方学者关于政治参与的类型划分，颇具理论基础，然而也无法避免累赘之嫌。

西方学者关于政治参与的研究呈现出多元性和经验性的特点，多元性体现在研究领域的宽泛和研究问题的深入。但是从研究的趋势看，也发现研究的不一致性和研究内容繁复所造成的观点的重复。另外这些研究最大的共同点均是以成熟的民主国家为依准，提出来的观点，即使是针对发展中国家的政治参与理论，也有相当多的内容需要检验和反思。

---

① [美]塞缪尔·亨廷顿：《难以抉择——发展中国家的政治参与》，汪晓寿、吴志华、项继权译，华夏出版社1991年版，第9页。

② 郭秋永：《政治参与》，（台湾）幼狮文化事业公司1993年版，第52—53页。

③ M. Kent Jennings, "Political Participation in the Chinese Countryside", *The American Political Science Review*, Vol. 91, No. 2, June 1997, pp. 361–372.

(二) 中国大陆与台湾地区研究现状

1. 基层民主政治

与国外研究形成鲜明对比,中国大陆学者对于基层民主政治的研究极为丰富,研究方法也较为多样。综观中国学界 30 多年相关内容的研究,呈现出阶段性特点。第一阶段,1978 年至 1998 年,这 20 年是基层民主政治研究的起步阶段,江西罗城的村民自治将这一课题第一次摆到了众多学者的面前,1987 年通过的《中华人民共和国村民委员会组织法(试行)》无疑为这方面的研究提供了"强心剂",但是由于当时更多的学者还没有意识到这种自下而上的社会民主的作用,研究也就显得寥寥,多数研究停留在对村民委员会组织法的解读上。第二阶段,1999 年至今,中国基层民主政治的研究如雨后春笋般兴盛起来。这期间的研究主要围绕以下内容:第一,对基层民主的价值定位的研究,主要代表人物是徐勇和林尚立,他们都给予中国的基层民主极大的肯定。徐勇认为,村民自治最重要的价值就是在民主化进程中,建立起一系列民主的规则和程序,并通过形式化民主训练民众,使民众得以运用民主方式争取和维护自己的权益,从而不断赋予民主以真实的内容。[①] 林尚立则以为,基层群众自治,与基层党建的相互作用、共同发展,是 21 世纪中国民主政治建设的一个基本景观。[②] 同时,林尚立也表达了对社区基层民主建设的肯定。第二,对于基层民主运行中现实特点的观照也是中国学者研究的重点内容之一。徐勇指出,所谓基层民主政治,是人民群众直接参与和自己切身利益密切相关的国家与社会事务管理的政治制度和政治实践,具体体现了人民当家做主的民主权利。并且认为,中国的基

---

① 徐勇:《中国民主之路:从形式到实体——对村民自治价值的再发掘》,载《开放时代》,2000 年第 11 期,第 57 页。

② 林尚立:《基层群众自治:中国民主政治建设的实践》,载《政治学研究》,1999 年第 4 期,第 47—53 页。

层民主政治体现出主体的广泛性、内容的直接性、发展的主导性和进程的渐进性、环境的适应性等特点。① 樊红敏则提出，中国基层民主在"后选举时代"呈现出从民主选举到民主治理的深化过程，地方政治精英推动和政绩考量是推动基层民主治理创新的主要动力等特点。② 李凡通过城市基层民主与农村基层民主的比较，得出了城市基层民主未来的发展走向是以选举为主要内容的城市基层民主发展、社区参与活动、社区居民的维权活动和城市基层人大代表的选举。③ 这些研究均是对中国基层民主有着较为乐观的评价与展望。第三，围绕基层民主政治的具体问题展开研究，这部分内容非常庞杂，既有有关村民自治的研究④，也有对于村民选举中的选举技术和选举模式的研究⑤，还有相当多的研究涉及农村权力结构。⑥ 当然社区选举也凸显许多特点，林尚立主编的《社区民主与治理：案例研究》以上海的多个社区为例，从党组织、社区选举、社区自治、社团组织等多个角度对社区民主进行了解读，虽然这种解读还不是非常深入，但是已经能够较为全面地描述和阐释社区建

---

① 徐勇、刘义强：《我国基层民主政治建设的历史进程与基本特点探讨》，载《政治学研究》，2006年4期，第32页。

② 樊红敏：《基层民主建设的基本特征与发展走向》，载《东南学术》，2010年第5期，第55页。

③ 李凡：《对中国城市基层民主发展背景的一些分析》，http://www.jyq.gov.cn（访问时间：2006年11月10日）。

④ 唐兴林、马骏：《中国村民自治民主的制度分析》，见高建、佟德志主编：《基层民主》，天津人民出版社2010年版，第168页；郎友兴、何包钢：《村民会议和村民代表会议》，见高建、佟德志主编：《基层民主》，天津人民出版社2010年版，第183页；徐勇：《村民自治的成长：行政放权与社会发育》，见高建、佟德志主编：《基层民主》，天津人民出版社2010年版，第259页。

⑤ 景跃进：《两票制：组织技术与选举模式》，见高建、佟德志主编：《基层民主》，天津人民出版社2010年版，第238页。

⑥ 郭正林：《当代中国农民政治参与的程度、动机及社会效应》，载《社会学研究》，2003年第3期，第77—87页。

设中的"上海模式"。在这类研究中有相当多的学者在深入调查研究的基础上,看到了乡村乃至社区民主政治中存在的诸多问题,尤其是村民自治中出现的黑金政治、贿选、两委矛盾和乡村矛盾以及在社区选举中市民冷漠、自治无法形成等问题。如于建嵘指出,村民自治的困境有"两委矛盾凸显,选举存在乱象,村民代表会议难以召开,村务公开存在盲点,自治权和行政权冲突"。① 王金红等人研究指出,制度过密化是村民自治发展的瓶颈。② 蒋用普认为,村民自治的运行困境主要缘自以乡镇政府为代表的行政对村庄政治的吸纳而导致的村庄政治塌陷。③ 上述研究体现出宏观与规范研究的特点,宏观研究取向主要表现在研究内容的选择上,研究多是制度研究、价值研究、文化研究和基层民主政治等方面的研究,均采用理论推演的逻辑进路进行描述,即使是对基层民主政治具体层面的研究,也多是表现出这样的特点。研究缺乏以基层民众为研究对象,文化与心理取向的研究较少。同时在基层民主政治的研究中,也多以观照村庄自治为多,居民自治为少,形成"一边倒"的现象。

2. 政治效能感

政治效能感的研究对于中国大陆而言,是一个较新的领域,从现有资料看,国内近十年的研究多是围绕以下几方面展开:第一,关于政治效能感的基本认识的梳理。笔者就海外有关政治效能感的研究进行了较为详尽的介绍,同时也就政治效能感的内涵和价值进行了进一步的阐

---

① 于建嵘:《村民自治:价值和困境——兼论〈中华人民共和国村民委员会组织法〉的修改》,载《学习与探索》,2010年第4期,第73—76页。
② 王金红、蒋达勇:《制度过密化:解释村民自治发展瓶颈的一种理论假设》,载《华南师范大学学报(社科版)》,2008年第2期,第3页。
③ 蒋用普:《行政吸纳与村庄"政治"的塌陷——村民自治制度的运行困境与出路》,载《湖北行政学院学报》,2011年第6期,第19—24页。

释。① 张平就政治效能感对于个体的心理作用机制进行了研究。② 这方面的研究呈现出基础性和理论性的特点。第二，政治参与对于政治效能感的影响研究，这一视角的研究主要针对社区居民展开。桂勇、施文捷通过对中国居民政治参与的类型学划分发现，教育型政治参与中的积极活动对内在政治效能感有显著影响，而消极的行为则无影响。③ 金珊珊通过对浙江某村的调研发现选举式的参与活动（参与投票、参与竞选活动、投票给当选者、参与当选者的助选活动）均未能显著影响政治效能感和村民效能感。甚至在村民的投票行为与主观期望的结果相一致时（投票给当选者、参与当选者的助选活动），亦未能发现其对效能感的显著影响。④ 朱妍将政治效能感看作是政治参与有效性的结果，通过对中国和越南中产阶层的政治效能感进行比较得出，新兴中产阶层政治效能感强弱与国家放权让利的程度有关。⑤ 第三，其他方面的研究，比如关于政治效能感的测量问题⑥以及散见在政治心理与政治行为研究中涉及到政治效能感的研究。⑦ 总的来看，中国大陆学者对于政治效能感的研究相比较西方学者的研究数量较少，表现出零散的特点，研究内容也主

---

① 李蓉蓉：《海外政治效能感研究述评》，载《国外理论探索》，2010年第9期，第46—52页；李蓉蓉：《政治效能感：内涵与价值》，载《晋阳学刊》，2010年第2期，第122—123页。
② 张平：《论政治效能感的作用机制及其培养》，载《东北大学学报》，2004年第1期，第55—57页。
③ 桂勇、施文捷：《城市基层政治参与对政治效能感的影响：一项实证研究》，载《复旦政治学评论》，2009年第1期。
④ 金珊珊：《政治参与行为对政治效能感的影响——基于浙江省闾村基层民主选举投票的实证调研》，载《甘肃行政学院学报》，2012年第4期，第49页。
⑤ 朱妍：《中产阶层对于自身政治参与有效性的评价——比较中国与越南中产阶层的政治效能感》，载《青年研究》，2011年第8期，第84页。
⑥ 刘小青：《降低评价尺度偏差：一项政治效能感测量的实验》，载《甘肃行政学院学报》，2012年第3期，第47—54页。
⑦ 王丽萍、方然：《中国公民政治参与的社会心理分析——基于一项调查的考察与分析》，载《政治学研究》，2010年第4期，第95—108页。

要表现在将政治参与作为自变量,政治效能感作为因变量方面,而将政治效能感作为自变量,政治参与作为因变量的研究较少。而且,对于村民政治效能感的研究也不多。

3. 政治参与

相比较政治效能感冷清的研究局面,中国大陆学者关于政治参与的研究可谓如火如荼,研究内容丰富,研究方法也呈现出多样性。就研究内容而言,大部分学者关注的是不同主体的政治参与的现状、特点和存在的问题。还有对政治参与的动机、政治参与的形态、政治参与的主体因素及政治参与的价值和成效的研究,包括近年来十分抢眼的网络政治参与。研究方法主要采用规范研究方法和经验研究方法,经验研究中多采用个案分析和量化分析的方法。然而在诸多的研究中,重复性研究较多,创新性研究缺乏。

(1) 关于政治参与的动机

对于中国公民政治参与的动机,中国大陆学者大都认为,利益驱动是主要原因,徐勇认为支配和影响村民选举的因素主要是利益机制,而驱动村民政治参与的利益,既包括集体共利、小团体共利、也包括个人私利。[①] 何包钢、朗友兴的研究发现,经济发达村要比经济落后村的村民选举竞争程度高,选民对投票回报或选举的误工补贴的期望是村民高参选的重要因素。[②] 胡荣的案例研究强调农村选民的经济理性选择,其研究也发现村民参选的回报和候选人竞选的经济利益计算是农民参选的主要动机。[③]

也有相当多学者认为,中国公民的政治参与也有由非经济因素引发的。例如,于建嵘在湖南的田野调查支持这样的结论:农民公共参与(政

---

① 徐勇:《利益与体制:民主选举背后的变数分析》,见徐勇:《徐勇自选集》,华中理工大学出版社1999年版,第298—299页。
② 何包钢、朗友兴:《寻找民主与权威的平衡》,华中师范大学出版社2002年版,第163—165页。
③ 胡荣:《理性选择与制度实施》,上海远东出版社2001年版,第57、100页。

治参与）的显著特征是目标非经济化和自愿不足。参加选举的农民并不认为选举投票对他们的自身利益很重要，他们寻求的是"做事公道"。① 何包钢和朗友兴的实证调查则显示，农村选民的投票行动主要受其政治权利及公民责任意识驱使，表明农村社会的公民意识正在形成。② 周晓虹则从自上而下的视野，认为毛泽东时期农民政治参与的历史动机主要是破旧立新，毛泽东以后的农民政治参与动机主要是制度重建及制度创新。③

（2）关于政治参与形态

所谓政治参与形态，是指政治参与的形式、路径、方法和手段等的总称。④ 它想说明的是，一个国家公民政治参与的状态和性质。这部分的研究成果最为丰富也最为繁杂。由于各个国家的政治形态不同，政治发展不同，公民参与政治的手段和路径就有很大的不同。

对于中国公民政治参与的形态研究，中国大陆学者主要从两个视角展开：一方面将研究对象聚焦在公民群体上，多是以历史梳理的方法对中国公民的政治参与进行形态和类型的研究。如刘建明、史献芝在对新中国公民政治参与模式历史演进的梳理中，提出中国公民的政治参与在由动员性政治参与和大民主政治参与转化为组织化参与和社会参与两种模式。⑤ 魏星河也提出中国公民的政治参与表现为个体参与与群体参与并存、现实参与与虚拟参与同在、基层参与与高端参与共进、建设性参与与批判性参与相融。⑥ 除此之外，关于公民的政治参与形态，学者们

---

① 于建嵘：《失范的契约——对一示范性村民自治章程的解读》，载《中国农村观察》，2001年第1期，第64—69页。
② 何包钢、朗友兴：《寻找民主与权威的平衡》，华中师范大学出版社2002年版，第279页。
③ 周晓虹：《从国家与社会关系看中国农民的政治参与——毛泽东和后毛泽东时代的比较》，http：//www.sociologyol.org（访问时间：2008年8月28日）。
④ 陶东明、陈明明：《当代中国政治参与》，浙江人民出版社2004年版，第125页。
⑤ 刘建明、史献芝：《新中国公民政治参与模式历史演进的梳理及启示》，载《当代世界与社会主义》，2010年第3期，第66—69页。
⑥ 魏星河：《60年来我国公民政治参与之变迁》，载《北京日报》，2009年8月3日。

根据不同的划分标准，区分了很多形式的政治参与：根据参与的目标，可区分为手段性政治参与和目的性政治参与；根据参与的性质，可以分为制度性政治参与和非制度性政治参与，以及有序性参与和无序性参与；从合法与否划分，可以区分为合法性参与和非合法性参与；从主动性与被动性划分，可以区分为主动性参与和动员性参与；从参与的内容，可以划分为选举性参与、政策参与、接触性参与等形式；从路径上划分，包括直接参与和间接参与。还有学者提出支持性参与和强迫性参与。在这些类型的划分中，不同程度地存在着不同的观点，有人认为合法性参与才属于政治参与的范畴①，而有人却认为非法性参与才是政治参与。

另一方面则是将注意力集中在中国农民这一特殊群体上，许多学者认为，中国农民构成中国人口的大多数，而且在历史上他们充当了各种革命的先锋队的角色。改革开放后，在乡村的经济体制改革以及政治改革中，中国农民又是这些改革的主角，因此，他们的政治参与有着其自身的色彩和自身的逻辑。② 其中仝志辉基于农民在村庄中有着自身独特的参与选举的行为逻辑的认识上提出，中国农民的政治参与是一种关联性参与。③ 诸多研究认为目前中国农民的政治参与主要以非制度化政治参与为主，主要包括：家族或宗族活动，人格化参与、非正常参与以及暴力对抗型、上访抗议型、违法操纵型、反参与抵制型等等。④ 近几年

---

① Myron Weiner, *Political Participation: Crisis of Political process*, In L. Binder et al. (eds), Crisis and Sequences in Political Development, 1971, pp. 161 – 164.
② 董石桃：《中国农民政治参与研究：视域和方向》，载《理论与改革》，2010年第3期，第17—25页。
③ 仝志辉：《选举事件与村庄政治》，中国社会科学出版社2004年版，第275页。
④ 宋维强：《当代中国农民的政治参与》，载《长白学刊》，2001年第11期，第30页；倪承海：《社会转型时期中国农民的非制度化政治参与》，载《广西社会科学》，2002年第1期，第25页；孙德海：《村民自治后村民制度外政治参与》，载《行政与法》，2002年第4期，第18—21页。

有关我国公民政治参与的类型研究也在逐年增加。

(3) 关于不同主体的政治参与

中国大陆学者关于政治参与的主体性研究相当广泛，涉及的主体有农民、中产阶级、新兴阶层、大学生、农民工、妇女等。其中关于农民的政治参与研究是一个热点问题，而对社区居民政治参与的研究相对较少。

关于农民政治参与研究有以下几种视角：第一，国家与社会视角，相比较西方学者多以社会经济等现代化发展理论解释政治参与，中国大陆学者较为倾向从国家与社会相互影响的视角分析农民政治参与。[1] 其中最有代表的是周晓虹的《从国家与社会关系看中国农民的政治参与——毛泽东和后毛泽东时代的比较》，作者认为，1949—1999 年的 50 年中，中国农民的政治参与都是一种自上而下的安排，但毛泽东和后毛泽东时代农民的政治参与，无论是对国家还是对农村社会本身意义都是不同的。后毛泽东时代农民的政治参与发生在一种变化了的国家与社会关系之中，因此它不是毛泽东时代的一种自然延续，也就有可能获得一种完全不同的新的命运。[2] 第二，文化心理的视角，这种研究视角更多地关注农民政治参与的文化影响，如王绍光从中国古代社会、民国、1978 年至 1990 年等四个不同阶段分别分析了不同时期的政治文化和社会结构是如何影响中国农民的政治参与的。[3] 第三，从现实主义的视角分析当代中国农民政治参与的特点，尤其是非制度性参与的特点及其问题的研究。这类研究占据多数，既有规范研究的描述，也有实证研究的分析，但总的来说，重复研究多，实证研究也缺乏较为深入的分析。

---

[1] 陈晓莉：《从国家与社会关系透视中国农民的政治参与》，载《理论学刊》，2003 年第 10 期，第 32 页；李翠霞：《论国家与农村社会良性互动的路径——农民的政治参与》，载《贵州社会科学》，2005 年第 4 期，第 74—76 页。

[2] 周晓虹：《从国家与社会关系看中国农民的政治参与——毛泽东和后毛泽东时代的比较》，http://www.sociologyol.org（访问时间：2008 年 8 月 28 日）。

[3] 王绍光：《政治文化与社会结构对政治参与的影响》，载《清华大学学报（哲学社会科学版）》，2008 年第 4 期，第 95 页。

另外一个较为重要的研究主体就是社区居民,对于社区居民的政治参与以探讨选举参与为主,主要包含了以下问题:第一,很多学者认为,社区居民的政治参与仍然是政治动员的产物,虽然表现出高的投票率,但是居民却表现出较强的政治冷漠感。① 第二,对于社区居民选举参与的影响因素的研究。熊易寒认为,社区选举动员不足的主要原因是动员的主体过于单一,社区党组织应该由嵌入性政党向联接型政党转变。② 郭圣莉则以为,社区居民所谓的高投票率是因为行为构建了基层政府、居委会和积极分子之间的合意机制。③

总之,中国大陆学者关于政治参与的研究,数量不少,但是有价值的文章不多,而且关于不同主体的研究分布不均,存在较多问题。尚九宾在对中国农民政治参与研究中存在问题进行反思时指出,研究存在理论视野狭窄和深度不够造成重复性研究多而创新性成果少的特点。④

台湾学者就基层民主政治、政治效能感和政治参与的研究主要集中在两大领域:一个是对大陆基层民主的关切,这方面的代表人物是耿曙,他的文章多从中国现实观察入手,运用质性研究方法进行分析,在对中国大陆城乡基层民主进程的比较研究中,他得出中国民主化过程将出现"发展"与"参与"的U字形曲线,初期发展较高而参与较低的负向关系,但过了某一个时间点后,则会恢复到发展与参与的正向关系上。⑤ 另一个

---

① 熊易寒:《社区选举:在政治冷漠与高投票之间》,载《社会》,2008年第3期,第180—204页。
② 熊易寒、姚银科:《迈向多动力选举:党组织在社区选举中的角色转型》,载《中共天津市委党校学报》,2011年第2期,第12页。
③ 郭圣莉:《加入核心团队:社区选举的合意机制及其运作基础分析》,载《公共行政评论》,2010年第1期,第81页。
④ 尚九宾:《概念与方法:对我国农民政治参与研究中存在问题的反思》,载《辽东学院学报(社会科学版)》,2006年第6期,第34页。
⑤ 耿曙、张雅雯:《不鸣则已,一鸣惊人?中国大陆城乡基层民主进程的比较》,http://www.docin.com/p-624683091.html(访问时间:2013年12月15日)。

较多的研究是关注民众政治效能感和选举参与方面，关于政治效能感的研究主要集中于对台湾地区民众的研究，几乎没有涉及大陆民众的研究，研究的路径也是从早期政治效能感内涵破解到测量题目，后期到影响因素分析。早期的研究中，郭秋永先生关于政治效能感的认识颇为到位，不仅详细阐释了政治效能感的概念意涵，而且也分析了政治效能感内部各要素之间的紧密关系，成为台湾后期政治效能感研究的基础之作。① 吴重礼等人进行的台湾民众政治效能感的测量，这一测量的主要要素依然沿用了美国选举研究中心的问题，证明了台湾民众对这一问卷的适应性。② 后期研究中，陈陆辉的研究颇有代表性，他通过对知性、党性以及资讯等因素的分析，探讨了影响台湾民众政治效能感的因素。③ 而且进一步探求了政党认同、政治信任与政治效能感之间的关系，成果颇丰。④ 选举研究主要集中在社区及居民层面，耿曙等学者通过2003年至2006年对上海两个社区的观察，认为中国大陆的社区选举仍然是党国体制下的动员参与，并且高度参与下的居民政治效能感和社群意义会较高，低度参与的居民在这两方面均较低。⑤

---

① 郭秋永：《抽象概念的分析与测量："政治功效感"的例释》，第二届美国文学与思想研讨会文集，1991年，第322页。

② 吴重礼、汤京平、黄纪：《我国"政治功效意识"测量之初探》，载《选举研究》，1999年第2期，第23—44页。

③ 连伟延、陈陆辉：《知性、党性与资讯：台湾民众政治功效感初探》，载《台湾民主季刊》，2008年第3期，第121—156页。

④ 陈陆辉在下面两篇文章中，分别研究了政党认同和政治信任与政治效能感的关系，研究指出，在台湾，政党认同会透过政治效能感影响民众的投票行为；也得出，政治信任感与外在政治效能感之间紧密的关联性。陈陆辉、耿曙：《政治效能感与政党认同对选民投票抉择的影响——以2000年北高市长选举为例》，载《台湾民主季刊》，2008年第1期，第110页；陈陆辉、陈义彦：《政治功效意识、政治信任感以及台湾选民的民主价值》，载《选举与民主化调查研究学术研讨》，2001年10月。

⑤ 耿曙、陈奕伶、陈陆辉：《有限改革的政治意义：中国大陆动员式选举参与对其城市居民参与意识的影响》，载《人文及社会科学集刊》，2008年第12期，第513—552页。

通过以上回顾，可以发现国外关于民主政治、政治效能感和政治参与的研究，呈现出均衡化的趋势，均有相当的数量；而在国内，则体现出民主政治和政治参与的热闹场面，而对政治效能感的研究颇为冷清，呈现出不均衡的特点。同时也看到，国外的研究多为经验性研究，体现工具性特点；国内研究则多为规范性研究，体现价值性特点。但从整体上看，将中国基层民众作为研究对象，透过剖析其政治效能感和政治参与，检视基层民主政治的绩效的研究尚不多见。

三、研究方法与策略

任何研究方法均是为研究目的服务的，因此，方法的多元化旨在规避不同研究方法中的局限和不足，使得研究可以最大限度地达到研究的目的，因此，本书秉持"方法论的多元主义"原则，采用以量化研究为主，质性研究为辅的方式进行研究，并运用比较研究方法进行城乡居民的政治效能感与政治参与的比较分析，同时通过山西省这样一个中部省份管窥中国基层民主政治建设的状况，又采用了个案研究的方法。

（一）方法论的多元主义可能性

方法论的多元主义（methodological pluralism）并不是空穴来风，早在20世纪五六十年代，行为主义的代表人物罗伯特·达尔（Robert Dahl）在研究美国城市的社群权力中，便采用了这种研究策略。这种研究策略当时被称为"兼容法"（electic method），这种方法就是指研究者在两个研究阶段上，分别使用质性研究与量化研究。达尔团队当时在研究第一阶段就运用各种质性方法收集资料，用以产生良好的问卷项目。在第二个阶段，则使用各种量化方法，制定问卷、测试问卷并进行统计分析。达尔的这种研究策略后被2000年美国的改造运动的提倡者运用到研究中，形成了方法论的多元主义主张。

美国政治学历史上的改造运动主张的方法论的多元主义,其主旨仍然是要反对"操弄数学符号而漠视实质内涵"的美国政治学研究的状况,力主"恢复政治哲学在政治研究中固有的核心地位"。① 在这一主旨的指引下,政治学家逐渐开始混合使用质性研究方法和量化研究方法。教育心理学家约翰·克里斯韦尔(John W. Creswell)具体提出了量化研究和质性研究的三种结合方式,即两阶段形式、主从形式和混合形式。② 达尔的研究方法主要是两阶段形式,主从形式是指研究者在研究中,大部分采用量化研究(或质性研究),小部分采取质性研究(或量化研究)的研究设计;混合形式则是研究者在一个研究中混合使用量化研究和质性研究。

研究方法的多元主义逐渐模糊了质性研究和量化研究之间明晰的实证主义和阐释主义的哲学基础,也催生了学者们思考政治学研究中质性和量化研究这样的二分法存在的问题,有学者就提出了研究方法的三分法,即"传统的质性方法"、"实证主义的质性方法"与"量化研究"。③ 这种三分法是对质性研究与量化研究虚假界限进行批判的基础上提出的,"传统的质性方法"研究着重于产生理论,而"实证主义的质性研究"则是在理论指引下收集个别案例资料的方法,"量化研究"则着重收集大样本的资料用以验证理论假设,从而导致了规范研究与经验研究的融合,同时抹杀了质性研究与量化研究的明确界限,将多种研究方法融于一体。研究方法的多元主义的本质就是试图将规范与经验、质性研究和量化研究共同运用于一个研究之中,共同完成一个完整的研究。如果将这样的思路推演开来,在一个研究中,将其他研究方法引入,也是

---

① Kasza, Gregory, "Peretroika: for an Ecumenical Science", *Political Science and Politics*, Vol. 34, No. 3, 2001, pp. 597 – 599.

② John W. Creswell, *Research Design: Qualitative and Quantitative Approachs*, London: Sage Publication, 1994, p. 177.

③ 郭秋永:《社会科学方法论》,五南图书出版公司 2010 年版,第 135 页。

可行的。

由上可知，研究方法的多元主义在西方政治学乃至社会学研究中早已存在，而且也逐渐兴起成为替代行为主义研究方法的又一种研究方式。而对于一个单一研究而言，多元主义的研究方法也有诸多优势，一是两种或多种研究方法可以尽量规避单一研究方法存在的弊端；二是研究中不仅更有利于在量上的分析比较，也可以在质上作出深入的分析。当然，也会存在问题，研究中很有可能出现针对一个问题出现量化研究与质性研究得出的研究结论不一致的现象，会给研究者带来更多的困惑。

（二）量化研究

在社会科学中，量化研究（quantitative research）或又称为定量研究，指的是采用统计、数学或计算技术等方法来对社会现象进行系统性经验考察的方法。这种研究方法秉持实证主义的理念，追寻科学研究和价值中立的精神，试图将政治现象的研究精密化、客观化，成为政治学经验研究的重要方式之一。

1. 量化研究的理念

量化研究从方法论角度看，源于实证主义（positivism）。实证主义的社会研究方法主要效法自然科学，如物理学和生物学。追根溯源，实证主义与18世纪英国哲学家大卫·休谟（David Home）提出的经验主义（empiricism）有着紧密的关系。休谟提出知识是由逻辑—数学和以感觉印象为基础的陈述，因此运用自然科学研究则是必然的。休谟的观点得到实证主义的创始人孔德（A. Comte）进一步发扬，他将人类知识的发展史确定为神学阶段、玄学阶段和实证阶段，他认为，人类进化已进入实证时期，建立理性和科学性的确切知识是此时期的特点。[①] 实证

---

① ［美］戴维·米勒等：《布莱克维尔政治学百科全书》，邓正来译，中国政法大学出版社2002年版，第637页。

主义的滥觞后经社会学家乃至政治学家的推广光大,成为社会科学研究的主流范式。

量化研究的核心理念是以经验主义为根基,透过标准化、程序化的科学过程,发现事物的本质属性及其相互关系,用以说明和验证现实政治世界的普遍规律。

量化研究通常遵循的原则是科学范式,将人的行为及社会生活看作是具有内在因果关系的客观实在系统,因此提倡用自然主义的方法研究问题。同时,采用演绎推理的方式对已有理论或者模型进行解构、操作化,并通过统计分析确定理论的正确性以及变量间的关系。在研究过程中,要求研究者始终坚持"价值中立"的思想,不涉及规范议题,不受主观因素的影响。

量化研究通常注重操作化、概括性和客观重复性。由于量化研究遵循演绎推理的逻辑理路,因此,研究中要对抽象概念(abstract concept)进行操作化(operationalise),使其成为可以用感官经验到的变量及指标,并可以在研究中按照科学方法进行测量或计量。量化研究的概括性强调的是研究抽样的科学性,足以用一定数量的样本推论所属母体的情况和趋势,以此说明研究结论的普适性和广泛性。科学研究核心的特质就是客观性,证明一项研究的客观性,除却研究者价值祛除的意识形态外,就是研究是可重复的。因此,在量化研究中,多以调查问卷、测量统计等方法保证研究的客观性和可重复性。

2. 量化研究的局限

量化研究虽以纯粹的科学性著称,但也在运用中饱受争议。首先,实证主义所遵循的"价值中立"原则就难以成立,每一个从事社会科学研究的学者,很难完全摆脱自身价值观和意识形态的影响。其次,量化研究所推崇的所谓科学的程序以及操作化,一方面造成研究的僵化和缺乏想象力,另一方面导致面对一个概念时由于研究者的认识和立意不同造成概念操作化的无限多元化,从而导致了对研究对象认识的混乱与模糊。再次,研究结论的"碎片化(fragmentation)"趋势,由统计分析得出的结论往往属于微观结论,很难在较高层面进行推广和演化,使得量化研究的研究结论出现多样性和"碎片化",很难形成系统化的认识。这或许是量化研究最为致命的缺陷所在。

(三) 质性研究

质性研究(qualitative research)是以研究者本人作为研究工具,在自然情境下采用多种资料收集方法对社会现象进行整体性探究,使用归纳法分析资料和形成理论,通过与研究对象互动对其行为和意义建构获得解释性理解的一种活动。[①] 这种研究方法秉持阐释主义的理念,通过研究者与研究对象的相互作用,解释与分析政治现象,从而发现其背后的逻辑。

1. 质性研究的理念

质性研究的方法论基础总体上说是阐释主义(interpretivism),追求对现实意义的解释和主观理解,它摒弃实证主义的科学要求,认为理论之间无法相互比较,任何想透过共通的方法来达到沟通的目的是枉然的。近几年后实证主义、批判理论和建构主义虽在研究的视角和关注点上各有不同,但是也都认为研究应该在自然情境中、不是人为的实验环境中进行,都强调对社会现象作整体的探究,而不是其中一些孤立变量的调查,都要求对当事人的意义建构获得解释性理解。[②]

质性研究排斥科学主义,认为其研究方法完全不适合于研究社会现象,而主张通过实地观察和个案分析进行理论与现实的多次碰撞来完善理论。其要求研究者要"往返于"现实与理论之间,通过自身感知对现

[①] 陈向明:《质的研究方法与社会科学研究》,教育科学出版社2003年版,第12页。
[②] 陈向明:《质的研究方法与社会科学研究》,教育科学出版社2003年版,第19页。

象作出缜密、严谨的推断。

质性研究的基本特点是通过研究者与被研究者在自然情境中接触,相互影响,力求对研究对象作出较为深入的理性的解释,这种解释带有描述性和归纳性,并在归纳中完成已有理论的修改和完善。质性研究最大的优势在于通过访谈、参与观察等手段,可以深入挖掘现象背后的动机、缘由和意义,对研究对象形成较为深刻的认识,因此,具有较强的灵活性。

2. 质性研究的不足

质性研究的不足是缺乏精确性和整体性以及对研究结果解释的可靠性,因此受到实证主义的诟病。由于质性研究的研究者往往要忘却自己的身份进入"现场",感知研究对象的世界和情境,并对此进行主观解释,这种解释由于没有理论的指导,随意性强而科学性不强,而且对研究者自身的学术理论素养要求颇高。同时因为研究者对研究结果的主观解释,会影响研究结果的推广与运用。

(四)比较研究方法

比较研究方法(comparative research)是一种较为传统的研究方法,由于比较对象和领域的不同,比较研究方法附着在每一门学科当中,形成比较政治学、比较社会学等诸多学科门类。然而,从方法论角度讲,比较研究却是最为典型而且最为广泛的方法。所谓比较,就是通过事实和资料的相互分析,寻找出两个以上变量或者更多变量之间的不同,由此说明比较双方的相同与不同之处。

针对政治学领域,比较研究方法的兴起与发展与科学主义研究方法紧密关联,这主要表现在两个方面,一方面是它接受了行为主义时期科学研究的视角,将团体与个人作为主要的研究对象;另一方面则是吸收了量的研究方法中诸多资料收集的方法,比如调查方法和统计方法等,同时也兼顾质的研究,它可以将质的研究和量的研究较好地结合在一起，即运用质的研究进行分类，运用量的研究处理度的问题。

比较研究方法最大的优势在于可以将不同国家、不同地区乃至不同区域的相同变量拉入到同一研究情境中比较分析，突破了研究者自身的政治经验和文化的限制，从而发现研究对象彼此的不同和差距。但也正因为如此，有人也质疑比较研究方法是否可以将两个或多个国家放到一起进行比较，其可比性依据是什么？资料收集中是否因为文化背景的不同，被访问者对提问的题目有不同的理解？解决这些问题，必须将用于比较的概念清晰界定，保证每一个变量都反映相同的内涵。在此基础上，保证测度标尺的一致性和准确性，这才可以达到在某些变量相同的情况下，对所研究的变量进行比较和分析。

（五）案例研究方法

案例研究方法（case study research）是通过一个或者几个案例进行详尽的描述和分析，试图发现案例中研究变量之间的因果关系或者事件发展的逻辑进路的一种研究方法。这种研究方法依然是秉持阐释主义的理念，试图通过研究者与某一个或者几个研究对象的长期了解和深入接触，找寻一个现象发生背后的逻辑机制。

案例研究方法的优点是节省人力财力，只要对一个或几个案例进行"麻雀解剖"，就可以捕捉到基本的研究脉络，不需要进行大样本的资料收集，更不需要繁复的统计描述，因此深受许多研究者的偏爱。我国很多学者的成功研究基本采取了这样的研究方法。[①]

但是案例研究也存在两个致命的弱点：一是案例与理论的关系，由于案例选择的主观性和独特性，由一个或者多个案例中推演出来的论点是否可以成为普适的理论，这是学界普遍怀疑的问题。二是案例

---

① 于建嵘的《岳村政治》，曹锦清的《黄河边的中国》，吴毅的《喧嚣的小镇》均运用了案例研究的方法。

能否类推也是一个问题。① 但是近几年，人们似乎对案例研究的这两个问题有了破解之道，针对案例能否类推的质疑，耿曙就提出，案例研究可以通过创造"类型"代表性而非"总体"代表性的做法，依靠案例的"同质性"进行类推；随后可以运用"极大化差异"（maxinmizing the difference）原则，通过自变量最大的变异，取得研究假说最强、最全面的验证。② 这样一来，案例研究的弱点也就被弥补了。

（六）研究策略

科学研究是通过一个恰当的工具和手段走向研究目标，而这一恰当的手段或者工具只是在诸多研究方法中相比较是正确的，由于任何研究方法都有其自身的不足，所以，研究者只能选择最能揭示其研究内容的方法。

相比较而言，量化研究是揭示大量个体态度和行为状况的较为恰当的方法之一，这种研究方法一般需要进行问卷设计和调查，并运用抽样技术，获得样本对象，这种研究的优点在于能够在短期内获得大量的样本，并通过统计分析了解样本总体的基本情况和大概的面貌以及借用推论统计的计算获知变量之间的关联和因果关系。由于本研究主要是围绕中国城乡居民的政治效能感和政治参与行为进行研究，由此推演中国基层民主政治的基本情况，所以，采用定量研究的方法颇为适当。与定量研究方法相对应的是在资料收集后的分析手段，一般均采用统计分析的方法进行资料的整理和分析，由此得出信息的统计学意义。

然而，由于定量研究只能对大样本进行数理统计分析，而无法对研

---

① 上述两个问题都引起学者的广泛讨论，详见［美］斯蒂芬·范埃弗拉：《政治学研究方法指南》，陈琪译，北京大学出版社2006年版，第47—73页。另外可见耿曙、陈玮：《比较政治的案例研究：反思几个方法论的迷思》，载《社会科学》，2003年第5期，第21—31页。

② 耿曙、陈玮：《比较政治的案例研究：反思几个方法论的迷思》，载《社会科学》，2003年第5期，第29页。

究对象政治态度作精细化的了解，因此，需要质性研究的补充和深化。质性研究是通过对个案或者样本个体的观察以及深度访问获得信息，并对访谈信息进行详尽的分析和描述，从而推导出研究对象对某一问题的看法。因此，本研究也借助质性研究深度访谈的优势，极力了解每一个被访者内心的想法，以此来补充量化研究的不足。

比较研究方法也是本研究要依赖的方法之一，比较的好处在于通过两个或多个主体之间在相关变量上的比较，获得不同主体、不同地域间在研究变量上的相同与差异。在本书中，我们不仅比较了山西南部、中部、北部不同区域、不同村庄社区民众的政治态度和政治参与，也比较了城乡居民政治态度和政治行为的差异，通过这样的比较，试图说明制度环境、经济环境在上述地区和群体中表现出来的对因变量的影响，或许也可以说明在中国这样一个大国，即使在一个省当中，也会出现较大的区域差异。

案例研究方法是本研究采用的主要方法之一，试图通过对山西省基层民主政治的研究推论整个中国的基层民主状况，这一尝试看似是不可行的。但是如果从类型的类推上来说，在中国与山西省相似不甚发达的省份不在少数，同属于中部地区的省份就有河南、湖北、湖南、江西和内蒙古，如果再推广开来，西部的11个省份也具有很多的相似性，中西部地区在经济上相对落后于东部省份，而且在国家政策导向上也具有相通性，而山西在这些中西部省份中居于中等水平，因此将山西省作为个案来分析，具有一定的代表性。而且在山西省内部抽样上，本研究也尽力追求"极大化差异"的原则，保证样本的全面性和异质性。

上述四种研究方法的选择和运用完全与本书研究要求相适应。但是，不管采取哪种研究方法和研究技术，都无法避免"方法论"本身的缺陷。量化研究尽管可以在短时间内获得大量样本，从而推演整个群体的基本情况和变量间的基本关系，但却由于抽样技术要求较高，对于中国这样一个大国，在无充分的经济和人力保障下很难进行全国性的调查，即使是对一个省的调查，也会由于种种现实原因而无法达到真正的随机抽样，这或许会导致所获数据的"不完全代表性"，影响研究结论的真实性；除此之外，量化研究结论也会出现"碎片化"的情况，导致研究结论无法提升到一个较为系统的理论高度。面对这些问题，本文在抽取样本时，先从地域覆盖的角度进行分层，后再进行村庄和农民的随机抽样；在处理"碎片化"的问题时，一方面通过质性研究进行弥补，另一方面从已有理论入手进行研究结论的解释和梳理，尽可能使得研究达到理论的系统性。

比较研究方法最大的问题在于所要比较的对象、区域和内容是否具备可比性，这种可比性是否成立。涉及本书，不仅需要在同样的问卷标尺下比较不同村庄政治效能感和政治参与，而且还要比较城乡居民的政治效能感和政治参与，这就必须保证农村居民和城市居民的测试问卷有较高的一致性，所以我们在设计问卷的时候尽量保证问题内容的较高相似性，并且做到问题体现"功能"的一致性。尽管如此，城乡居民政治效能感与政治参与的比较分析是否符合科学研究的比较原则，在此也只能是一种尝试。

四、本书的思路和研究内容

本书首先以政治效能感和政治参与以及基层民主政治等理论为逻辑起点，建构相应的关系模型，依此引出假设。其次，以科学研究的宗旨——描述、解释和控制为目标，在假设基础上，详细描述中国城乡居民政治效能感和政治参与的全貌，并深入考察引起城乡居民政治效能感和政治参与的缘由。最后，通过城乡居民政治效能感和政治参与的水平和比较检视中国基层民主政治的成效，以验证假设。全书以理论—模型—假设—验证的思路展开。

本书由五部分构成，第一部分是导论，就研究缘起与研究目的、国内外研究综述、研究方法与研究思路和内容进行阐述。

第二部分是理论模型建构和研究假设。主要围绕两个核心概念，即政治效能感和政治参与分别进行概念的界定和理论的描述，在此基础上，建构本研究的理论模型，变量分析，同时提出研究假设。

第三部分是研究设计，主要就本书涉及的概念进行操作化，并进行问卷设计及其信、效度检验，体现问卷的科学性；同时就城乡居民所在社区的选择以及样本抽取的过程等内容进行描述；最后说明资料收集后的资料整理和统计分析。这一部分主要体现研究的科学性。

第四部分是调查结果与分析，这一部分包含三方面的内容：一是城乡居民政治效能感及其影响因子的描述；二是城乡居民政治参与及其影响因子的描述；三是中国城乡居民政治效能感和政治参与及其关联性的比较分析。

第五部分是研究结论，主要是对调查结果的讨论与提升，验证理论模型和假设，以期获得理论上的发现和突破。

第一章 政治效能感与政治参与的理论及其模型建构

政治效能感与政治参与都是民主国家的重要特征,也是近半个世纪以来西方政治学研究关注的重要问题之一。对于中国政治学界而言,政治效能感还是一个较为陌生的词汇,它的内涵与意义,乃至在中国政治文化中的意涵等问题都需要认真了解和分析。

一、政治效能感:中国基层民主政治的心理基础

政治效能感是一个西方学者提出的概念,但是"学术无国界",在中国基层民主政治的语境下,它同样可以成为解读基层民主建设的一个心理变量。下面将从政治效能感研究兴起的现实背景和学理基础中推演其在中国的理论应用。

(一)政治效能感研究兴起的现实背景

政治效能感研究兴起于20世纪50年代的美国,这绝非历史的偶然,它与美国当时的社会政治经济发展有着紧密的关系,源于一定的历史背景和现实背景。回溯到50年代的美国,雄厚的经济实力使得中产阶级、白领阶层的人数急剧增多,生育高峰导致青少年数量的增多,再加上经过"二战"训练的黑人和工人阶级,这些人都不满足于社会现实,极力

要求扩大自己的经济或政治权利。与此同时，30年代的大危机在统治阶级心里留下了很大的阴影，"二战"后，与上次大危机相类似的情形又出现了，使统治阶级认识到，必须考虑广大人民的合法利益，才能维护自己的统治。也就是说，正是统治阶级的适当回应和普通公民的要求影响、催生了政治效能感研究的兴起。与此同时，美国政治学者对民主政治的重新考量及行为主义研究范式的兴起进一步刺激了政治效能感研究的兴起。

1. 美国社会选举情境的变化为政治效能感研究的兴起提供了直接动因

在民主国家，普通公民利用定期的选举，使其不信任或是漠视民意的政治人物或是政党下台，这是民主政治的常态。回顾50年代前后的美国两次总统大选，1952年相较于1948年来说，是美国政治历史上的一次彻底改变，选举情境显得更加的复杂和特殊。由于民主党所采取的一系列内政外交政策，激起了选民的兴趣及参与选举的热情，使1952年的选民人数大幅度地增加，落选候选人的得票数竟然超过了1948年获选者的选票。在这种情形下，学者对于大选选情的研究从制度解读推演到对选民政治态度的分析和推测。

在研究中，美国政治学者坎贝尔提出，美国社会选举情况的变化不仅仅是选举的问题，还有选民的问题，而影响选民选举行为的因素除却认知因素外，更重要的是与选举行为密切相关的影响其行为的动机因素，这种动机因素就是选民的态度。因此他改变了以往的研究视角，开始从单个公民身上采集数据而非采自选举数据或其他整体数据，试图发现普通公民的投票意愿和实际的投票行为之间的关联性，因此他以其特有的政治敏感性着重比较了1952年总统大选中单个公民的投票行为与1948年大选的投票经验，研究团队跟随了单个公民投票决策的过程，追踪冲突的逐步解决以至最终的投票，观察到每个公民在选举参与中态度卷入的程度都是不同的，并且把关注和分析的焦点定位在这四部分公民身上:(1)忠诚的政党支持者;(2)新的投票者;(3)政党转换者;(4)非投票者。结果发现,决定公民个体投票行为的投票意愿或动机因素不仅依靠与自身相一致因素的累积效应,而且取决于与自身相对抗因素的抑制作用。其中他认为,政治效能感与政党认同等因素一样是决定选民投票行为的一个重要因素。①

由此,政治效能感就成为美国学界非常重要的主题,走入政治学的殿堂。

2. 西方学者对民主政治发展前途的忧虑是政治效能感研究兴起的重要来源

在政治思想发展的历史长河中,一大批政治学者,尤其是古典民主理论家们都认为,政治参与是民主的价值所在,处于民主的核心地位,他们乐观地以为只要公民最大限度地参与政治,民主的理想就一定能实现,民主政治制度也理所当然地沿着直线发展。然而,民主的实践却呈现出另外一番景象,西方民主制度在发展过程中遭遇了意想不到的挫折和挑战,两次世界大战期间,先前已经确立了民主政权的德国、意大利、西班牙先后垮台,纷纷走上了法西斯专政的道路,给世界的和平事业造成了极大的威胁;第二次世界大战后,许多发展中国家在争取民族解放和国家独立的过程中选择了西方民主制度,然而历时未久便崩溃了;同时,大部分东欧国家、几个亚洲国家(蒙古、中国、越南、朝鲜、老挝)和一个拉丁美洲国家即古巴纷纷选择了以马克思主义思想为指导的社会主义国家,从而构成了对西方民主制度支配整个世界格局的严重挑战。与此同时,在"二战"中大发战争财的美国终于登上了资本主义世界霸主的地位,为了巩固其地位,美国试图将西方的民主政治模式推向全球,但屡遭失败。这些都以不同方式提醒人们西方式的民主制

---

① Angus Campbell, Gerald Gurin & Warren E. Miller, *The Voter Decides*, New York: Row, Peterson and Company, 1954, pp. 182 – 183.

度的发展并非是一帆风顺的。美国学者产生了对民主制度发展前途的危机感,阿尔蒙德和维巴就直接地表达了这样的担心:"第一次世界大战后法西斯主义和共产主义的发展引起了对西方民主必然性的严重怀疑……这些怀疑还没有解决,第二次世界大战以来的各种事件却已经在世界范围内提出了民主政治的前途问题。"① 这种忧虑的结果就是抛弃单纯的制度推广,寻找新的途径和方法。

于是,美国学者开始寻找新的解读和移植民主的良药,他们试图找寻能够适用于更大的时空范围的普适性的理论发展。因此,他们立意探讨诸如民主制度能够稳健运行需要哪些条件以及怎样去培育和更好地发展这些条件等问题,导致政治文化的研究进入了研究者们的视野。在《公民文化——五个国家的政治态度和民主制》一书中,阿尔蒙德和维巴再一次表明了这一观点,一个稳定的和有效率的民主政府,除了依靠政府结构和政治结构等制度方面的建设以外,还要求生活在其中的人民具有与之相匹配的对政治过程的取向——即政治文化。② 而学者所面临的主要任务,就是能够运用科学的方法,通过对公民政治态度的调查,来探寻并详细说明政治文化的内容。由于西方学者认为政治效能感是民主国家公民应具备的重要政治态度,自然将其作为重要的内容加以研究,从而推动了人们对政治效能感的认识。

3. 行为主义革命和新型研究技术的出现为政治效能感研究的兴起提供了工具支撑

20 世纪 50 年代兴起的行为主义革命为政治学带来了全方位的变革,这种变革不仅体现在研究对象与内容的变化上,而且也对研究手段提出

---

① [美]加布里埃尔·A.阿尔蒙德、西德尼·维巴:《公民文化——五个国家的政治态度和民主制》,徐湘林译,东方出版社 2008 年版,第 3 页。
② [美]加布里埃尔·A.阿尔蒙德、西德尼·维巴:《公民文化——五个国家的政治态度和民主制》,徐湘林译,东方出版社 2008 年版,第 4 页。

了较高的要求。行为主义政治学主张摈弃国家、制度等内容的研究，强调对政治环境中行为的研究；同时建议抛弃理想主义的规范研究，采用科学主义和实证主义的态度研究政治现象。在行为主义的引领下，一大批政治现象得以认识与研究，形成了一系列的政治理论和研究范式，诸如系统理论、结构功能主义、角色理论乃至理性选择主义，推动了政治学的发展。其中在关注政治对象行为的过程中，探究政治行为的影响因素也就成为重要的内容，心理因素中的态度变量对人们行为的影响较大，对政治态度的关注也就成为情理之中的事情。

同时，在研究技术领域，问卷设计、抽样调查、数据采集和统计分析等操作性技术相继问世，在客观上也为研究民众的政治态度和政治行为提供了技术保障。

总之，源自于学者对民主制度发展的危机感和当时美国历史发展的推动力与行为主义革命的契合，催生了学者对于政治效能感的关注，随后便引起了众多学者的研究，成为美国政治学界重要的研究主题。

（二）政治效能感研究的学理基础

20世纪50年代政治效能感的研究兴起和发展并不是一蹴而就的，而是在漫长的政治学研究中逐渐萌生，是政治学与心理学等相关理论共同推动的结果，而日益丰满起来的政治效能感的研究反过来充实了这些理论，成为后来学者进一步研究的基础。这些理论主要有古典民主理论、参与民主理论、政治文化理论以及态度与行为关系理论。

1. 古典民主理论

古典民主理论的代表人物卢梭、约翰·斯图亚特·密尔（John Stuart Mill）等学者，他们的主张延续了雅典民主的本质内容，并且在民主的核心问题上与现代民主理论不同。古典民主理论与现代民主理论的不同主要表现为两个方面：第一方面，民主是一种价值还是一种手段，古典民主理论强调民主是一种大众化的权力，是人民的真正统治；现代民主理论则强调民主只是一种制度安排和选举手段，绝非政治的核心价值。第二方面，古典民主理论在这样的价值指导下，强调普通民众的全员参与，从而达到"公善"的目的，同时认为，通过民众的普遍参与，提升公民的政治态度和民主精神；而现代民主理论则强调民众的有限参与，缘由是民众缺少参与决策的素养和能力。

卢梭和密尔的共同观点都强调政治参与的重要性，认为政治参与不仅可以使得一般民众在知识、品德、实践活动等方面进步，而且搭建了民主制度与个体、个体心理品质和态度之间的桥梁。卢梭在《社会契约论》中提出，由于公意是公民共同意志的体现，所以公民要表达自己的意志，参与国家法律的制定，才可以使得公意不被代表和转让，成为真正自由的个体。因此，政治参与就具有了很多功能：第一，参与是迫使公民接受教育不可或缺的部分，通过参与法律的制定，公民学习到了相应的知识；第二，参与确保了集体决策更容易为个人所接受；第三，参与提升了每一个公民对于他们自己所属社会的"归属感"。① 由此可见，在卢梭的理论中，参与不仅仅是一套民主制度安排的附属物，也对参与者产生了一种心理效应。这种由参与引发的公民心理上的改变和提升，不仅包含知识和能力的提升，更是强调通过参与政策的制定而转变和提升公民的态度。

古典民主理论的另一个主要人物密尔是从建构良好政府为出发点，提出"好政府的第一要素就是促进人民本身的美德和智慧"②，继而认为代议制政府就是符合这样一个标准的好政府，保持好政府的重要条件仍然是"社会中最有智慧的成员的个人才智和美德，更直接地对政府施加影响"③。由此可见，政治参与的重要性是促进公民良善品格的重要手段，不仅如此，密尔还建议在地方层次上准备好参与，养成参与所必备

---

① ［法］卢梭：《社会契约论》，何兆武译，商务印书馆2003年版，第25—26页。
② ［英］J. S. 密尔：《代议制政府》，汪瑄译，商务印书馆1982年版，第26页。
③ ［英］J. S. 密尔：《代议制政府》，汪瑄译，商务印书馆1982年版，第28页。

的智力、道德和品性。

卢梭和密尔的民主理论强调政治参与的重要性,尤其强调政治参与对普通公民的教育功能,通过政治参与的教育功能促进普通公民自我实现、增进政治知识和孕育政治美德,成为民主国家的"典型公民"。① 而一个"典型公民"就是具有较多政治知识、积极政治态度和较高政治能力,并且积极参与政治活动的公民,即具有"公民精神(citizenship)"的公民。在公民精神的构成要素中,积极的政治态度则是必备内容之一。由此可见,虽然古典民主理论的代表没有直接提出政治效能感这一概念,但是其理论观点为后期政治效能感研究的兴起提供了思想基础。这一点可以充分反映在参与民主理论中。

2. 参与民主理论

参与民主理论的主要代表是美国著名政治学教授佩特曼,她在《参与和民主理论》一书中,驳斥了现代民主理论对于政治参与功能的弱化,沿着卢梭、密尔等古典民主理论家的足迹明确提出了政治参与对于培养公民的政治兴趣和提高公民政治素质有着重要的作用,而且她将政治参与的功能推演到社会、经济层面的工作场所。她认为不仅是政治参与可以培养出具有政治效能感的"民主性格",在社会以及经济生活中的工作场所的参与同样可以提升工人的政治能力。② 在佩特曼看来,从参与活动中可以培养出公民"民主性格"中非常重要的部分就是政治效能感。同时她强调工作场所的政治参与具有累积政治效能感的效果,她说:"一个人参与的领域越多,在政治效能感方面的得分可能就越高。"③ 对于社会与经济场所的参与能否推广到政治领域,佩特曼认为这些工作

---

① 郭秋永:《政治参与》,(台湾)幼狮文化事业公司1993年版,第24页。
② [美]卡罗尔·佩特曼:《参与和民主理论》,陈尧译,上海世纪出版社2006年版,第49页。
③ [美]卡罗尔·佩特曼:《参与和民主理论》,陈尧译,上海世纪出版社2006年版,第48页。

场所的机构只要稍作调整，就可以发展员工的政治效能感。

由此可见，佩特曼的研究不仅明确提出了政治参与的政治效能感功效，而且为政治效能感的进一步研究提供了更多的视角，使得政治效能感的研究突破了政治活动的范畴，可以在经济领域和社会领域中展开，也就是说政治效能感的习得可以通过经济和社会场所的训练"迁移"到政治场所中。

3. 公民文化理论

公民文化理论的代表人物是阿尔蒙德和维巴，在20世纪60年代，为了说明政治文化与政治制度之间的关系，阿尔蒙德和维巴对意大利、美国、英国、墨西哥和德国等五个国家的公民政治态度进行调查和研究，发现公民文化与政治制度的对应关系。

在公民文化理论中阿尔蒙德和维巴认为：一个国家的民主程度如果用公民对精英的控制和影响来衡量的话，公民所具有的主观能力就非常重要，这一主观能力就是政治效能感。阿尔蒙德认为，如果民主包含了对决策的高层次的切实参与，那么一个民主政体中公民的态度，就应当包括对他们事实上能够参与的知觉。而且一个主观上有能力的公民更可能是一个积极的公民，相信公民潜在影响力的存在，即使不会影响普通人的政治活动，也会影响到政治系统。[1] 在此基础上，阿尔蒙德研究了五国公民中不同教育程度、职业、性别对政治效能感的影响。阿尔蒙德和维巴的研究力图说明的是政治效能感的功能以及它在民主政体中的作用。不仅如此，阿尔蒙德和维巴还提出了行政能力感的概念，在书中，行政能力感被表述为民众对于政府官员的反应有什么期望，并将其具体到政府机关和警察的身上。[2] 这一概念颇有外在政治效

---

[1] [美]加布里埃尔·A.阿尔蒙德、西德尼·维巴：《公民文化——五个国家的政治态度和民主制》，徐湘林译，东方出版社2008年版，第170—171页。

[2] [美]加布里埃尔·A.阿尔蒙德、西德尼·维巴：《公民文化——五个国家的政治态度和民主制》，徐湘林译，东方出版社2008年版，第201页。

能感的意涵，即公民期望政府乃至政府官员怎样对待自己的诉求。阿尔蒙德和维巴所运用的主观能力感和行政能力感从内涵上看就是内在政治效能感和外在政治效能感。更为重要的是，在他们的研究中，由主观能力感和行政能力感进一步说明了公民与臣民的区别，"作为有能力的公民，认为自己可以通过政治影响对政府的决策施加影响；作为有能力的臣民，他们认为自己同行政官员交涉时，可以依靠一整套正规的、必须执行的条例"。①

阿尔蒙德和维巴运用政治效能感架构了制度与民众态度之间的关联性，而且将政治效能感的研究推向了更深的层次，深化了政治效能感功效与作用，并说明了内在政治效能感与外在政治效能感强弱不同所导致的民众属性的不同。

4. 态度—行为关系理论

态度与行为之间的关系历来是社会心理学研究的重点内容。将这一重要内容放在政治学的框架内，就是政治态度与政治行为的关系。社会心理学理论认为，态度对于行为具有较强的预测性，有怎样的态度就会引起怎样的行为，态度是行为的"预测器"。两者紧密关联的机理在于：态度构成要素中认知、情感与行为意向的一致性，对态度对象的认知是形成态度的基础，没有认知就难以形成态度；而情感则是促成判断的决定性要素；行为意向则是在认知与情感基础上产生的动机。将态度与行为关系运用到政治系统中，政治态度就对政治参与行为具有了很强的预测性。民众的政治态度包括政党认同、政治信任和政治效能感，这三者均对政治参与有影响。然而在诸多政治态度中，政治效能感的独特内涵和特殊性质自然成为影响政治参与的重要变量之一。

然而，关于态度与行为之间的一致性也受到多方质疑，其中之一就

---

① ［美］加布里埃尔·A. 阿尔蒙德、西德尼·维巴：《公民文化——五个国家的政治态度和民主制》，徐湘林译，东方出版社 2008 年版，第 202 页。

是阿尔蒙德在政治文化理论中摒弃"理性—主动性"的模式，反而认为态度与行为之间的不一致成为政治影响力和政治积极性的一个隐含的或者潜在的渊源。① 针对政治效能感而言，则提出对于成熟民主国家的公民，政治效能感是一种潜在的政治态度，只有当环境需要时，这种政治态度才会转化为政治行为，成为影响政治系统的心理力量。

政治态度与政治行为的关系研究是后继许多有关政治效能感研究凭借的理论依据，尽管观点不一致，但也说明这一微观理论在政治效能感研究中的重要地位，因此可以将其看作是一个理论基础。

（三）政治效能感的西方界说与中国解读

严格意义上说，政治效能感是西方政治学研究的"舶来品"，而且是西方民主制度研究的产物，把这样一个政治概念放到中国政治中，如何"嫁接"和运用是一个关键问题。

1. 政治效能感的西方界说

自1954年以来，"政治效能感"或者"政治功效意识"成为西方政治学研究中频繁出现的词汇，在历时半个多世纪的研究中，先后有坎贝尔的"感觉说"、阿尔蒙德的"能力说"、伊斯顿的"形成说"。后期研究中，对于政治效能感的认识又从"一元"界定走向"二元"界定，这些研究对于后来学者的研究无疑具有很大的启示，但是如果仔细斟酌，可以发现在这些基本研究中，对于政治效能感的界定依然较为模糊。比如，政治效能感究竟是一种感觉还是一种能力或者是一种态度？均有待澄清。

从最早坎贝尔的界定看，政治效能感是一种感觉，即"个别政治行动对于政治过程确实有或能够有所影响的感觉，也是值得个人去实践其

---

① ［美］加布里埃尔·A.阿尔蒙德、西德尼·维巴：《公民文化——五个国家的政治态度和民主制》，徐湘林译，东方出版社2008年版，第204页。

公民责任的感觉。是公民感受到政治与社会的改变是可能的，并且可以在这种改变中扮演一定的角色的感觉"。① 坎贝尔的"感觉说"奠定了政治效能感的基本性质，即心理性——感觉。同时说明在政治场域下的公民对政治过程有所改变和有所影响的感觉，又道出了"政治事务的可变性"是政治效能感的核心本质。但是，由于政治系统的复杂性，坎贝尔所谓的感觉界定其实并不很严谨，从心理学角度看，感觉只是个体对于事物外在属性的认识，这种认识是零散的，单一的，不足以形成一种判断，更无法形成更高的综合感知。

阿尔蒙德对政治效能感的界定则将焦点聚集在"能力"上，个体所具有的对政治事务的可以改变的感觉是基于认为自己有能力的基础上。这种能力是个体在从事政治活动时所具备的心理特征的总和，如对政治的兴趣、对政府官员以及政治系统的熟悉程度乃至参与政治的技巧等均可以看作是政治能力，建立在这种一般政治能力基础上的才是公民对这种能力形成的自我判断。然而阿尔蒙德的"能力说"仅仅局限于能力上，没有反应出政治效能感的其他特点。

伊斯顿的"形成说"则强调政治效能感的形成机制，主要关注儿童政治社会化过程中政治效能感形成的阶段性特点，即从应然的规范到能然的感觉再到实然的行为，最终形成较为稳定的政治效能感。

后期提出政治效能感的两分法，即内在政治效能感和外在政治效能感，是针对个体主观影响对象的不同所产生的反应，它也可以看作是一种类型学上的划分。

将西方学者对于政治效能感的上述认识进行梳理，笔者认为，政治效能感是在个体对自身政治影响力与政治对象回应力的主观感知基础上所形成的对自我政治能力比较稳定的、带有评价性的倾向。这种倾向会

---

① Angus Campbell, Gerald Gurin & Warren E. Miller, *The Voter Decides*, New York：Row, Peterson and Company, 1954, p. 187.

影响到个体的政治行为。

在这个概念中,包含了以下几层涵义:

第一,政治效能感是个体内在的一种心理活动,是主体在自我感知基础上所形成的对自己政治能力的判断,因而具有主观感知性,它不是客观的、外显的,而是主观的、内隐的。这种主观感知不是简单的感觉,而是在感觉、知觉乃至思维基础上形成的复杂判断,是一系列心理活动的结果。

第二,政治效能感是个体关于自身政治影响力的感知和评价,个体政治影响力是其发生的基础,但是,并不仅仅局限于能力上,而是在能力基础上形成的一种判断,因此它不能仅仅被描述为主观能力感。

第三,政治效能感是一种复杂、特殊的政治态度,是个体基于对政治系统接触和认知基础上形成对自己政治能力和对象回应力的稳定性的、具有评价性的倾向,这种倾向最终是指向自我政治能力的,但又必须依赖个体与政治系统的相互作用。相对于公民而言,政治系统多指以政府和精英为核心的政治元素的综合体,即包括各级政府和官员以及制度、政策的系统。所以,这种特殊的政治态度是个体与现实政治相互作用后"投射"在个体心理层面的结果,它在一定程度上可以反映个体与政治系统的关系,它是公民个体与政治系统相互作用基础上所形成的一种带有自我评价在内的特殊态度。

第四,政治效能感包含两个方面,一是公民对于政治系统的影响,主要体现的是公民对政治系统的输入能力;二是政治系统对于公民的反应,主要体现的是政治系统的输出能力,这两种成分构成政治效能感。

由此可见,政治效能感并不是一种简单的政治心理现象,它蕴含着十分丰富的意义和较为复杂的活动机理。从心理现象分析,它包含感知、记忆、判断等诸多心理活动;从功能上说,它体现的是个体的能力与态度,由于其直接决定行为的发生与否,因此,也带有动机的作用;从表现形式说,政治效能感表现形式是心理的、内隐的,但却是现实政治系统在民众心理层面的投射,这种投射虽然不是客观现实,但却能够反映客观现实,所以很多学者认为,政治效能感是公民与政治系统关系的现实表征;从政治系统角度而言,包含了公民对于政治系统的输入(内在政治效能感),即公民的影响和控制乃至改变,同时也包含了政治系统对于公民的输出(外在政治效能感),即重视与回应。在一个良好的民主政治体系中,输出与输入相互平衡,即公民输入是积极的、良好的;政府输出也是及时的、有效的。这样的结果,公民体现的是"公民能力"而非臣民能力;而若表现为强输入,弱输出,则可能形成暴民政治;如果是弱输入,强输出,则有可能是集权政治或者是威权政治,公民体现的则是一个臣民文化;若两者均不好,则是一个村民文化的状态。

2. 政治效能感的中国解读

政治效能感这一萌发于西方政治发展中的概念在中国基层民主政治的实践和发展过程中是否可以通用?如果可以的话,又是怎样的解释?则是本节要解决的问题。

虽然,中国与西方在民主政治的本质和发展路径上有着巨大的不同,但是落实到基层民主政治中,尤其是民众个体层面的政治态度上,这一特殊的政治态度在中国与西方有着一定的相似性。不仅如此,政治效能感与中国基层政治相结合,具有更为广泛的内涵和新的意义。

首先,从中国基层民主政治的环境上看,其发展契机来自于农村20世纪80年代以家庭联产承包责任制为主要内容的经济体制改革,使农民获得了充分的生产经营自主权,成为相对独立的经济主体,这种生产关系的重大变革对传统的治理方式——人民公社体制产生强大的冲击,使以集体为单位的管理体制失去了存在的合法性。[①] 在此背景下应运而

---

① 邓全国:《农村村民自治与城市居民自治兴起的背景与动因比较》,载《当代世界与社会主义》,2008年第1期,第101页。

生的村民自治从一开始就带有极强的自治性,后期在政府推动下普遍展开的村委会选举乃至居委会选举,都是要通过这种方式达到民众自我教育、自我服务和自我管理的目的。因而村委会选举和居委会选举成为基层民主政治最为主要的表现形式,选举活动的产生就为民众政治效能感的产生提供了环境支持。

其次,政治效能感是人民当家做主在心理层面的体现。人民当家做主是我国社会主义民主政治的本质,人民当家做主其实就是公民民主权利的落实,具体包括知情权、话语权、参与权和监督权,这些权利的落实就是民众与政府之间的良性互动所产生的民众具有"影响"和感知政治系统回应的"冲动"(impulsion),如果没有这种内在的影响力和回应力,民众的诸多权利就无法实现和落实,只能做一个冷漠的臣民罢了。政治效能感体现了公民试图可以或者可能改变政府决策的意图,落实到个体自知的心理层面可以分为:熟悉和了解政策,这是知情权的体现;影响相关政治精英和政治体系,主要表现为话语权和参与权以及对于政治系统是否重视和回应他们的知情权、参与权和话语权的感知。

最后,所有的政治态度都是习得的,是后天环境刺激和强化的结果,尽管中国的社会主义民主制度从 1949 年以后就开始推进,但是真正产生作用也就在最近 30 多年当中,农村与城市社区自治法的制度推行和落实均需要一个过程,从这个角度说,中国城乡居民的政治效能感生成不是一蹴而就的过程,它经历了一个缓慢的、逐渐产生的过程,这一点是与西方民主国家完全不同的。因此,在政治效能感的表现形式上,应该是一个层次性的反映,体现着鲜明的层级特点。

上述论证表明中国基层民主政治生活中已经具有与西方民主政治相似的环境要素,说明民众政治效能感的产生是必然的,因而具有与西方学者表述的相似的概念内涵和结构维度,然而与中国的政治现实相结合,政治效能感又具有不同于西方政治效能感的内容与特点,即内容的广泛性与层级性。

综合而言，中国城乡居民的政治效能感是"人民当家做主"的具体表现，它同样可以表现为内在政治效能感和外在政治效能感两个维度，通过本研究的初步试测，我们发现中国城乡居民同样具有内在与外在政治效能感两个维度，其相关系数为0.40，是一种弱相关，说明这两种政治效能感可以独立存在。同时两个维度又各自表现出一定的层次性，内在政治效能感包括低层次的了解型内在政治效能感，具有这种类型的内在政治效能感表现为对政治信息了解、熟悉，是进入政治系统的准备阶段；较高层次的影响型内在政治效能感，这种类型的内在政治效能感主要体现为民众自知对政治系统有影响力。按照李克特原理，高一级的内在政治效能感涵盖了低一级的政治效能感。对于外在政治效能感而言，民众自知政治系统对于他们的要求是重视的，这是一种重视型的外在政治效能感，也是较低级的外在政治效能感；而如果民众觉得政治系统对于其要求是回应的，则是回应型外在政治效能感，这种外在政治效能感是较高一级的外在政治效能感，同样涵盖低一级的外在政治效能感。

（四）政治效能感的价值和作用

政治效能感并不是一个简单政治心理概念，其功用不仅指向公共的政治生活，而且也对公民个体的政治行为产生较大的作用。

1. 政治效能感在公共政治生活中的价值

（1）政治效能感是衡量一个国家民主政治程度的坐标

政治效能感最大的价值在于它是对民主制度下的公民是否具备相应心理取向的一种测度，由此也成为衡量一个国家民主程度的一项重要指标。在民主体制下，公民与政府的关系应该是熟悉的、亲密的，是可以影响和控制政治精英的，由此造成民众自认为他们与政府的关系是密切的，他们具有控制和影响政府的能力。这种公民与政府"亲密"的感觉是一个国家政治合法性的基础，是民众与政府平衡关系的反映。反之，如若民众政治效能感低下,则反映出民众与政府之间的关系是疏离的、不信任的,这样政权的合法性就很难建立。所以台湾学者黄兴豪就指出:"政治效能感之所以重要,是因为其是民众评价政府与个人本身政治能力的重要依据"。[①]

作为一个重要政治态度,政治效能感也是民主制度运作中不可或缺的要素之一。参与民主理论的代表人物佩特曼就认为:直接参与之所以成为可能,是因为在参与中能培养出公民较强的政治效能感,使其具备公民社会中应具备的能力和素养,因此参与就具有了教育的功能。对于很多推崇英、美民主体制的人来说,他们也发现英、美民主之所以比较稳定,是因为在公民政治社会化过程中以及在其制度设计上,政治效能感起到了"平衡作用"。这种平衡的作用体现在以下两个方面:第一,在政治效能感的内部要素之间也形成了一种平衡的关系,政治效能感是一个生成的、综合的系统,其随着政治社会化的过程逐渐形成"规范"、"感觉"和"行为",规范是认为自己应该,而感觉是能够,这两个要素是在政治系统需要的时候才会转化为行为。具有政治效能感的公民,由于具有了应该和能够影响政府的规范,在政府决策有损于自己利益的时候,就可能转化为控制的行为,导致政府对于相关决策的考虑和回应;而当政府以及决策与己无关的时候,政治效能感就存在于公民的感知层面,不一定转化为行为。这就使得公民与政府之间产生一种平衡的关系。第二,在现实民主政治的运作中也体现了相应的平衡。因为在一个政治体系中,具有较高政治效能感的民众毕竟是少数,而大多数人的政治效能感处于中等水平,还有相当一部分民众的政治疏离感会较高,这样对于政治系统来说,大部分顺从的民众以及具有中等政治效能感的民众与具有较高政治效能感的民众就形成一种相互制约、相

---

① 黄兴豪:《台湾民众政治功效意识的持续与变迁》,载《台湾民主季刊》,2006年第2期,第114—147页。

互牵制的状态。

由此可见，民众的政治效能感程度与平衡是民主制度国家的重要表现之一。

（2）政治效能感是衡量民众与政府关系的心理标尺

由于政治效能感的间接对象是政治体系，是与政治体系关联时所产生的心理映射，所以，如果一个个体觉得自己与政治体系有着较密切的关系，就会在心理上觉得自己是可以和政治体系有关系的，对其是可以了解的，对其是可以有所改变，是可以有所影响的；反之，当个体认为自己与政治体系关系是疏离的，那么，心理上就会觉得自己无法接触到政治体系，更不可能影响和改变政治系统，由此便产生政治疏离感和无力感。政治疏离主要表现在文化与政治结构之间的关系上，当公民虽然对政治系统有一定的认知，但是在感情卷入和评价均为中立或者零时，这种文化与政治结构之间的关系就是弱的。①

由此可见，政治效能感这一政治心理概念，尽管不是现实中公民与政治体系关系的真实写照，却是现实写照在心理的投影和沉积，是公民形成的与政府关系亲近与疏离的心理反映。

（3）政治效能感是公民精神重要的组成成分

亚里士多德明确提出："即使是完善的法制，而且为全体公民所赞同，要是公民们的情操尚未习俗和教化陶冶而符合于政体的基本宗旨是终究不行的"。② 由此可见，在一个国家中，政治制度的正常运作不仅需要相应体制的完善，也需要相应的民众情操。对于任何一个民主制国家，公民精神（civic spirit）是支撑和催生民主体制的重要因素。

所谓公民精神就是公民具有参与政治生活的基本素养和能力的总和，它既包括对基本公共生活认知以及妥协和宽容的精神，更包括在具

---

① ［美］加布里埃尔·A.阿尔蒙德、西德尼·维巴：《公民文化——五个国家的政治态度和民主制》，徐湘林译，华夏出版社2008年版，第24—25页。

② ［古希腊］亚里士多德：《政治学》，吴寿彭译，商务印书馆2007年版，第281页。

体政治生活中应具有的协商的能力、批判的能力,然而,这些要素的基本内容亦是政治效能感的心理层次基本意涵的反映。阿尔蒙德就认为,民主制下的公民所具有的民主性格应该包括积极的政治认知、对本国政治系统的自豪感以及较强的政治效能感和参与意识,其中政治效能感由于其稳定性和持久性的特点成为公民民主性格的重要因素。约翰·斯图亚特·密尔也认为,代议制政府之所以成为一个好的政府是因为它激发了社会中最有智慧的成员的个人才智和美德,使其可以直接地对政府施加影响。而公民具有的才智和美德就包括"参与过程中逐渐积累起来的心理益处"的政治效能感。① 卡尔·科恩(Carl Cohen)在论及民主的条件时提出民主的心理条件是指社会成员实行民主时必须具有的性格特点和思想习惯,这些性格特点和思想习惯主要包括相信错误难免、持批判态度、愿意妥协、要有信心等要素。② 这些要素成立的基础就是公民必须具备自认为有能力去批判、包容的心理倾向,也就是他认为自己是有能力参与政治生活并且可以把握政治生活的。

(4) 政治效能感是解释民众政治参与的重要心理变量

民众的政治参与历来是西方民主理论和现实关注的核心内容。从现实层面说,自18世纪以来,政治参与便是欧美政治生活中非常重要的现象,特别是对投票与选举参与的关注,迫使西方学者在理论上开展深入的研究,围绕民众为何参与政治以及参与政治的影响因素等一系列问题进行剖析,美国学者莱恩就认为,人们卷入政治生活的动因不仅有社会、政治、经济环境的影响,还有个体的需要以及相应期望。③ 而亨廷顿则从一个国家社会经济的发展和平等两个层面描述引发民众政治参与的深层动因,认为在外部环境与个体参与行为之间存在着一个中间环

---

① [英] J. S. 密尔:《代议制政府》,汪瑄译,商务印书馆1982年版,第72页。
② [美] 卡尔·科恩:《论民主》,聂崇信、朱秀贤译,商务印书馆2007年版,第28页。
③ Robert E. Lane, *Political Life: Why People Get Involved in Politics*, New York: The Free Press, 1959, p. 147.

节,勾连着环境与行为,并且在很大程度上影响着参与行为的发生以及发生的程度,那就是个体的心理感觉,这种感觉就是"政治效能感"。一般而言,个体的政治效能感越高,其政治参与的可能性就越大。反之,政治效能感越低,其政治参与的可能性越小。由此可见,政治效能感是促使个体参与行为的内在动因之一,也在一定程度上成为解释政治参与发生与变化的主要因素之一。作为西方民主制国家把选举参与作为重要研究内容的学者,自然在研究中无法忽视政治效能感的存在和作用。亨廷顿在论证经济平等与政治参与之间因果关系时就表明:"对个人来说,高地位与较强的政治功效感相联系,而这种功效感又导致高水平的政治参与"。①

政治效能感的上述作用存在于政治领域中,对于公民个体而言,政治效能感同样具有重要的作用。

2. 政治效能感对于公民个体的作用

政治效能感对于个体的作用是基于心理学理论中对于自我效能感(self efficacy)的认识,自我效能感在人类行为中的作用主要有:认知过程、选择过程、动机过程和情感过程。②

(1)政治效能感能够满足个体控制政治环境的需要

阿尔蒙德认为:"在世界所有新兴国家中,普通人与政治是有关的"。③ 这就说明在现代政治生活中,每一位公民都有了解和控制政治环境的需要,这种控制不仅体现在对政治信息的选择上,还体现在对政治目标的认知以及对政治活动的处理上。由于政治效能感是公民对自身政治能力的感知,所以,具有较高政治效能感的个体就会主动选择政治信

---

① [美]塞缪尔·P.亨廷顿:《难以抉择:发展中国家的政治参与》,汪晓寿译,华夏出版社1977年版,第73页。
② 郭本禹:《自我效能感理论及其应用》,上海教育出版社2008年版,第338页。
③ [美]加布里埃尔·A.阿尔蒙德、西德尼·维巴:《公民文化——五个国家的政治态度和民主制》,徐湘林译,东方出版社2008年版,第4页。

息来指导自己确定参与影响的目标，这就是对政治目标的认知，进而运用在政治活动的处理上，形成对政治环境的了解和把握，成为政治世界的主人。反之，政治效能感较低的个人，则体现出对政治信息的漠视和政治目标的疏离，由此对政治活动产生逃避。

尤其是在现代社会，政治生活成为人们生活中无法逃避并且很重要的一部分，因此政治效能感在个体的政治生活中扮演更为重要的角色，所以，有学者认为，政治效能感是个体最为基本方面的态度现象。[1]

（2）政治效能感可以转化为个体政治行为的动机

尽管政治效能感是一个态度变量，但是，由于其具有心理预期的作用，便具有了朝向政治目标努力的倾向，成为拉动个体产生政治行为的动机因素。政治效能感高的个体，往往对自己参与政治以及相应的政治系统具有较高的预期，这种预期成为一种推动力，使得个体朝着自己的目标前进，所以就会自觉地关注政治信息，了解政治系统，参与政治活动；而那些政治效能感较低的个体，由于对自己参与政治以及政治系统无任何心理预期，因此，也就不会产生行为的冲动。可见，政治效能感的高与低决定着政治行为产生的强与弱。

（五）政治效能感：中国基层民主政治的心理基础

科恩在《论民主》中指出，民主是需要条件的，一个国家想要实行并保持民主，必须满足五类条件，即物质的、法制的、智力的、心理的和防卫的。[2] 其中，谈到心理条件时，科恩强调，在民主的所有条件中，心理条件是最基本的。所谓心理条件是社会成员实行民主时所必须具有的性格特点和思想习惯。[3] 这些性格特点和思想习惯对于已是一个民主

---

[1] Stanley Allen Renshon, *Psychologica Needs and Political Behavior*, New York: The Free Press, 1974, p. 75.

[2] [美] 卡尔·科恩：《论民主》，聂崇信、朱秀贤译，商务印书馆2007年版，第107页。

[3] [美] 卡尔·科恩：《论民主》，聂崇信、朱秀贤译，商务印书馆2007年版，第172页。

制度的国家而言，成为民众日常生活的必需。但是，对于一个发展中国家来说，民主化的过程相对不同，民众所需要的性格特点和思想习惯则需要一个生成和发展的过程。

1. 中国基层民主政治需要的心理基础

众所周知，民主政治是需要诸多条件的，除了相应的经济水平以外，还需要相应的制度保障和与之相适应的民众的政治心理基础。美国学者阿历克斯·英格尔斯（Alex Ingalls）就强调，发展中国家可以移植先进国家的技术和政府机构形式，但是如果一个国家的人民缺乏一种能赋予这些制度以真实生命力的广泛的现代心理基础，再完美的制度和管理方式都是空壳。① 民主政治所需要的心理基础，西方政治学家早就有人论及。亚里士多德就这样表达他的观点："一个城邦必须有相同于人们所有成为义士、为达者、为哲人的诸品质，唯有勇毅、正义和明哲诸善性，才能达成善业。"② 阿尔蒙德在《公民文化》中也明确指出，一个较为成熟的民主国家应该具备怎样的态度和行为，其中他提到，成熟民主国家的民众不仅具有较好的政治认知和较高的忠诚感，做一个具有"理性—主动性"的积极公民，而且一般都具有较高的主观能力感。具体说来，一个具有公民文化特点的国家应该是：公民具有参政的愿望；公民有较强的政治效能感和相应的输入功能取向。科恩更为详细地罗列了民主政治应具有的心理条件：诸如相信错误难免、持批判的态度、要有灵活性、愿意妥协等九方面的心理条件。③ 诸多西方学者的上述论点均说明一个观点，即民主政治是需要民众的心理条件的。如果一个成熟的民主国家，没有相应成熟公民的心理素养，这个国家的民主政治则是空虚的，没有根基的。

对于中国而言，一贯的看法是，传统上中国是一个没有民主基础的

---

① 殷陆君：《人的现代化——心理·思想·态度·行为》，四川人民出版社1985年版，第6页。
② ［古希腊］亚里士多德：《政治学》，吴寿彭译，商务印书馆2007年版，第347页。
③ ［美］卡尔·科恩：《论民主》，聂崇信、朱秀贤译，商务印书馆2007年版，第172—192页。

国家。① 陈述的缘由大抵是：专制帝国很难培植起来像西方人一样的民主意识；因为落后而又贫穷，教育不够，人民无暇关心民主政治；公民社会不存在，没有形成相对成熟的中产阶层，民主不发达；中国是一个农民社会，农民无知、保守、贫穷，反民主。总之，中国在近代没有具备西方国家的民主条件。

然而，1949年以来，中国共产党一直将人民民主建设作为其奋斗的目标，尤其是改革开放以后，基层民主的大力推进，在制度环境上已为中国基层民众提供了民主条件，通过民主选举、民主决策、民主管理和民主监督逐渐达到自我教育、自我管理和自我服务的目的，从这个角度讲，村民自治和居民自治已经具备民主政治的环境基础，为竞争和选举提供了制度平台。应该说，经过30年的实践，在中国基层民众身上应该体现出与此相适应的公民精神。诸如维权意识、妥协精神、灵活的态度、敢于批评的精神以及政治效能感、政治信任感、政治认同等心理要素。这些心理要素是民众参与公共事务，体现公民权利的基本动力和要求。

在理论上，这一观点也得到了许多学者的认同，中国学者徐勇认为，中国村民自治的核心价值在于为大众提供了民主参与的实验场，使得农民在这个实验场中能够获得民主制度所需要的内在要素。② 闵琦等人在1988年对全国150万份资料进行了政权取向、政治认同、政治信任和政治效能感等诸多民主政治所需心理条件的分析中发现，中国公民在认知领域上已超越了狭隘观念者，但并没有走出"臣民"的框框；在政治能力和政治参与方面尚显薄弱。但是，中国政治文化正处于由整合向

---

① 这一观点在中外学者研究中均有论证。巴林顿·摩尔指出，中国农民很难发展出一种政治民主的平等理论，因为中国不存在自己的民主传统。[美] 巴林顿·摩尔：《民主和专制的社会起源》，拓夫、张东东等译，华夏出版社1987年版，第409页。中国学者徐勇表明中国自古以来就有一个强大的国家，民间社会的空间极其狭小，更无作为民主国家基础的公民社会可言。徐勇：《中国民主之路：从形式到实体》，载《开放时代》，2000年第11期，第58页。
② 徐勇：《中国民主之路：从形式到实体》，载《开放时代》，2000年第11期，第61页。

不完整、由臣属向参与、由意识形态向理性过渡之中。① 张明澍的研究同样说明中国老百姓在民主进程中的基本态度已经从形式和程序民主走向实质和内容民主。②

由此可见，中国基层民主政治已经培育出相应的公民精神和心理要素。

2. 政治效能感：中国基层民主政治的心理基础

塞缪尔·巴恩斯（Samuel H. Barnes）认为，政治效能感应该是民主政治中个人所具备的必要条件。③ 这一点不仅对于西方成熟民主国家的民众成立，对于像中国这样民主政治发展尚处于探索阶段的国家，民众的政治效能感就更为重要。

有人说，以"村民自治"为核心的中国基层民主政治是开启中国现代史上的第一次真正的民主实践。④ 这样一次民主实践大致经历了三个阶段，第一个阶段从1978年至1989年，这一阶段是从制度和现实中进行摸索和尝试阶段，对于国家而言，为了避免乡村治理的真空，积极推行村委会选举，而对农民而言，也急需通过一个自己的组织进行村庄的公共治理和公共服务，这一阶段的标志性产物就是国家出台了《中华人民共和国村民委员会组织法》的试行草案；而在社区，1989年也出台了《中华人民共和国居委会组织法》。第二阶段从1990年至2000年，这一阶段是推广和完善阶段，不仅从制度上完善了村委会组织法和居委会组织法，而且在选举中也更加规范了程序和要求，这期间村委会的选举参与率较高，居委会选举也开始凸显多种模式，呈现出多种模式并存的特

---

① 闵琦：《中国政治文化——民主政治难产的社会心理因素》，云南人民出版社1988年版，第202页。
② 张明澍：《中国人需要什么样民主》，社会科学文献出版社2013年版，第282页。
③ Smauel H. Barnes, "Leadership Style and Political Competence", In Lewi J. Edinger (ed.), *Political Leadership in Industrialized Societies*, New York: John Wiley & Sons, 1967, p. 60.
④ 唐兴霖、马骏：《中国村民自治民主的制度分析》，载《开放时代》，1999年第3期，第29—36页。

点，比如"沈阳模式"和"上海模式"。第三阶段，自2000年至今，这一阶段呈现两个特点，一方面是开始反思村委会和居委会选举中出现的各种问题，比如两委关系问题，乡镇与村委会关系问题，街道办与社区关系问题；另一个方面也在思考如何进一步推进基层民主政治的发展。在上述过程中，国家借助社会的力量保持基层社会的稳定及其统治力量的渗透，体现出一定的动员性和强制性。同时，城乡居民也获得选举与监督其村级与社区领导的权力，要求他们提供公共服务和福利，具有了一定的自主性。这种国家与社会的权力互强（mutually empowering each other）①首先表现为城乡居民的自主意识增强，维权意识提高，这些公民意识的直接反映就是公民自觉影响政治系统的能力增强，即公民政治效能感的产生与成长，如果没有这种最为基本的主观政治能力感，民众其他的政治心理和行为活动就难以产生。

  前已述及，个体的政治效能感能够满足个体控制政治世界的需要，更具有了动机的性质，是引发其他政治活动的重要的心理要素，相当于个体政治活动的"按钮"。只有具有了这一要素，个体才可能关注和了解政治系统，才可能愿意投身于政治活动中，才愿意从事政治事务。在这个基础上，才可能接受政治系统的刺激和"灌输"，才可以重视政府对其的回应。在这样的前提下，才可能与其他个体、群体和组织进行谈判和协商。这样的心理基础是通过中国30多年的改革开放、国家法治进程的推进以及村庄和社区的基层民主实践获得的，对于中国的城乡居民而言，毕竟是一次学习的经历，这种外在环境的变化首先在城乡居民心理产生影响，认知角度发生变化，从而产生"可以影响选举"的感觉。进而产生能够影响选举，改变村委会和居委会决策的感知。政治效能感对于中国城乡居民而言，其意义还在于：首先，改变了几千年以来形成的"顺民"、"臣民"

---

① 王旭：《乡村中国的基层民主：国家与社会的权力互强》，载《二十一世纪》双月刊，1997年第4期，第147—158页。

的认识，它具有能动的性质，中国民众第一次真正具有了"当家做主"的感知；其次，由于政治效能感具有动机的性质，就成为引导民众产生政治行为的首要心理要素，具备了较高政治效能感的民众，就会对政治活动感兴趣、关注政治活动、从而产生影响和参与的冲动；反之，那些没有或缺少政治效能感的个体，依然保持着政治冷漠和疏离的状态。再次，政治效能感对于中国城乡居民而言，是后天习得的一种政治态度，这种政治态度并不是一种普通的政治态度，而是在兼顾了态度的稳定性、评价性的基础上，与村委会、居委会相互作用基础上产生的，对自我政治能力的回馈，直接影响城乡居民后续的一系列的政治心态和政治活动，这种自我回馈的性质会加剧或减弱民众自我感知。由于中国的基层选举才刚刚起步，城乡居民习得的政治效能感应该具有与西方民众不同的特点。

在中国基层，与城乡居民直接接触的非政府组织是村委会和居委会，但是由于中国特殊的政治结构，导致这两个非政府组织均是政府组织的行政延伸机构，在某种程度上担负着政府的职能。同时，它们又是自治组织的性质。中国基层组织这样的双重性，也必然会反映在城乡居民的政治效能感中。同时，城乡居民的政治效能感的高与低，怎样的类型特点均是针对村委会和居委会及其干部成员而言，因此，城乡居民政治效能感的高低折射出城乡居民与村委会、居委会及其干部的关系以及对自治组织的认可度和自主程度。

二、政治参与：中国基层民主政治的行为表征

20世纪80年代，随着民主化的"第三次浪潮"，民主政治成为一种世界性进程[1]，中国也不例外。近代以来，中国就一直朝着民主政治的

---

[1] 燕继荣：《民主之困局与出路——对中国政治改革经验的反思》，见高建、佟德志主编：《中国式民主》，天津人民出版社2010版，第116页。

目标发展，对民主的探索经历了旧民主主义革命、新民主主义革命、社会主义革命到社会主义建设四个阶段，最终确立了"建设社会主义民主国家"的重要目标①，这就预示着中国的民主化道路与西方国家有着本质不同，不再单纯以选举和竞争作为判断民主国家的唯一标准，而将人民当家做主作为社会主义民主的本质体现，由此展开的党内民主、法治民主、协商民主、基层民主，成为"中国式民主"的主要表现，其中基层民主建设是"中国式民主"的一大亮点。有学者认为，基层自治是中国民主政治最为生动、也是最具活力的重要组成部分，作为人民民主的重要实践，基层自治充分体现了人民当家做主的基本理念，创造了丰富多样的民主形式。②

然而，我们也不得不看到，中国基层民主的主要体现方式与西方民主国家并没有太大的差异，以村委会和居委会选举为核心的村民自治和居民自治，依然表现出了竞争和参与的属性。从这一点上讲，政治参与是民主政治的核心则是中西方通用的法则，只是在参与的程度上有所不同而已。

（一）政治参与的内涵与界定

不管是在西方政治思想史上还是在现实政治生活中，政治参与都是非常重要的概念和现象，在欧美近二三百年的政治发展中，可以说是政治参与的研究史。因而对政治参与的界定也众说纷纭，莫衷一是，以至于亨利·拜宁（Henry Bienen）感慨说，政治参与已经沦为一个几乎涵盖所有政治现象的杂凑概念了。③ 这种"混乱"的局面主要体现在对政治参与的界定及其主体、客体、形式等方面的认识上的不同。《布莱克

---

① 高建、佟德志：《中国式民主》，天津人民出版社2010年版，第3页。
② 高建、佟德志：《中国式民主》，天津人民出版社2010年版，第5页。
③ Henry Bienen: *The Politics of Participation and Control*, Princeton New Jersey: Princeton University Press, 1974, p. 8.

维尔政治学百科全书》把政治参与定义为：参与制定、通过或贯彻公共政策的行动，这一宽泛的定义适用于从事这类行动的任何人，无论他是当选的政治家、政府官员或是普通公民，只要他是在政治制度内以任何方式参加政策的形成过程。① 这一概念认为任何人都可以参与政治，包括普通公民和官员；参与的对象主要是政治制度内的政策形成，同时也没有区分主动参与和被动参与，这是一个相当宽泛的定义，但是一个概念的界定如果没有相对的界限，则无法与其他的概念区分开来。《政治学手册精选》把政治参与界定为平民或多或少以影响政府人员的选择及（或）他们采取的行动为直接目的而进行的合法活动。② 这一概念则清晰地界定，政治参与的主体是平民而非官员，影响的对象是政府人员的选择及其行动，并且确定政治参与是一种合法活动，非法的活动不包括在内。美国著名政治学家亨廷顿则认为，政治参与是指平民试图影响政府决策的活动。③ 在分析中，亨廷顿明确说明政治参与的主体是平民，参与的客体主要是政府的决策活动，政治参与不包括态度在内。由此可知，研究者们比较一致地认为，政治参与是一种行为，是一种不包括政治态度的政治行为。而且比较认同政治参与的主体是普通民众而非政府官员和精英人物。

据此，本研究认为，政治参与是普通民众对于政治系统的各种影响与干预的行动，这种参与活动体现了民众对于政治权利和自身利益的追求。具体到中国城乡居民身上，就是其参与村庄和社区选举与公共事务的一系列行为，其中最为典型的参与行为就是选举，当然也可以包括与各级官员的接触、参加各种政治活动、发表自己的意见以及在乡村和社

---

① [美] 戴维·米勒、韦农·波格丹诺：《布莱克维尔政治学百科全书》，中国政法大学出版社 2002 版，第 608 页。
② [美] 格林斯坦·波尔斯：《政治学手册精选》（下册），商务印书馆 1996 年版，第 290 页。
③ [美] 塞缪尔·亨廷顿、琼·纳尔逊：《难以抉择：发展中国家的政治参与》，汪晓寿、吴志华、项继权译，华夏出版社 1989 年版，第 5 页。

区组织中各种涉及公共事务的参与行为。这一概念强调的是：第一，政治参与的主体是中国乡村的村民和城市社区的居民，这是我们研究的主要对象，同时他们也是中国基层民主建设的主体。第二，政治参与的形式，既包含主动参与，也包含被动参与；既有支持性参与，也有反对性参与等多种形式。对于城市和乡村居民而言，在日常生活中，所涉及的参与形式，主要是主动参与和被动参与两种形式。除此之外，还包含有具体的参与渠道，诸如私人接触还是公开表达等。第三，对于参与什么，并不仅仅指参与农村村委会和社区居委会的选举，还包括其他选举活动，同时也包括着日常生活中试图影响政治系统中决策组织与决策者的一切行动。

对于政治参与水平的考量，不同的研究也有不同的考虑，亨廷顿就从政治参与的广度和深度测度政治参与，还有的学者是用广度、深度和效度来评价政治参与，台湾学者胡佛则是通过政治参与的强度来测度政治参与。本研究为了更为全面地反映中国城乡居民的实际政治参与情况，主要通过三个方面反映城乡居民的政治参与水平，一是广度，二是强度，三是形式，即主动政治参与和被动政治参与。

（二）政治参与的功能与作用

在政治现代化过程中，政治参与充当了"标志"乃至"核心"的角色，因为在现代社会中，随着经济的发展和社会结构的改变，民众政治诉求会增多，政治参与的扩大成为必然。而政治现代化的典型表现就是民主化，民主政治的核心要素就是政治参与。

毫无疑问，民众的政治参与在政治系统中不可或缺，它保证了政治系统的正常运作和相对平衡，也在一定程度上监督和控制政府，并且体现民众基本权利和获得相应社会保障，因此政治参与的功能和作用不可忽视。具体来说，它在政治系统中的主要功能体现在以下几个方面：

第一，政治参与具有平衡的功能。从戴维·伊斯顿政治系统理论看，一个政治系统若想维持平衡和稳定，不仅需要输出，还需要一定程度的输入，输入政治系统中的需求和支持直接来自于民众的政治参与，如果没有民众的政治参与，政治系统就失去了可以加工的信息乃至持续统治的合法性基础。而对于政府出台的诸多政策和法规，同样需要民众的参与才能真正落到实处。这样才能保证一个政治系统的平衡运行和发展。

第二，政治参与具有控制和监督的功能。民众的政治参与最主要的形式就是选举，定期的选举一方面可以将政治精英录入政治系统之中，另一方面也会对民众不满意的官员施加影响，达到控制的目的。同时，民众对政府工作满意与否，也会通过参与的积极与消极表达出来，形成间接的控制。

政治参与的监督功能体现在公民依据法律对政府及其官员的行为进行监督，公民可以通过信件、媒体、网络、上访等诸多形式反映政府及其官员违法、失职和不作为等行为。

第三，政治参与一定程度上体现了政府的合法性。有学者说，近二三百年以来，欧美各国政治制度的变革，几乎都是以"政治参与"为其枢纽，建立起人民和政府之间的各种关系。[①] 政治参与实质上是公民与政府之间建立联系、相互作用的过程，在这个过程中，公民良好、有序、积极的参与反映的是相信政府和认同政府的心理，如果是消极的、无序的参与则反映了公民与政府间的疏离和冷漠。

对于民众个人而言，政治参与同样发挥了较大的作用。首先，公民通过参与可以成为具有多种政治能力和公民精神的合格公民，浦岛郁夫就认为，公民通过政治参与可以学习到如何发挥自己的作用，变得关心政治，增强对政治的信赖感，获得满足感，并提高对政治体制的归属

---

① 郭秋永：《当代三大民主理论》，新星出版社2006年版，第11页。

感，具备宽容精神。① 其次，通过政治参与，达到教育的目的。政治参与活动本身就是非常好的一种教育方式，通过参加基层选举，参与公共事物，不仅可以使民众了解更为基本的政治常识，而且也可以了解相应的政治机构和政治程序，增强政治兴趣，获得政治能力，改变政治态度。这是其他活动无法获得的技能。最后，政治参与可以增强民众的自主性。政治参与作为增强公民政治能力的重要方式会通过一系列的手段强化公民的参政意识和参政能力，在这样的训练中，首先提升的是公民的自主意识，即公民具有了决定公共事务的理念，这一理念形成习惯，便提升了公民整体的政治水平。

（三）政治参与：中国基层民主政治的行为表征

众所周知，政治参与是民众外在的一种行为表现，是一般民众向政治系统输入需求和支持的一项活动。对于一个成熟的民主国家而言，过多的政治参与或者过少的政治参与均不是民主政治的正常表达，过多的政治参与，会引发社会的不稳定，有可能导致"暴民政治"；而过少的政治参与便不能称其是民主，现代社会和民主国家中均将民众的政治参与当作是衡量民主与否的重要指标。

对于中国基层民主政治而言，虽然在很大程度上民众的政治参与主要表现为国家动员和推动下的产物，但是无法否认，民众的参与需求也在增长，政治参与的水平也在提高，尤其是在村委会选举中。对于农村和城市而言，政治参与首先表现为村委会与居委会的选举参与，选举的规模逐年扩大，选举程序逐渐规范，2011年《中国政治参与》蓝皮书的数据显示，中国城市居民2006年居委会选举的平均投票率为70.02%，中国农村村民参与村委会选举的平均投票率2001—2003年为91.36%、

---

① ［日］浦岛郁夫：《政治参与》，经济日报出版社1989年版，第5页。

2004—2006年为90.68%和2007—2008年为90.72%。① 在选举参与和投票参与的基础上将村民的参与行为推广到民主决策、民主管理和民主监督，诸如农村中的民主评议、村务公开和财务监督均是政治参与的表现形式，在城市社区中，居民的政治参与也会表现在维权参与上。由此可知，中国基层民主政治的显著表现无疑是城乡居民的政治参与。

政治参与的多与寡、强与弱更能反映出基层民主政治的绩效。如果说，政治效能感是民众内心的一种隐性态度的话，那么政治参与则是外在显性的行为表征，它更需要长期的熏陶和训练，这对于长期处于"顺民"状态中的中国城乡居民而言，则是一个较大的挑战，也更能彰显基层民主政治的效果。可以这么说，中国城乡居民政治参与的广度和强度以及主动与否是基层民主政治最为有力的证明。另一方面，政治参与的水平如何也反映出基层民主政治中政府相应参与管道和参与平台的设立以及制度安排的优劣。

除此之外，政治参与与其他相关因素之间的关系也是诸多民主政治研究的话题，通过这些因素与政治参与关系的考量，也能体现政治参与在中国基层民主政治中的重要地位和典型特点。在英、美政治系统中有关政治参与的调查资料，历年来一再重现而值得注意的是：（1）政治参与不是系统成员日常生活中的主要活动；（2）公民的政治活动、政治兴趣、政治功效感、政治满足感等心理特征，彼此之间是正相关；（3）公民的受教育程度、职业声望、收入水平及工作场所的参与经验等背景特征，都与上述心理特征正相关；（4）公民各种惯常的政治参与行为，均与上述心理特征成正相关；（5）具有政治效能感的公民的百分比，高于投票行为外的惯常性政治参与的百分比。② 同理，在中国基层民主中，城乡居民政治参与应当也受到上述因素的影响，即性别、受教育程度、

---

① 房宁：《中国政治参与》，社会科学文献出版社2011年版，第95、100页。
② 郭秋永：《政治参与》，（台湾）幼狮文化事业公司1993年版，第137页。

收入水平和政治面貌与政治参与的关系,另外一个重要因素就是诸多心理特征,其中最为重要的就是政治效能感,因此政治效能感与政治参与的关联性也是体现中国基层民主政治的特征之一。

综上所述,城乡居民的政治效能感和政治参与是中国基层民主政治的两个测度指标,政治效能感从城乡居民政治态度的角度审视中国基层民主政治是否导致民众心理层面发生了变化以及这种变化具体发生到什么程度?则需有一个基本的量化判断。在本研究中,我们依照平均数的基本属性,将四点量表的数字进行计算,把2.5作为一个中等水平的值,在中等水平之上则为高,在中等水平之下则为低。对于政治参与而言,理论上说政治参与的广度越广,深度越深,主动参与多于动员参与均是基层民主政治具有良好效果的表现,但是适度的政治参与则是更为理想的状态。从两者关系而言,政治效能感应是引发政治参与的重要变量,两者的基本关系应该是相互适应的:低层次的政治效能感与低层次的政治参与相对应,高层次的政治效能感与高层次的政治参与相对应。同时,由于政治参与的产生应是内在政治效能感与外在政治效能感共同作用的结果,而不是单一维度作用的结果。

三、中国城乡居民政治效能感与政治参与的模型建构与基本假设

(一)中国城乡居民政治效能感与政治参与的模型建构

对于中国城市和乡村而言,民主政治的进程并不一致。中国乡村基层民主建设自1980年以来已有30年的历程,可以把它简单划分为三个阶段:

1. 1978—1984年,主要表现为自发性。代表性的事件是广西宜州屏南乡何寨村村民自发成立村委会组织解决人民公社废除后乡村管理"真空"问题。这一阶段如何将农民重新组织起来,成为一个急迫的问

题。此时国家还没有介入。

2. 1985—1990 年，主要表现为国家介入，并开始推动村民自治。最典型的是在 1987 年通过的《中华人民共和国村民委员会组织法（试行）》中确立了在农村基层实行村民自治，初步明确了村民自我管理、自我教育、自我服务的原则。它规定村民有权直接选举村委会主任、副主任和委员，村委会任期三年。1990 年的中共中央 19 号文件，要求开展"村民自治示范活动"。与此同时，福建、浙江、甘肃、湖北、贵州和湖南六省根据全国《村委会组织法》，制定了本省的贯彻实施办法，各地出现了许多选举成功、自治有效的村委会，如山东的莱西县、黑龙江的青冈县、河南的驻马店地区等。到 1989 年年底，全国共有 14 个省、市、自治区在试点的基础上，开始依法选举村委会干部。

3. 1990 年至今，村委会选举相对成熟。这期间中国有 20 多个省、市、自治区进行了村委会选举；1995 年 7 月，已有 24 个省、市、自治区制定了《村民委员会组织法》的具体实施办法，参选率一般都在 90%以上。1998 年国家颁布了正式的《中华人民共和国村民委员会组织法》，标志着村民自治的成熟。

城市社区自治相比较农村自治，发展相对较晚。自 1989 年 12 月，七届人大常委会第十一次会议通过了《中华人民共和国城市居民委员会组织法》开始，全国各省、市、自治区人大都相应地通过了《居委会组织法》，并酝酿出了在本地的实施办法。同时，我国城市社区也相应地推出社区居委会的间接和直接的选举方式，并产生社区委员会和社区居委会等群众性自治组织。据调查指出，2007—2009 年全国已有 30 个省份安排了居民委员会的选举，仅 2006 年社区居委会选举登记选民 37588855 人，投票选民 26318987 人，平均投票率达到 70.02%，有的省市的投票率可达到 92.6%。①

---

① 房宁：《中国政治参与报告》，社会科学文献出版社 2011 版，第 95 页。

由此可见，中国在近 30 年的民主建设中，基层民主建设取得了一定的成就，如何去考量这一成就，我们可从城乡居民的政治效能感和政治参与及其关系的视角加以审视。依据前述理论，我们将建构如下模型：见图 1-1。

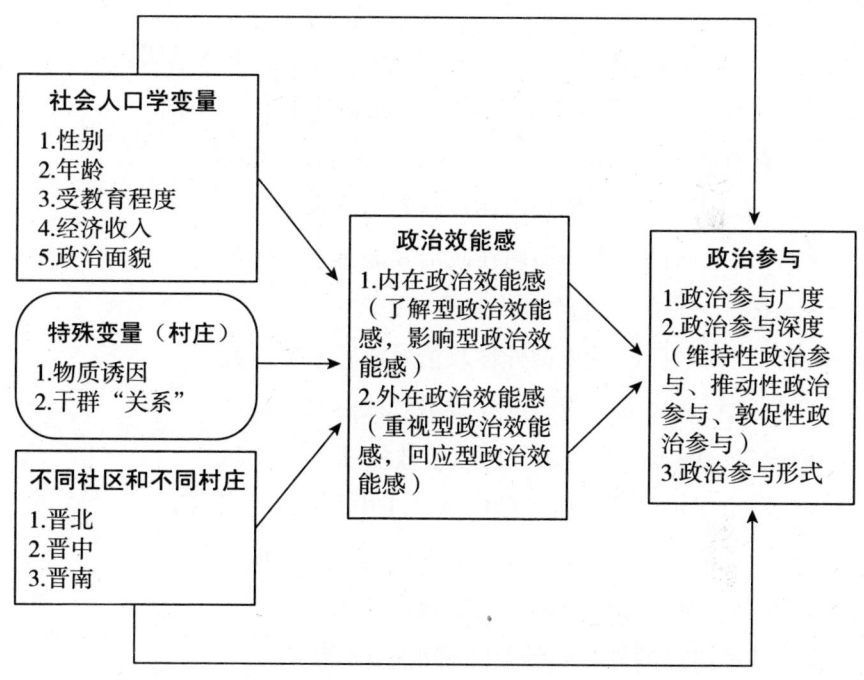

图 1-1 城乡居民政治效能感和政治参与的理论模型

在这样的模型框架下，本研究要解决的问题是，发现中国城乡居民政治效能感和政治参与的现状及其因果关系，用以描述和说明中国基层民主政治的成果与不足。同时也试图找出影响城乡居民政治效能感和政治参与的因子。这两大部分的内容主要关切的具体问题是：第一，中国城乡居民的政治效能感和政治参与的形态反映了中国怎样的基层民主画面？是不是如许多学者预见的那样，中国基层民主政治确实已经取得了显著的成效？第二，影响中国城乡居民政治效能感和政治参与的因子中，会得出与西方研究相似的结论，还是会表现出中国独特的状况？第三，中国城乡居民的政治效能感与政治参与之间会呈现出怎样的关系？第四，中国乡村与城市基层民主之间会有怎样的差异？

（二）中国城乡居民政治效能感与政治参与的假设与相关变量设计

依照上述理论模型及研究目的，特提出以下几组研究假设：

假设一：中国农村居民村庄政治效能感处于中等水平。

1. 农村居民的内在政治效能感处于中等偏下的水平。

（1）农村居民的了解型内在政治效能感水平较高。

（2）农村居民的影响型内在政治效能感水平较低。

2. 农村居民的外在政治效能感水平较高。

（1）农村居民的重视型外在政治效能感水平较高。

（2）农村居民的回应型外在政治效能感水平较高。

假设二：中国城市居民社区政治效能感水平较低。

1. 城市居民的内在政治效能感处于中等偏下的水平。

（1）城市居民了解型内在政治效能感水平较低。

（2）城市居民影响型内在政治效能感水平较低。

2. 城市居民的外在政治效能感水平较高。

（1）城市居民的重视型外在政治效能感水平较高。

（2）城市居民的回应型外在政治效能感水平较高。

假设三：中国农村居民政府政治效能感相对较高。

1. 农村居民政府内在政治效能感高于村庄内在政治效能感。

2. 农村居民政府外在政治效能感低于村庄外在政治效能感。

假设四：中国城市居民政府政治效能感相对较高。

1. 城市居民政府内在政治效能感高于社区内在政治效能感。

2. 城市居民政府外在政治效能感低于社区外在政治效能感。

假设五：影响城乡居民政治效能感的各类因素均体现出显著差异，

并表现出城乡居民各自的特点。

1. 城乡居民内、外在政治效能感在性别、年龄以及政治面貌上存在显著差异。

2. 城乡居民内、外在政治效能感均表现出受教育程度和不同层次经济收入的显著差异。

3. 不同地区之间的城乡居民政治效能感存在显著差异。

假设六：对于农村居民而言，干群关系和物质诱因均对政治效能感产生显著影响。

1. 农村居民内、外在政治效能感均体现出干群关系方面的显著差异。

2. 农村居民内、外在政治效能感均体现出物质诱因方面的显著差异。

假设七：中国农村居民的政治参与呈现出广度有限、低层次的参与倾向。

1. 中国农村居民政治参与更多地倾向于维持性政治参与，而较少推动性政治参与和敦促性政治参与。

2. 中国农村居民在政治参与的广度上呈现出单一趋势。

假设八：中国城市居民政治参与呈现出多元趋势和低层次政治参与的特点。

1. 中国城市居民政治参与的广度呈现多渠道特点。

2. 中国城市居民政治参与的层次较低。

假设九：中国城乡居民政治参与更多地受到政治效能感的影响。

假设十：中国城乡居民政治效能感与政治参与呈现出相应的匹配关系。

1. 中国城乡居民政治效能感与政治参与具有显著相关。

2. 中国城乡居民政治效能感与政治参与呈现出相对一致的匹配关系，即低层次的政治效能感与低层次的政治参与相关性显著，以此类推，高层次的政治效能感与高层次的政治参与显著相关。

（三）相关概念的操作化

依据理论模型和假设，本研究将涉及的自变量、中介变量以及因变量进行概念的操作化，以便于进行测量和分析。

1. 自变量

（1）社会人口学变量

主要设计年龄、性别、受教育程度、经济收入、不同的政治面貌。这些自变量的设计均来自已有的理论，利普塞特认为："一定阶层及一定教育、宗教或种族群体内不同年龄组在政治选择方面有重大差异"①，具体来说，不同年龄意味着生活经历的不同，年长的人生活阅历丰富，年轻的人生活阅历简单，并且每一个年龄段的人都有各自生活的时代背景，因此会在政治态度和政治行为上表现出较大的区别；不同性别的个体也会在态度和行为上有所差异，这是因为男、女生理结构的不同会带来其在社会角色以及在社会群体中被赋予的职能不同；同理，政治面貌的差异，即是不是中共党员，由于其政治化程度的不同，也会在政治态度和政治行为方面表现出不同的特点。

社会人口学中两个变量是村民受教育程度和经济收入水平。对于受教育程度和经济收入来说，利普塞特也明确表示："国民平均收入较低的在'民主较少'的国家，最高的则在'民主较多'的国家。"② 对于教育来讲，几乎所有的政治学家都承认，受过良好教育的人更易成为良好公民乃至具备良好公民应有的效能与行为。詹姆斯·布鲁斯（James Bruce）就说过："教育如不能使人成为好公民，至少可以使他们更易于成为好公民。教育被认为可以开拓眼界，培育公民精神。教育的重要性

---

① [美]利普塞特：《政治人——政治的社会基础》，刘钢敏、聂蓉译，商务印书馆1993年版，第208页。

② [美]利普塞特：《政治人——政治的社会基础》，刘钢敏、聂蓉译，商务印书馆1993年版，第37页。

大于收入与职业。① 同时，利普塞特也反复强调一个地区的经济收入乃至个人经济收入的增高会促进政治态度和政治行为的变化。但是近期的研究，尤其是针对发展中国家的研究提出了不同的观点，认为经济的发展并不一定促进民主的产生，反而，会在一定时期内抑制民主的萌生。② 这是不是也说明，经济的发展不一定带来相应的公民态度与公民行为？

（2）环境变量

对于城乡居民而言，他们所处的村庄以及城市社区构成他们生活的主要部分，也构成了他们生活的亚文化环境。一个村庄的文化习俗、对政治制度及其运行的选择以及相应的经济发展水平都成为影响民众政治态度和政治行为的重要因子。对于社区而言，尽管城市相对开放，并没有形成相对稳定和封闭的小区环境，但是城市发展状况以及相应的要素也是非常重要的参考因素。在本研究中，我们将乡村经济收入、乡村治理的相关制度与机构是否健全、乡村社会结构以及贫富差距等因素作为我们考量乡村的环境变量。同样在城市社区中，将社区自治的相关制度及运行、社会人口规模和结构、社区居委会机构以及班子成员以及本社区经济收入的情况等作为构成社区环境的要素。

（3）特殊变量

在乡村政治研究中，近年来引起学者们关注的有两个重要现象：一个是干群"关系"（guanxi between cadres and the masses），另一个是物质诱因（material incentives）问题，这两个问题也是村民自治乱象产生的主要因素。然而，在研究中，我们对干群"关系"的考量并不是单纯

---

① 转引自［美］利普塞特：《政治人——政治的社会基础》，刘钢敏、聂蓉译，商务印书馆1993年版，第38页。

② 近年来的较多研究都持这样一种观点，如 Adam Przewokski et al., *Democracy and Development: Political Institutions and Material Well-being in the World*, Cambridge & New York: Cambridge University Press, 2000, pp. 146–179；吴玉山：《现代化理论 VS 政权稳定论：中国大陆民主发展的前景》，载《政治科学论丛》，1998年第9期；耿曙、陈奕伶：《中国大陆的社区治理与转型前景：发展促转或政权维稳》，载《远景基金会季刊》，2007年第1期。

意义上的好坏考量,而是从干群之间有无"关系"着手,考察其对村民村庄政治效能感有无影响。具体说,提取这两个因素的主要原因是想考量村民政治效能感和政治参与的层次与类型同这两个变量有无关联性,或者说这两个因素对村民的政治效能感和政治参与的影响程度有多大?由于社区选举没有太大的竞争力,也没有出现类似的情况,因此,就没有把这两个因素作为考量对象。

2. 中介变量

郭秋永先生说:"如何判断某一个概念界说的适当性或有用性呢,至少应该把握两个判断:它不是出自随意定夺的界定方式,亦即他能够把握该概念在日常用语或既有研究文献中约略共具的惯用的意义;它提高了该概念在假设或理论中发挥作用的能力"。[①]

政治效能感是研究中的中介变量,是勾连社会人口学变量、环境因素以及特殊变量与政治参与的中介变量,同时也是我们重点考察和描述的变量,因此对于政治效能感进行概念的操作化是非常重要的环节。

根据政治效能感的内涵、操作化理论以及在山西城乡居民中多次进行的试调查,我们将政治效能感构建为以下内容:见表1-1。

表1-1 政治效能感概念的操作化

维度类型	内在政治效能感		外在政治效能感	
	村庄(社区)	政府	村庄(社区)	政府
类型1	了解型		重视型	
类型2	影响型		回应型	

(1)中国城乡居民政治效能感可以区分为内在政治效能感和外在政治效能感两个维度,由于村民政治效能感的指向是政治系统,因此,我们将政治系统分为两个层级,一个针对村庄,形成村庄政治效能感

[①] 郭秋永:《政治参与》,(台湾)幼狮文化事业公司1993年版,第17页。

（village political efficacy），另一个针对政府，形成政府政治效能感（government political efficacy）。根据统计分析，村庄政治效能感两个维度的相关系数为 0.43；村民政府内、外在政治效能感的相关系数为 0.27，均显示显著相关。同理，城市居民也分为社区政治效能感（community political efficacy）和政府政治效能感，城市居民社区内、外在政治效能感的相关系数为 0.52，政府级内、外在政治效能感的相关系数为 0.47，均显示显著相关。从统计数据看，说明内、外政治效能感反映的是政治效能感这一问题，同时也反映出这两个维度呈现出一定的独立性。

（2）政治效能感是公民对于自身政治影响力以及相对应的村庄和政府的组织回应力的主观感知，因此在主观感知上可以表现出不同的层级，正如郭秋永先生认为的那样："内在政治效能感应该包括政治过程的可理解性，影响手段的可获得性以及政治事物的可变感"① 等方面内容，因此，将这些内容反映到中国城乡居民中，设计了解型内在政治效能感（knowing internal political efficacy），主要是指民众具有对于政治对象的可理解性和可知感，这是内在政治效能感的基础表现。影响型内在政治效能感（influence internal political efficacy）更多地是指个体对于政治过程和政治对象的可变感，认为自己是可以影响政治对象和改变政治过程的。相比较了解型内在政治效能感，影响型内在政治效能感层次较高，是意欲改变政治对象的主观感知，对于行为的影响应该较大。对于外在政治效能感而言，民众自知政治系统对于他们的要求是重视的，这是重视型外在政治效能感（value external political efficacy），也是较低级的外在政治效能感，它应是在观念上的主观反应；而如果民众觉得政治系统对于其要求是回应的，则是回应型外在政治效能感（response external political efficacy），这种外在政治效能感是高一级的政治效能感，具

---

① 郭秋永：《抽象概念的分析与测量："政治功效感"的例释》，见方万全，李有成主编，第二届美国文学与思想研讨会文集，1991 年，第 320—322 页。

有行动的倾向。① 同理，对于政府政治效能感而言，城乡居民的内、外在政治效能感也是如此。

3. 因变量

政治参与是本研究中的因变量，它的自变量就是政治效能感和社会人口学、环境因素等变量。从前面的综述中，我们了解政治参与是一个相当复杂、涵盖内容非常多、具有多向度特征的概念。为了便于研究，我们将政治参与界定为民众影响乡村和社区公共事物的一切活动，而这些活动并不是一个平级的活动，也具有一定的层次性。本书试图通过测试城乡居民政治参与的广度、深度和形式来对政治参与进行概念的操作化。政治参与的广度主要是指政治参与的人数多少，参与的事务和参与的范围；政治参与的深度主要借鉴了胡佛先生的政治参与的操作概念，用维持性、支持性、敦促性和改革性将基层城乡居民的政治参与划分等级。② 考察政治参与的深度，经试测和科学检定，我们发现中国城乡居民的政治参与的深度主要表现为维持性政治参与（maintain political participation）、推动性政治参与（promotion political participation）和敦促性政治参与（urgeing political participation）。政治参与的形式分为主动性政治参与和被动性政治参与两种。见表1-2。

表1-2 政治参与概念的操作化

类型	政治参与的广度	政治参与的深度	政治参与的形式
1	参与的事务和范围	维持性政治参与	主动性
2	接触的人员	推动性政治参与	被动性
3	参与率	敦促性政治参与	

---

① 为了便于表达，在文中，将了解型内在政治效能感简称为了解型政治效能感，影响型内在政治效能感简称为影响型政治效能感，重视型外在政治效能感简称为重视型政治效能感，回应型外在政治效能感简称为回应型政治效能感。
② 胡佛：《政治参与与选举行为》，三民书局1990年版，第10—13页。

(1) 维持性政治参与：这种程度的政治参与是维持社区和村庄最为基本的政治参与活动，如果没有这类政治参与，村庄和社区的政治生活就缺少村民的支持与输入，村庄和社区的公共生活就无法开展。应该说，这是一种较低层次的政治参与。

(2) 推动性政治参与：这种程度的政治参与表现为城乡居民不仅参与最为基本的公共政治生活，还参与其他公共生活，如民主评议，民主决策，村民大会等活动，并且表现出积极、主动的特点，具有较强的自主性。

(3) 敦促性政治参与：这种程度的政治参与表现为不仅参与者自己参与政治活动，而且会敦促别人参与政治事务。不仅具有了积极、主动的特点，还有了鼓动的特点，需要个体更强烈的关注和积极性。

作为中介变量的不同层次的政治效能感与政治参与深度之间应该有一定关系，因为它们均表现出不同的层级和类型，关注两者之间的关联性也是本书的重要内容。

四、小结

本章在详细论证城乡居民政治效能感与政治参与及其相互关系的理论基础上，建构了本书的研究模型，形成了以社会人口学、环境变量和特殊变量为自变量，城乡居民政治效能感的维度和类型为中介变量，城乡居民的政治参与的广度、深度和形式为因变量的模型，并且进行了概念的操作化。

第二章 研究设计和研究过程

一项完整的科学研究必须依托精妙的研究设计，一般而言，研究设计包括研究方式的选择、研究问卷的设计和测量、样本的抽取、资料收集的过程和分析手段的选择等方面。

一、研究方式

本书采用的主要研究方式是调查研究和实地研究。调查研究主要采用问卷调查和结构式访问的方法进行，实地研究则是进入村庄和社区进行观察并与乡镇领导、街道办领导、村民和市民访谈。同时运用个案的研究方法对多个个案进行深度解析，以便对研究对象有更为深刻的了解和描述。

二、问卷设计

众所周知，量化研究的关键一方面在于问卷设计，问卷设计要能够清晰、准确地反映概念的内涵，才能保证问卷的科学性。问卷的科学性可通过测度问卷的信度和效度获得，信度反映的是测量工具的稳定性，效度保证的是测量工具的有效性，只有保证了测度工具的准确性和科学性，才能保证研究结果的可靠性。本研究的问卷有两套（见附录），一套是关于村民的政治态度和政治参与问卷,另一套是关于市民政治态度和政治参与问卷。为了节省调研时间,尽量在较短的时间里获得较为充足的信息,每套问卷中都包含三大部分:第一部分包括社会人口学的变量,具体是性别、年龄、经济收入、教育程度、政治面貌;不同地域环境和针对农村居民还设计了两个重要的变量,即干群关系和政治诱因;第二部分是政治效能感及其维度和类型;第三部分是政治参与的广度、深度和形式。上述问题的设计一方面根据理论和概念延伸并操作化,另一方面也是在反复试测的基础上确定下来的。这些问题的设计中主要有定类测量、定序测量和定距测量。

(一) 中国农村居民政治效能感和政治参与的问卷设计和信、效度检验

1. 关于中国农村居民政治效能感部分的问卷设计和信、效度检验

农村居民的政治效能感问卷是经过多次试测以及对相应的问题的修订和筛选,将相关性不大的题目剔除,最终形成一份比较稳定的问卷。该问卷包含两部分:一部分是针对村委会以及村干部的村庄政治效能感问卷,这一问卷包含9个题目,题目中包含内在政治效能感5个题目和外在政治效能感4个题目,其中了解型内在政治效能感2个题目,影响型内在政治效能感3个题目;重视型外在政治效能感2个题目,回应型外在政治效能感2个题目。另一部分是针对政府的政治效能感问卷,由于村民对于政府的认识是一个比较含糊的概念,因此,在问卷中我们也没有进行专门、特殊的说明,这一部分包含10个题目,其中也包含有内在政治效能感4个题目和外在政治效能感6个题目。上述题目的答案均采用4级计分,即"非常同意"赋值4分,"比较同意"赋值3分,"比较不同意"赋值2分,"非常不同意"赋值1分,分数越高,说明政治效能感越高。这类测量在此将其看作是连续变量,可以进行统计计算。

通过对该问卷进行克隆巴赫的测定，发现村民政治效能感问卷的一致性程度如下，见表2-1。由表2-1可知，村民政治效能感问卷除去政府内在政治效能感的克隆巴赫系数低于0.5以外，其余维度的内部一致性程度均达到了较为理想的水平。

表2-1 农村居民政治效能感及其各维度的内部一致性系数

类型及维度	克隆巴赫系数
村庄政治效能感	0.81
村庄内在政治效能感	0.62
村庄外在政治效能感	0.91
政府政治效能感	0.72
政府内在政治效能感	0.21
政府外在政治效能感	0.81

资料来源：山西大学政治与公共管理学院2010年5月至2011年10月田野调查所得，以下资料来源同此

对于农村居民政治效能感的问卷效度分析，采用题总相关法衡量，所谓题总相关就是通过题目与总的项目平均数之间的相关程度来判断题目的有效性，一般而言，相关系数越高，则题目的效度越好。

在村民政府政治效能感题目的设计中，由于村民对于各级政府的认识没有太清楚的界限，但凡涉及县乡、省市、中央等各级政府时，在他们的认知中都是特指政府，因此在我们的问卷设计中，也没有特别指称哪一级政府，但是"政府"绝对不能等同于村级自治组织。由于政府中所要指代的内容更加丰富，因此在题目的数量上就多于村庄，尤其是在外在政治效能感的设计上。同样经过题总相关的分析，我们发现B21a这一题目相关指数较低，因此将其从外在政治效能感的问卷中剔除，但其作为一项比较村庄和社区政治效能感的重要题目，还保留在问卷中作为类别变量进行考察。见表2-2。

表2-2 农村居民政治效能感问卷中各题目的平均数、标准差和题总相关一览表

题号	平均数	标准差	题总相关
A11a	2.02	0.73	0.53**
A12a	2.69	0.75	0.48**
A13a	2.23	0.75	0.47**
A11b	2.56	0.78	0.47**
A12b	2.11	0.75	0.63**
B11a	2.35	0.80	0.78**
B11b	2.38	0.79	0.78**
B12a	2.33	0.79	0.81**
B12b	2.56	0.76	0.71**
A21a	2.64	0.87	0.34**
A22a	2.39	0.69	0.40**
A21b	3.10	0.60	0.27**
A22b	1.82	0.65	0.46**
B22a	2.39	0.75	0.40**
B23a	2.44	0.67	0.65**
B24a	3.09	0.59	0.43**
B25a	2.29	0.66	0.70**
B21b	2.33	0.78	0.63**
B22b	2.29	0.78	0.46**

注：* $p<0.05$；** $p<0.01$；*** $p<0.001$

由表2-2可见，村民政治效能感问卷中，村庄政治效能感各题目的题总相关系数达到0.4以上，说明这一部分的效度较好。村民政府政治效能感题目中各题目与题总相关的系数均达到显著相关，只有A21b，即"如果政府的某项决策损害了老百姓的利益，老百姓一般会有意见"显著性低于0.3，但也达到显著水平，考虑到政府政治效能感的分析并不涉及其他的变量关系，因此将此题目保留。

通过上述检定，可以认为农村居民村庄政治效能感与政府政治效能

感问卷具有一定的适用性和科学性，可以用于相关研究中。

2. 关于中国农村居民政治参与部分的问卷设计和信、效度检验

政治参与部分的问题，包括三部分内容：一是农村居民的政治参与的广度，问题主要设计了政治参与的参与率、内容和范围。参与率通过参与村庄村委会选举的比例来体现；内容上，主要了解村民就哪些问题发表过意见，参加过哪些活动以及运用哪些方式反映问题。范围主要是通过城乡居民经常接触的那些人进行度量，这部分的问题主要是定类测量。二是政治参与的深度，按照已有理论，我们首先进行了因素分析，目的是就理论设计的维度和层次进行检验，采用主成分抽取因素法对设计的4个层次的政治参与问题进行分析，经过旋转，统计抽取了3个因素，这3个因素可解释整个因素变异的46.63%，因此问卷中原先设计的4个层次就转化为3个层次，剔除了原先问卷中干预性政治参与的2个题目，即H41h、H44h。由此将政治参与的深度分别命名为维持性政治参与、推动性政治参与和敦促性政治参与三种类型，这部分问题的答案设计也是4级赋值：回答"经常"是4分，"有时"是3分，"很少"是2分，"没有"是1分，分值越大说明参与程度越高。这一部分的测量也当作连续变量进行统计运算。接着我们对村民的政治参与深度问卷进行了内部一致性检验，通过各类型与总分的相关矩阵，以期获得该部分问卷的信度和效度。见表2-3和表2-4。政治参与的第三部分主要了解农村居民参与公共生活的主动性和被动性情况，这类题目设计的是类别变量，一共两个题目，用以辨别村民政治参与的形式。

类型（村民）	克隆巴赫系数
维持性政治参与	0.51
推动性政治参与	0.63
敦促性政治参与	0.58

由表 2-3 可知,农村居民的政治参与深度问卷的克隆巴赫系数均在 0.5 以上,说明问卷的稳定性较好。

表 2-4 农村居民政治参与各层次之间及其与总分的相关矩阵

村民	维持性政治参与	推动性政治参与	敦促性政治参与	总政治参与
维持性政治参与	1.00			
推动性政治参与	0.39**	1.00		
敦促性政治参与	0.41**	0.31**	1.00	
总政治参与	0.82**	0.78**	0.67**	1.00

注:* $p<0.05$;** $p<0.01$;*** $p<0.001$

由表 2-4 可知,三种类型的政治参与与总政治参与的相关程度均在 0.67 以上,彼此之间的相关度也达到显著水平,说明农村居民的政治参与问卷的效度达到了问卷设计的基本要求,可以用来进行相关研究。

(二)中国城市居民政治效能感和政治参与的问卷设计和信、效度检验

1. 关于中国城市居民政治效能感部分的问卷设计和信、效度检验

城市居民的政治效能感问卷,为了便于比较,问卷在结构功能上与乡村政治效能感问卷基本一致,区别在于政治效能感的对象是居委会而不是村委会,称为社区政治效能感。为了让被调查者更加明晰问题所在,在几个问题的表述上采用了反向提问的方式,答案设计也与农村居民政治效能感问卷一样。同样,对问卷进行了克隆巴赫的分析。见表 2-5。由表可知,城市居民政治效能感问卷的内部一致性程度均在 0.5 以上,达到统计要求。

表 2-5　城市居民政治效能感及其维度的克隆巴赫系数

类型及维度	克隆巴赫系数
社区政治效能感	0.85
社区内在政治效能感	0.75
社区外在政治效能感	0.86
政府政治效能感	0.79
政府内在政治效能感	0.50
政府外在政治效能感	0.80

对城市居民政治效能感的问卷效度分析，同样采用题总相关法进行衡量。结果见表 2-6。

表 2-6　城市居民政治效能感问卷中各题目的平均数、标准差和题总相关一览表

题号	平均数	标准差	题总相关
A11a'	2.39	0.70	0.62**
A12a'	2.53	0.74	0.69**
A13a'	2.30	0.67	0.66**
A11b'	2.57	0.65	0.51**
A12b'	2.38	0.63	0.53**
B11a'	2.58	0.64	0.70**
B11b'	2.53	0.64	0.74**
B12a'	2.51	0.75	0.74**
B12b'	2.76	0.58	0.67**
A21a'	3.00	0.76	0.39**
A22a'	2.32	0.61	0.44**
A21b'	2.24	0.59	0.50**
A22b'	2.83	0.61	0.43**
A23b'	1.57	0.79	0.57**
B22a'	2.67	0.68	0.57**
B23a'	2.46	0.68	0.69**
B24a'	3.24	0.78	0.55**
B25a'	2.30	0.66	0.70**
B21b'	2.49	0.66	0.69**
B22b'	2.43	0.65	0.69**

注：*$p<0.05$；**$p<0.01$；***$p<0.001$（双尾检定）

由表 2-6 可见，中国城市居民的政治效能感问卷中，社区政治效能感问卷部分各题目之间的题总相关系数均在 0.5 以上，居民政府政治效能感问卷除去 A21a' 偏低为 0.39 外，其余题目的题总相关均在 0.4 以上。

由上说明这一部分的问卷信、效度符合统计学要求。

2. 关于中国城市居民政治参与部分的问卷设计和信、效度检验

中国城市居民政治参与问题与村民政治参与问题基本一致，答案设计也完全一致。保持问卷题目的相对一致性便于村民、市民之间进行政治参与的比较。由表 2-7 可知，城市居民政治参与深度的问卷的克隆巴赫系数均在 0.5 以上，说明问卷的稳定性较好。

表 2-7 城市居民政治参与各层次的克隆巴赫系数值

类型	克隆巴赫系数
维持性政治参与	0.75
推动性政治参与	0.77
敦促性政治参与	0.84

市民政治参与问卷中参与深度问题的效度检验，仍然采用题总相关的方式进行。由表 2-8 可知，相关矩阵显示，各不同层次的政治参与均与总政治参与的相关系数达到 0.49 以上，各层次政治参与之间也达到显著相关，城市居民政治参与问卷的效度达到问卷设计的基本要求，可以用来进行相关研究。

表 2-8 城市居民政治参与各层次之间及其与总分的相关矩阵

市民	维持性政治参与	推动性政治参与	敦促性政治参与	总政治参与
维持性政治参与	1.00			
推动性政治参与	0.49**	1.00		
敦促性政治参与	0.66**	0.60**	1.00	
总政治参与	0.85**	0.83**	0.86**	1.00

注：*$p<0.05$；**$p<0.01$；***$p<0.001$

综上，本研究所设计的中国城乡居民政治效能感和政治参与问卷，经信、效度检验，证明问卷具有一定的适用性，可以用来进行下一步的研究。

3. 问卷中的其他变量设计

在两份问卷中，均设计了社会人口学的基本问题，包括性别、年龄、政治面貌、受教育程度和经济收入。在此，性别和政治面貌都是定类变量，性别分为男性、女性，政治面貌分为是否中共党员；年龄根据出生年月，从18岁开始，设计了四个年龄段，即18—34岁、35—49岁、50—64岁、65岁以上；受教育程度分为不识字、小学、初中、高中或中专、本科或大专；经济收入根据山西省城乡居民的实际情况，村民按年平均经济收入划分为999元以下、1000—2999元、3000—4999元、5000—7999元、8000—9999元和10000元以上。市民是以月平均收入进行测量，金额幅度同村民。以上变量属于类别变量。

环境变量主要是针对处于山西晋南、晋中和晋北不同社区和农村中的居民进行分析，环境变量主要从地区经济发展以及社区、村庄自身凸显的性质进行区分。

在特殊变量中，根据前章描述，对干群关系与物质诱因分别设计了题目，这类题目也属于定类测量。这里的干群关系并不从价值层面进行考察，主要是从干群之间有无关系、关系远近进行考量，因此通过三个题目进行提问，主要关注村民与村干部是不是有亲戚关系，并在需要帮忙的时候是否会去找村干部以及得到过村干部哪些方面的帮助，由此来鉴别干群之间的关系如何。物质诱因关心的是村庄选举中有无贿选、贿选的方式以及会不会影响村民的选举行为。

三、抽样

量化研究的另一个关键就是抽样。样本抽取的科学与否决定着样本是否具有代表性以及由此推论的可靠性。本研究选取山西省作为研究区域是因为其在经济发展水平和地域方面具有一定的代表性。据统计，2011年山西人均地区生产总值为26385元，全年城镇居民人均可支配收入为15647.7元，其中城镇居民人均消费性支出为9792.7元；全年农村居民人均纯收入为4736.3元，农村居民人均生活消费支出是3663.9元。① 这样的经济水平在全国位居中等稍偏下，应该说这样的经济发展水平在全国具有相当的代表性。除此之外，山西作为中华民族的发祥地，在中国现代化过程中，虽然远不如东部地区发达，但是却代表了一个古老地区乃至全国中等发展水平地区的发展模式和水平。同时在基层民主政治的建设中，山西的脚步并不缓慢，乡村村委会选举至今已进行九届，社区居委会选举也有四届。因此以山西省作为研究对象具有一定的合理性。当然，中国幅员辽阔，地区差异很大，山西作为一个中部地区的省份所表现出来的情况很难推演到中国一些发达省份和地区，但是，作为研究，管中窥豹也是具有一定价值的。

山西省面积156579平方公里，2011年全省常住总人口3593万人，现辖太原、大同、朔州、阳泉、长治、忻州、吕梁、晋中、临汾、运城、晋城等11个地级市，共85个县，11个县级市，23个市辖区，横跨南、中、北，俗称晋南、晋中和晋北。为了更好地体现地域特点，也为了抽样更具科学性，本研究分别从晋南、晋中和晋北选取样本，随后运用随机抽样的方法选取了晋南的A市Xa_1县、晋中B市Xb_1区和Xb_2县的Tb_2乡，晋北C市Xc区，又运用分层抽样选取了Xa_1县的a_1和a_2两个村庄，Xb_1区的b_1村和b_2村，Tb_2乡的b_3村以及Xc区的c_2村和c_1村等地七个村庄，这七个村庄有以农业为主要来源的传统农村，也有处于城镇化发展中的城乡结合部的村庄，还有处于拆迁中的村庄以及宗族斗争比较激烈的村庄。同时，分别在上述地区抽取了A市的Sa社区、B

---

① www.stats-sx.gov.cn（访问时间：2011年3月7日）。

市的 Xb_3 区的 Sb_1 社区、Sb_2 社区以及 Xc 区的 Sc 社区等四个社区进行入户问卷调查访谈，这四个社区既包含有单位社区，也有混居型社区。因此，从样本村和样本社区的抽取来看，样本具有一定的区域覆盖面和代表性。

(一) 样本村和样本社区的基本情况

1. 样本村的基本情况

(1) a_1 村和 a_2 村：位于晋南 A 市 Xa_1 县的 a_1 村和 a_2 村两个村都属于 Ta 镇。Xa_1 县地处晋西南黄土高原，是中华民族的发祥地之一，全县总面积 1080.5 平方公里，分 14 个乡镇，281 个行政村，共计 43 万余人。Xa_1 县共有耕地面积 102 万亩，主要农作物有小麦、棉花、玉米、花生、高粱等。境内牧业资源丰富，工业经济发展呈蓬勃之势，磁材、医药、化工建材、金属镁、焦化、农副产品加工六大主导产业基本形成。基础设施不断完善，境内道路纵横交错，四通八达，以公路为主，有通往附近各市的干线公路，县城至各乡镇和大部分村庄均有公路，两条国道穿越县境而过。A 市本身就是山西省的农业地区，Xa_1 县在运城地区中更是以农业生产为主的县区，而且多年来以水果、畜牧等作为主打产业，成为当地比较独特的农业县区。Ta 镇位于 Xa_1 县北部，距县城不过十几公里，地势平坦，资源丰富，交通便利，下辖 18 个行政村，拥有耕地约 5 万亩，以建筑业、养殖业、种植业、果业、砖瓦业为主。同时农业技术发达，拥有多个高效农业开发区。总人口约 3 万人，人均年收入 2333.3 元。

a_1 村总户数 287 户，总人数 1543 人，劳动力 459 人，共有四个村民小组，土地面积 2127 亩，其中耕地面积 575 亩，园地 1552 亩，总收入 647 万元，人均纯收入 4193 元。全村姓氏单一，张姓为大姓，有少量的其他姓氏，基本无宗族势力。全村的农业支柱为葡萄业和果业。a_1 村交通异常不便，与外界相连的通道只有一条。由于交通不便，又是以农业为主，这个村庄是我们调研中感受最有中国传统乡村特色的村庄，封闭、落后、保守，对政治非常冷漠。据村干部介绍，由于村庄集体资源较少，村委会选举竞争不激烈，没有人愿意当村长和村支书，再加上家家户户土地较多，果树和葡萄需要较多的人工投入，村民无暇顾及政治，这个村庄是我们调研的七个村庄中感觉最为"平静"的村庄。

a_2 村位于 Xa_1 县西北方，a_1 村南面，距县城约 10 公里。总户数 305 户，总人口 1400 多人，劳动力 408 人。土地面积 2776 亩，其中耕地面积 2267 亩，园地 509 亩，总收入 764 万元，人均纯收入 5400 多元。与 a_1 村相比，a_2 村交通便利、经济活跃。村里的主导产业原为小麦、玉米等农作物，现在大力栽种果树、桃树，成为村民收入的一个亮点。工业方面，村里有五个砖瓦窑，每个砖瓦窑年产值近 500 多万元，在解决农村剩余劳动力的基础上，又给部分村民带来不菲的收入。村里有三大姓，张、王、李，其中李姓人数最多，占全村人口约 70%—80%。村组织机构方面，全村有四个村民小组，实行村长、书记一肩挑。相比较 a_1 村，a_2 村经济较为发达，也有一定的村集体经济收入。村委会选举相对激烈，这个村庄在九次选举中，采取过"海选"和"直选"的方式，选举程序相对规范，村民对选举也较为关注，村庄相对开放，可以将其看作是现代农村的一个缩影。

（2）b_1 村和 b_2 村：b_1 村属于晋中 B 市 Xb_1 区 Tb_1 镇的一个村庄，Xb_1 区是 B 市市辖区之一，辖 1 个镇 2 个乡 6 个街道办事处，95 个社区，65 个行政村，辖区总面积 295 平方公里，建成区 40 平方公里，总人口 56.9 万。Xb_1 区城乡一体，南农北商，高新技术密集，交通通讯便捷，是 B 市新城区建设的主战场，也是与周边市进行联合开发的前沿地带，具有空间大的区位优势。2007 年，Xb_1 地区 GDP 达到 224.1 亿元，财政总收入达到 23.3 亿元，在全省 119 个县（市、区）经济社会发展考核评价中，Xb_1 区经济社会发展水平和发展指数均名列前茅。2008

年，农民人均纯收入达到 8113 元。加之 Xb_1 区区位优势得天独厚，出入全省的铁路、公路、航空三大交通枢纽都在该区集聚，畅通全省。全省两个国家级开发区：B 市高新技术产业开发区、B 市经济技术开发区均与该区相包相容，正在建 B 市教育园区将成为该区培育人才的摇篮，是山西省重要的科研基地、高新技术产业发育基地、装备制造业基地、新材料基地、食品及农产品加工基地和对外开放的重要窗口。服务业也很活跃，服务贸易业由传统的零散商业向规模化、高档次、高品位方向发展，IT 产业、汽车展销、餐饮娱乐、现代商品零售等产业发展迅速，形成了以该区的几条主要干道为轴心的具有浓郁都市风貌的新兴商贸中心。处于该区的农村时刻感受着现代化和科技化带来的冲击，农村环境优美，村民的积极性和素质较高。

Tb_1 镇是 B 市 Xb_1 区的"南大门"，区位优势明显，是久负盛名的农业大镇和商贸强镇，总面积 67.35 平方公里，辖 18 个行政村，现有人口约 3.3 万人。

b_1 村距离 Xb_1 区政府约有 15 公里，村庄总面积约 4.35 平方公里，现今有村民大约 1900 人，村民的人均收入约 7000 元左右，村民代表 40 多名，党员 20 多名。这是在调研中发现乡村环境最为整洁、乡村面貌改变最大的村庄，而且在访谈中村民对现任班子认可度较高，村庄矛盾似乎也不是很大，两委关系比较融洽。2010 年 12 月 b_1 村被评为"省级卫生村镇"，2011 年 4 月被评为"新农村建设先进村"，2009—2010 年度被评为"B 市 Xb_1 区文明村"。可以说，这个村庄颇具现代化农村的模型，也能感知到城镇化进程中村庄的变迁，因此了解这个村庄的政治效能感和政治参与非常有意义。

b_2 村也是属于 B 市 Xb_1 区的 Tb_1 镇。全村 200 多户，共计 2000 多人。有 50 多名党员，10 多名村民代表。村庄族姓主要以张氏、王氏为主。村子的四周被玉米庄稼地所包围，村里农作物主要为玉米，无其他任何资源。生态环境优美，村子四四方方，错落有致，村民大部分时间都忙于农活和外出务工。村庄人均收入大约在4400元左右。b_2村由于存在两大姓氏，选举竞争较为激烈，村民对于选举看法较多，对村委会工作也颇有微词。表现出农村选举中常有之态。

（3）b_3村：Xb_2县位于山西省晋中盆地南端，距省会太原市150公里，该县四周群山环绕，山峦重叠，山地和丘陵面积居多。中部为河流谷地，县城即处于谷地之中。全县总面积1206平方公里，东西宽53.5公里，南北长39公里。总人口23.2万人，其中城镇人口6万人，乡村人口17万人，人口密度为184.2人/平方公里，辖8个镇10个乡319个行政村598个自然村，15个居委会。该县地下矿藏资源丰富，已探明多种矿物，且储量丰富，品质优良，凭借其资源优势，已初步形成以煤焦、化工、冶金、建材、电力为主的五大骨干产业。

Tb_2乡属山西省晋中市Xb_2县，位于Xb_2县城西南部。境内地形为山高河少，有河流由乡域北部至南部流过，平面轮廓成不规则形状。全乡东西长约13.5公里，南北宽约15.7公里，总面积为57平方公里，占全县面积的4.72%。全乡共设25个行政村，39个自然村，至2008年年底，总户数为2515户，总人口为8539人。2008年全乡农村经济总收入为22708.1万元，农民人均纯收入5917元。Tb_2乡地形以丘陵和阶地为主，宜林、宜牧，土地资源丰富，种植业是全乡农业的最主要部分。全乡耕地面积21406.88亩，粮食总产量3648114公斤，其中小麦总产量919345公斤，玉米总产量2728769公斤。这个乡的矿产资源也异常丰富，主要矿产资源有煤、硫、磷、耐火黏土、土灰岩、铁矿等，分布也较为广泛。其中煤炭资源最为丰富，调研中村民说煤炭资源整合后全乡只留下两座煤矿。

b_3村处在沟底，南北两面环山，呈东西条状分布。全村有471户，户籍人口1303人，总劳动力661人，其中男性397人，女性264人，土地面积9769.3亩，其中耕地面积3561.4亩，粮田面积3060亩，干果经济林 146.7 亩。主要种植小麦、玉米。b_3 村代管两个自然村，村里的主要姓氏有翟、王。其中一个自然村村民基本上都是祖籍河北的水库移民（只有一户是本地人）。虽说户籍人口有 1303 人，但常住人口只有 500 人左右，2008 年煤炭资源整合后，村里煤矿被关停，附近保留的煤矿工作不用本地人，村里面青壮年都外出打工了。村里没有集体经济，主要收入靠财政转移和自筹。村民人均年收入集中在 3000—4999 元，贫富差距不太明显，但是低于全乡人均年收入 5917 元。可以说这是一个以资源型为主的村庄。据了解，村主任和村书记存在一定的矛盾，在调研中发现，村里面设有类似于村民代表大会的村民理事会，对国家相关政策的宣传是很到位的，村民都有"明白卡"（对国家惠农政策的解释），它是村民了解国家政策和乡镇、村相关政策的主要渠道。村里有 39 名党员，五个支委。村民对村委会的评价各不相同。由于 b_3 村以前有矿产资源，现在失去矿产资源后村庄比较贫穷，相对比较封闭，农民对村委会的意见也较多，政治无力感比较强。

（4）c_1 村与 c_2 村：c_2 村位于晋北地区的 C 市，C 市是一座历史悠久的塞外古城，1989 年 C 市建立，全辖区两区四县，69 个乡镇。截止 2013 年总人口约 50 万人，总面积 2185 平方公里。该市经济发展迅速，已初步形成以煤电、奶为支柱产业，兼有陶瓷、食品、轻纺等较为完整的工业体系和以农牧业为主导、农林牧副渔综合发展的格局。C 市 Xc 区位于山西省北部雁门关外，东西长 67 公里，南北宽 36 公里，距首都北京 502 公里。总面积 1793 平方公里，是 C 市府所在地，交通便利。Sc 区辖 4 个街道，2 个镇，9 个乡，301 个行政村，348 个自然村，26 个居民委员会。

c_1 村属于 Tc 乡街道办，位于 Xc 区的西北方向，该村有 3000 余人，人均收入 6000 元左右，其主要收入来源是大部分村民外出打工，村中的耕地面积在逐步缩小，土地大量被征用，村中目前正在进行基础设施的建设，"尘土飞扬，黄沙漫天"是该村生活环境的真实写照。

村中大部分村民的文化程度为小学，普遍较低。该村最抢眼的两处房屋分别是一所小学的校舍和丰富村民文化生活的演出舞台。c_1村是这次调研的村庄中，感觉最为混乱的一个村庄，由于涉及拆迁，利益分配不公，村民情绪激动，对两委班子甚至城区政府极有意见，认为村委干部不作为，而且在拆迁中村民与拆迁队还发生了冲突导致一部分村民住院。可以说，c_1村是我们这次调研遇到的矛盾最为尖锐的村庄。

c_2村与c_1村同属于C市Xc区Tc乡，c_2村位于Xc区的东南方向约1公里处，该村主要由新村和旧村两部分组成，全村大约有450户2000人左右，党员24名，基督教徒100多名，文化程度普遍偏低，大部分村民为小学文化程度，村中楼房林立，福利性住房大约有260套，人均收入有7000元左右，有两条公路穿村而过，紧邻城区工业园区。该村于2010年创建了钢材加工企业，至今为止，企业发展的各项机制还尚未成形，有待于进一步的完善。该村的支柱性产业为乳制品、瓷器、煤炭资源和电力等。近几年，随着村中经济的不断发展，大部分村民逐步开始进行个体经商，专注于长途货运和客运的经营，另外大型机械的租赁发展也非常快。村中的主要姓氏为郝、许、孙。该村村长是一位年轻有为、志向远大的人，拥有丰富的人生阅历，办事周全，雷厉风行。c_2村最大的特点是村中宗族势力严重，几个姓氏因为村长选举矛盾较大，冲突激烈，导致现任村长上任后工作开展难度较大。村庄紧邻Xc区，因此外来流动人口较多。这是一个典型的宗族型村庄。

上述七个村庄可以说基本代表了当下中国农村社会的基本形态，既有传统的农业村庄，也有处于现代化和城镇化比较前卫的村庄，还有处于变迁和发展中的村庄，当然也有处于矛盾中的村庄。

将上述七个村庄的基本情况做一简单梳理，形成表2-9。

表2-9 山西省七个村庄的基本情况一览表

村庄所属区域	村庄名称	人口数	经济水平（元）	村庄类型
山西晋南	a_1 村	1543	4193	传统农业村
山西晋南	a_2 村	1400	5400	一般农业村
山西晋中	b_1 村	1900	7000	先进农业村
山西晋中	b_2 村	2000	4400	一般农业村
山西晋中	b_3 村	1303	4900	资源型农业村
山西晋北	c_1 村	3000	6000	拆迁农业村
山西晋北	c_2 村	2000	7000	宗族农业村

2. 样本社区的基本情况

山西省城市社区居民委员会选举从1995年正式开始至2010年已经经历了五届居委会换届，但是在山西省管辖的11个城市中开展居民委员会选举的进程并不一致，B市居民委员会选举至2010年为四届，C市和A市均为三届。为了更好地反映山西晋南、晋中、晋北区域下的城市社区居委会的选举情况，我们分别在晋南选择了A市Xa_2区东城Sa社区、晋中地区B市Xb_3区的两个社区，分别是Sb_1社区和Sb_2社区以及晋北地区C市Xc区的Sc社区作为我们调研的对象，这样的选择一是为了和农村村委会选举在地域上保持一致性，也是为了更好地反映不同地域之间的城市居民的政治效能感和政治参与的差异。

（1）Sa社区：Sa社区位于A市Xa_1区东城，属于混居型社区，既有常住人口，也有流动人口，包含12个单位，31条小巷，人口8916人，其中600多流动人口，许多人员不是很清楚自己所属哪个社区，由于流动人口多，给居委会的管理也带来了很多问题。这里并没有进行居委会的直选，居委会的产生是通过公开招聘，经过笔试、面试、选举产生。选举主要是由群众代表选举，主要包括楼长、巷长、单位代表、业主委员会代表，没有全体居民参与。据居委会主任介绍，由于这个社区人员居住比较杂，既有学校人员，也有小商小贩，人员从事的职业比较多,具体人均收入不是很清楚,但是存在着明显的贫富分化。在社区管理上,上级布置的任务都要逐项完成,主要包括户口登记注销、廉租房登记、计划生育、流动人口管理、民调工作、公共卫生、社会治安、劳动就业等诸多工作,社区居委会由四位女性组成,其中一位是大学生村官,平均年龄在37岁左右,这个社区曾在2005年被评为先进社区。

(2) Sb_2 社区和 Sb_1 社区:Sb_2 社区和 Sb_1 社区都属于 Xb_3 区街道办事处,Xb_3 区是在1998年原北城区的基础上建立的城乡一体化城区,位于B市东北部,总面积170.2平方公里,其中建成区面积32.2平方公里,农村面积138平方公里。下辖10个街道、2个乡。该区工业基础雄厚,区内拥有较多省市大型企业,产业技术、工人资源非常丰富,各类机加工能力和研发能力优势明显,农业基础不断夯实,特色种植、养殖取得较快发展,农村生产生活条件持续改善,农民收入不断增加。总人口56.65万人,其中非农业人口53.79万,农业人口1.87万,未落户常住人员9920人。该区地理位置优越,交通便利,商贸业发达。辖区总面积1.1平方公里,有45条大小街道,210个驻地单位,其中,县团级单位23个。设有13个党支部,八个社区居委会,党员305人。

Sb_1 社区位于B市中心地段,Sb_1 社区成立于2001年,辖区面积约12万平方米,有居民住宅楼44栋、平房院25个,有5个驻地单位。社区建有约1000平方米的办公和活动场所,健身活动器材配备完善,阅览室、娱乐室、医疗室等各种设施可满足社区居民的健康需求。社区还设有党员、团员、文体活动等7支志愿队伍,这些志愿者队伍为孤寡老人、残疾人、贫困家庭提供全方位的优势服务。Sb_1 社区有9000多人,常住人口6500多人,社区主任介绍说这里就是一个"小B市"的缩影,各行各业的人都有,流动人口也特别多,流动人口主要是租房户和农民工,因此带来了管理难的问题。Sb_1 社区居委会领导班子由12人组成,其中社区居委会主任和党支部书记都由一人担任,是典型的"一肩挑",社区工作人员大部分为女性,只有两位男性,其学历大部分是高中和大专，年龄均为40岁左右。社区选举主要是户代表选举制，居民参选率大约为70%，参与选举党员居多。没有居民代表大会，有低保户听证会，大约一月一次。这个社区人员职业工种多样，收入差距也比较大。

Sb_1 社区和 Sb_2 社区同属 Xb_3 区，Sb_1 社区位于 Sb_2 社区以东，占地面积0.15平方公里。共有居民3140户，居民总数8250人，其中男性4350人，女性3900人；流动人口358人，60岁以上的1219人，享受最低生活保障的95户；驻地企事业单位共有9个，这是一个单位社区。社区现有干部16人，设书记1人、副书记1人、支部委员1人、副主任1人、委员1人、综合服务员2人、劳动保障员1人、低保员1人、计生员协管1人、残疾人联络员1人。劳动监察1人、退管员1人、社工3人、社区干部大专以上文化程度6人、中专2人、高中以上文化程度5人、初中3人。

（3）Sc 社区：C 市 Xc 区 Sc 社区位于 C 市区东北部，占地31万平方米，分10个小区。社区总人口27800人，其中矿区职工1万多人，家属1.5万人，常住流动人口2000人。男女比例大体为1：1.3。这是一个典型的单位社区，主要是附近煤矿职工居多。该社区曾荣获"全国百家文明社区示范点"、"全国煤炭系统文明社区"等诸多荣誉。该社区分为两个居委会，隶属于煤炭工业公司管理。2008年成立社区管理中心，负责对社区进行管理。其居委会由原各小区管委会集合而成，两个居委会组成人员较少，在具体社区管理事务中还没有发挥到一般性居委会的规模，组成人员主要以离退休人员为主。由于属于单位社区，而且煤矿注重企业文化建设，因此居民的文化素质、个人素养相对较高。其实这是一个基本没有选举的社区，仍然靠行政任命进行居民委员会的安排。

（二）样本的具体情况

为了确保回收率，我们通过访员培训、熟悉问卷，培训合格后入村（区）进行一对一的问卷访问，并对相关问题进行深度追踪。在选择农村、社区的基础上,分别在上述七个村庄、四个社区进行随机抽样,选取村民1006名,实际回收有效问卷802份,有效率79.7%;在城市社区的调研比乡村调研更加困难,一是入户非常困难,二是居民在接受调研时也有极大的不情愿,因此,问卷回收率不是很高。四个社区共发放问卷600份,实际回收问卷427份,有效率为71.2%。尽管严格按照抽样进行,但是由于村庄选取的无法自主性,因此在样本的代表性上稍显牵强,但是,从回收样本分布看,符合正态分布,从年龄、性别、经济收入和受教育程度等来看,样本几乎涵盖了乡村、城市的不同层次的人群,使得样本的代表性增强。样本分布见表2-10。

表2-10 山西省城乡居民样本分布表

市民			村民		
类别	人数	百分比	类别	人数	百分比
性别			性别		
男	198	46.4	男	404	50.3
女	229	53.6	女	399	49.7
年龄			年龄		
18—34	85	19.9	18—34	111	13.8
35—49	202	47.3	35—49	291	36.1
50—64	103	24.1	50—64	352	43.7
65岁以上	24	5.6	65岁以上	49	6.1
缺失	13	3			
文化程度			文化程度		
不识字	4	0.9	不识字	34	4.2
小学	16	3.7	小学	220	27.3
初中	116	27.2	初中	408	50.6
高中	188	44	高中	117	14.5
本科	103	24.1	本科	24	3

（续表）

市民			村民		
类别	人数	百分比	类别	人数	百分比
政治面貌			政治面貌		
党员	90	21.1	党员	55	6.8
非党员	337	78.9	非党员	748	93.2
年经济收入			月经济收入	30	3.7
999元以下	101	23.7	999元以下	126	15.7
1000—2999	202	47.3	1000—2999	230	28.5
3000—4999	46	10.8	3000—4999	219	27.2
5000—7999	15	3.5	5000—7999	74	9.2
8000—9999	2	0.5	8000—9999	56	6.9
10000元以上	10	2.3	10000元以上		
缺失	51	11.9			
合计	427	100	合计	803	100

四、资料的收集和分析

调研中要求访员撰写访谈记录，并对访谈记录进行了编码；回收的所有问卷均运用SPSS19.0进行分析，保证研究资料的可靠性和真实性。

五、小结

本章对研究方式、问卷设计和抽样进行了说明，通过对问卷设计的科学验证，证明本书运用的两份问卷，即城市居民政治效能感和政治参与问卷、农村居民政治效能感和政治参与问卷的信度和效度都达到研究所需标准，可以用来进行科学研究。同时详细说明本书所用样本的抽取过程以及样本的构成情况，从而表明抽样过程的科学性和样本的代表性。通过这些方面的描述，表明研究方法和研究工具的科学性。

第三章 城乡居民政治效能感的形态及其影响因素

由于城乡居民政治效能感是测度中国基层民主政治的重要指标之一，因此，通过对其形态的描述，可以全面了解和认知中国城乡居民政治态度的基本面貌，并通过影响因素的分析，掌握影响城乡居民政治效能感的元素。

一、农村居民政治效能感的形态及其影响因素

（一）农村居民政治效能感的形态

在民主制度下，普通公民对于精英是有控制的，而且是合法的。这种所谓的"政治影响"反映出三方面的状况：第一，普通公民认为政治系统离他们并不遥远，他们是可以感觉的，同时是可以影响的；第二，这种主观政治影响能力并不一定导致实际的政治行为产生，但是一旦需要，这种影响行为就会发生，所以，民众所具备的这种能力是积极的，而且是长久的；第三，普通民众所具备的这种能力可以较好地抑制官员权力过大，达到制约整个政治系统的目的。不仅如此，民众所具有的这种主观政治影响力，即内在政治效能感，也会表现为在需要行动时的积极合作，主动采取行为，总之政治效能感不仅体现了民众的自主性，也

体现了他们对政治系统的依赖感和信任感。

中国农村居民政治效能感的总体情况究竟如何？以及内、外在政治效能感方面体现出怎样的特征，可以从以下两个方面展开分析。

1. 村民村庄政治效能感的形态

村庄政治效能感，主要考察的是村民对于所在村庄村委会和村干部影响能力以及村委会和村干部对于村民要求的重视和回应的主观感知。由于乡村组织属于自治组织，也是基层民主政治反映最为深刻的层面，因此这一对象的政治效能感的高低也就最能反映这几十年农村民主政治的实际情况。见表 3–1。

表 3–1　村民村庄政治效能感的平均数与标准差

类型	平均数	标准差
村庄政治效能感	2.36	0.49
村庄内在政治效能感	2.32	0.48
村庄外在政治效能感	2.41	0.70

由表 3–1 可知，村庄政治效能感总体偏低，内、外在政治效能感均没有超过平均数 2.5，相比较而言，村民的外在政治效能感要高于内在政治效能感。这说明村民对于村委会以及乡村政治的了解和影响比较低，进一步分析其内在因素，我们发现，村民的了解型政治效能感与影响型政治效能感之间并没有形成显著差异（显著性指数为 0.486 > 0.01），村民的影响型政治效能感略高于了解型政治效能感（平均数 2.33 > 2.31），说明村民认为自己能够影响村级选举和说服村干部的感知上要好于对乡村一般知识的了解；而在对于选举的影响力和对村干部个人的影响力两方面，村民认为影响选举结果要远远高于影响村委干部（平均数：2.55 > 2.11），村民认为能够影响选举结果的人数大约占到 53%，而认为能够影响村干部的只有 29.5%。由此可见，村庄选举已是村民政治生活中的重要事件，也是村民日常生活中比较关注的内容之

一，在30多年的村庄选举活动中，村民权利意识已经萌动，并且具有了当家做主的感受，认为自己的一票可以影响选举结果，这种改变不能不说是一个巨大的进步。因为选举是民主政治中非常重要的一项活动，村民认为可以影响选举结果，说明其自主性有较高的提升。

然而，当被问到"如果村委会的某项决定对您不公平，您一般会怎么做？"有53.9%的村民选择被迫服从，而不选择不配合、不合作。对选择去反映问题的村民继续发问，大部分村民（20.5%）也多会选择向村干部或村委会反映，很少会越级反映情况，而且大都会选择一个人去（22.2%）。可见，村民的内在政治效能感并没有形成一个系统的、一致的态度倾向，而是仅仅对于村委会选举所形成的政治效能感。这种单一取向的政治效能感的作用往往比较短暂，不易持久，当选举活动结束后，这种主观影响力也会消失，无法迁移到其他的政治活动中去。同时也看到，村民的维权意识仍停留在个体层面，没有形成组织化。可以暂且将这种政治效能感称为"单一型内在政治效能感"（single-internal political efficacy）。

村庄外在政治效能感主要考察的是村民对于乡村干部以及村委会对于他们的诉求给予重视和回应的情况，由此说明村庄治理中村民对于村委会和村干部的期望与信任。为了更好地体现这一情况，重视型政治效能感和回应型政治效能感分别设计了两个题目，重视型政治效能感小于回应型政治效能感（平均数：2.34<2.47）。说明村民认为村干部对于他们的问题和困难不仅重视而且一般都会给予积极的解决。尽管这种重视和回应程度均没有达到中等水平，但是也说明村民对于村干部以及村委会的工作还是比较信任的。

其中"如果你有困难找村干部解决，他们一般会处理"。这一项目中选择比较同意与非常同意的人数达到60.5%。见图3-1。

由图3-1和调查可知，村民对于干部个人的回应力的感知要好于村委会集体的回应力，其中缘由可能来自两个方面，对于村委会干部个人而言，由于农村社会是半熟人社会，干部一般会对村民的问题给予解

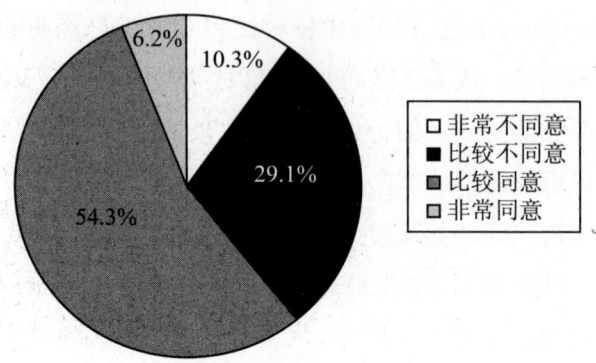

图 3-1 "如果你有困难找村干部解决,他们一般会处理"选项的百分比

决,另一方面也会由于亲疏关系看情况予以处理,从这种建立在熟人社会和关系层面上的外在政治效能感可以看出,村民对于村委会和村干部重视其程度和回应程度的感知度与民主国家公民对于政府回应能力的纯粹感知不一样,这种感知是有条件的主观感知。这一特征,可以在下一个题目中有所体现:与村干部有关系,是不是会影响到问题的解决?有74.7%的村民选择比较同意和非常同意。总体来看,村民的外在政治效能感也不是很高,也就是说,村民对于村委会和村干部的信任感不是很高,相比较村委会和村干部,对于村干部的主观感知要稍好于村委会。然而,这种对于村干部的信任感或许是建立在个人关系之上所形成的回应型政治效能感。在访谈中,有较多的村民都表达了这样的看法。

a_1 村的一位村民在回答问题时这样说:"那肯定了,像现在这个低保,有的就是给了确实困难的,有的就不是,像那肯定就是和村干部有关系的。"(2011722)①

b_1 村的一位村民的回答:

问:"关于村中享受低保的条件是啥呢?"

---

① "2011722"以及书中相似符号均是访谈资料编码。

答:"要吃低保,必须和村长他们有关系的才行的,村里有啥优惠一般都是村长的亲朋好友和关系户优先享受的,人家自己就报上名字了,我们根本就不知道的。"(2011425)

由此可见,关系是影响村民外在政治效能感的一个很重要的因素。

统计中显示村民村庄外在政治效能感高于村庄内在政治效能感,村民更习惯看重村委会和村干部对于自己的回馈,而不是更依赖于自己对于村委会的要求和影响,按照政治系统理论的解释,村民对于村委会、村干部的输入更多的是依靠自己的影响力,看重输出则更多地依赖村委会和村干部的政策出台和给予。那么,村民这种注重输出的政治效能感仍然是"臣民文化"为主的政治效能感,是一种依赖村干部和村委会给予的求助政治态度。这与阿尔蒙德所说的"公民文化的政治效能感更多的是要求,而不是求助"[①] 形成了鲜明的差别。

2. 村民政府政治效能感的表现形态

村民除了对于村庄自治组织的效能感以外,对于政府的政治效能如何?在村民的认知中一定会存在中央政府以及各级政府的印象,这是因为基层民主政治的建设和发展与中央以及各级地方政府的推动和政策分不开。具体情况见表3-2。

表3-2 村民政府政治效能感的平均数与标准差

类型	平均数	标准差
政府政治效能感	2.54	0.35
政府内在政治效能感	2.49	0.39
政府外在政治效能感	2.57	0.45

---

① [美]加布里埃尔·A.阿尔蒙德、西德尼·维巴:《公民文化——五个国家的政治态度和民主制》,徐湘林译,东方出版社2008年版,第200页。

由表 3-2 可知，村民对于政府的总体政治效能感呈现中等偏上水平，高于村庄总体政治效能感，而且在内在政治效能感方面和外在政治效能感方面均高于村庄的内、外在政治效能感，政府外在政治效能感高达 2.57。这一结论与问卷中设计的另一题目，"您认为中央政府还是地方政府更在乎老百姓的想法"？有 90% 的村民选择了中央政府。在调研中，多数村民也表达了对中央政府的认可。

  访谈中一位老大爷与访员的对话：
  问："您认为在咱国家是中央政府好还是地方政府更好呢？"
  答："党中央好，上级政府不赖，下级政府就不太好！"（2011425）

中国村民对于中央政府的效能感高于村委会的现象不同于西方政治学的研究，阿尔蒙德的研究发现，西方公民对于地方政府的感觉要好于中央政府。[1] 原因在于，近几年中央出台了一系列惠农政策，如农村免除义务教育学杂费政策、取消农业税、基本卫生保障制度覆盖城乡、加强农村基础设施建设、新型农村合作医疗制度等都让村民深刻地感受到了中央政府惠及百姓的好意。可是，上述政策在地方政府乃至乡镇以及村委会的落实中或多或少地打了折扣，引起了村民的不满和厌恶，村民对于地方政府和村委会的疏离关系也就可见一斑。

具体到村民政府内在政治效能感，首先看了解型内在政治效能感，通过了解村民关注国家大事的情况，发现村民对于国家大事的关注度选择偶尔关注的有 43.3%，比较关注和经常关注的分别为 30.1% 和 20.1%，从不关注的仅有 6.2%。这说明大部分的村民对于国家大事还

---

[1] ［美］加布里埃尔·A. 阿尔蒙德、西德尼·维巴：《公民文化——五个国家的政治态度和民主制》，徐湘林译，东方出版社 2008 年版，第 176 页。

是比较关注的。村民关注国家大事的渠道主要依靠电视（选择电视了解国家政策的村民达到93.9%）；另一个题目关于村民是否了解去政府办事的程序，有48.1%的村民选择不清楚。由此基本可以推测，村民政府了解型内在政治效能感高于政府影响型内在政治效能感的原因。统计分析证实了我们的发现，村民对于政府了解型的内在政治效能感大于影响型内在政治效能感（2.51＞2.46），两者之间存在显著差异（$P<0.05$），这一发现与村民的实际情况是吻合的。由于政府相比较村委会在时空上都有相当的距离，对于国家大事和一些基本政策甚至去相关部门办事，村民们或许会有基本的了解，但是，如果想去影响政府乃至官员，则很难达到。这种影响通过这样一个题目了解，"如果政府的决策损害了老百姓的利益，老百姓是否会有意见？"有88.4%的村民表示如果政府的决策损害了老百姓的利益，老百姓会有意见，但是具体问道怎样反映自己的意见时，村民的选择最多的是私下议论，其次选择最多的是向村委会反映。这两种方式是村民表达不满最为常见的方法（见表3-3）。有村民这样和我们说："很多事情我们是有想法，没办法。"（2011422）再问到村民能否对官员有影响时，有88.4%的村民认为不可能。

表3-3 村民表达不满的渠道选择的百分比

渠道	私下议论	找村委会	找省市政府	找乡镇政府	找中央政府	其他
百分比%	53.3	32	1.6	7.5	1.4	4.4

另外，表3-2还显示，村民的政府外在政治效能感高于政府内在政治效能感，这一表现仍然说明村民依赖政府要高于依赖自己，这与中国传统文化对于官僚机构的认识有着紧密的关系，老百姓有什么困难和问题都比较依赖政府和官员。进一步考察政府外在政治效能感，发现村民重视型政治效能感与回应型政治效能感之间具有显著差异，并且重视型政治效能感高于回应型政治效能感，这说明村民认为政府重视他们反映的问题要高于解决他们的问题（见表3-4）。村民政府政治效能感的

特点客观地反映了村民的主观感知，对于村民来说，地方各级政府与中央政府主要是政策输出，不会就其具体问题进行解决。

表3-4 村民政府重视型和回应型政治效能感的配对 T 检验

维度	平均数	标准差	T 值
重视型政治效能感	2.55	0.47	-11.48**
回应型政治效能感	2.31	0.76	

注：* $p<0.05$；** $p<0.01$；*** $p<0.001$

由此可见，村民对于各级政府以及相应的国家大事已有相当的了解，并敢于表达自己的意见，这说明村民已经具备了相应的政治知识，尽管这种知识不是很全面，但足以说明村民是关心政治的；同时也具有了一定的权利意识，认为自己是可以反映问题的。然而，村民与政府的关系也表现出一定的疏离，因为村民的政府内在政治效能感较低，村民也不清楚办事的具体程序，他们不了解到哪里反映他们的问题和如何去反映他们的问题，这一方面说明村民政治知识之有限，另一方面也说明政府相关部门和组织接待和吸纳村民意见的管道有限，导致村民会采用私下发表意见的方式表示不满，这种方式并不是理性解决问题的有效手段，而当这种愤懑积聚到一定程度时，就会转化为较大的社会事件。总之，村民对于政府的了解和影响低于政府重视和回应的政治效能感，说明总体上，村民自知对于政府仍较疏离和无力，仍在很大程度上依赖政府的重视和回应，但也相对来说比较信任政府。

阿尔蒙德的研究表明，在民主国家，多数民众认为他们可以影响多个层次的政府，而且有相当大比例的人说他们有采取行动去影响地方政府的经历，影响的策略也多是争取他人的支持。① 而对比我国农村的调

---

① [美]加布里埃尔·A.阿尔蒙德、西德尼·维巴：《公民文化——五个国家的政治态度和民主制》，徐湘林译，东方出版社2008年版，第174页。

研结果，不难发现，中国村民的村庄和政府内在政治效能感均较低，低于平均数2.5，并且我国较多的村民还是采取私下议论的方式表达不满，多是采用个别反映，没有争取他人的支持。这说明村民还没有成为一名"积极的公民"，更多的是一名"服从的公民"。

（二）影响农村居民村庄政治效能感的因素分析

根据模型，个体的政治效能感会受到社会人口学诸变量、环境因素和特殊变量等三个主要变量群的影响。在以往的研究中，政治效能感会受到社会人口学因素的影响，这些因素主要是年龄、性别、受教育程度、经济收入以及政治面貌等。现代化理论认为，公民的民主态度与其受教育程度和经济收入都有较大的关系，表现为受教育程度越高，政治态度就越为积极；经济收入越高，政治态度也较为积极。这样的规律在中国的基本民主政治建设中是否如此呢？

1. 社会人口学因素的影响

（1）年龄、性别与村民村庄政治效能感

世代理论和生命周期理论都认为，处于不同年龄阶段的个体在心智、能力等各方面均有不同，由于所处的时代不同，青年和老人在态度上也应该有所差异。统计分析发现，村民在村庄内在政治效能感、村庄了解型政治效能感两个方面有显著的年龄差异，其他维度并没有显示出显著差异（见表3-5）。从村民村庄内在政治效能感看，呈现出随着年龄的增长，政治效能感提高的趋势，这种趋势主要体现在了解型政治效能感方面。这说明年龄越长的村民对于乡村习俗以及相应的政治知识了解得比年轻人更多，依然显示了老年人在村庄政治生活中经验丰富。但是也可以发现，在其他政治效能感方面，年长者并没有体现这样的优势，也可说明年长者的经验优势并不能运用到影响村庄政治事务乃至村委会组织对其诉求的重视和回应上。从农村调研中也可以发现，年长者在乡村政治生活中，尤其是在选举中已处于边缘化的状态，难以真正发挥作用,真正起作用的是中年人及年轻人。

表 3-5 村民村庄政治效能感及其各类型在年龄上的方差分析

维度与类型	年龄	平均数	F 值
政治效能感	18—34 35—49 50—64 65 岁以上	2.59 2.51 2.41 2.40	0.349
内在政治效能感	18—34 35—49 50—64 65 岁以上	2.19 2.31 2.36 2.37	3.991**
了解型政治效能感	18—34 35—49 50—64 65 岁以上	2.09 2.27 2.41 2.42	9.609***
影响型政治效能感	18—34 35—49 50—64 65 岁以上	2.34 2.38 2.30 2.30	0.975
外在政治效能感	18—34 35—49 50—64 65 岁以上	2.47 2.44 2.36 2.39	1.178
重视型政治效能感	18—34 35—49 50—64 65 岁以上	2.35 2.37 2.30 2.38	0.503
回应型政治效能感	18—34 35—49 50—64 65 岁以上	2.59 2.51 2.41 2.40	2.445

注:*$p<0.05$;**$p<0.01$;***$p<0.001$

男、女由于生理上的不同会导致在社会结构中扮演不同的角色。然而，随着社会的变迁，愈来愈多的女性要求与男性享受同等的政治权利和社会待遇，《中华人民共和国村民委员会组织法》第十三条也明确规定：年满十八周岁的村民，不分民族、种族、性别、职业、家庭出身、宗教信仰、教育程度、财产状况、居住期限，都有选举权和被选举权。① 这就预示着男女之间的差异应该越来越小。对于政治效能感而言，在中国的乡土社会是不是趋于一致呢？（见表3-6）。

研究发现，村民在村庄总体政治效能感方面表现出显著的性别差异，这种显著差异主要体现在村庄内在政治效能感方面，内在政治效能感的差异又体现在了解型和影响型政治效能感方面。总体规律是女性在上述几方面表现均低于男性。说明在乡村社会以选举为核心的政治生活中，男性仍是占主导地位，男性不仅表现出较自信的了解政治知识的能力，而且也具有较强的影响村委会选举和公共事务的能力。从现实观察看，这种倾向也非常明显，中国乡村社会依然延续着"男主外，女主内"的习俗，尤其在乡村政治活动的场域，男性表现较为活跃，自主性较强，男性大都是乡村村委会的候选人，也是鼓动、游说、拉票的主力军，他们往往显示出更强的自信去改变整个乡村的政治走势。在调研中，很多女性表述，选举的事都是男人们的事，她们不懂也不问。大多数女性村民在村委会选举的过程中，将自己的选票交由她们的家人代投，她们主要是负责家里的家务活，很少涉及其他事务（2011616）。

在村庄外在政治效能感方面没有表现出性别差异。只是在回应型政治效能感方面，女性略高于男性，这说明女性更依赖村委会和村干部的回应。

---

① 《中华人民共和国村民委员会组织法》，http：//www.gov.cn/flfg/2010-10/28/content_1732986.htm（访问时间：2013年12月21日）。

表3-6　男、女村民在村庄政治效能感上的 T 检验

维度与类型	性别	平均数	标准差	T 值
政治效能感	男	2.42	0.53	16.86***
	女	2.30	0.43	
内在政治效能感	男	2.43	0.50	11.90***
	女	2.21	0.42	
了解型政治效能感	男	2.50	0.60	9.44**
	女	2.13	0.53	
影响型政治效能感	男	2.34	0.64	5.07*
	女	2.33	0.57	
外在政治效能感	男	2.40	0.73	3.52
	女	2.41	0.67	
重视型政治效能感	男	2.33	0.78	0.68
	女	2.35	0.75	
回应型政治效能感	男	2.47	0.73	3.87*
	女	2.48	0.67	

注：* $p<0.05$；** $p<0.01$；*** $p<0.001$

（2）受教育程度、经济收入与村民村庄政治效能感

受教育程度历来都是各类现代化理论研究中关注的变量，因为受教育程度的提升一方面表明文盲人数的减少，另一方面说明民众个人的素养以及认识、能力均有提高，同时也是个人社会地位的象征。列宁曾说过，文盲是处在政治之外的，不识字就不可能有政治。[①] 所以，西方有关受教育程度与政治态度之间关系的研究大都得出结论，受教育程度的提高会提升政治效能感，两者之间是一种因果关系。

那么对于中国的乡村社会是否也体现出这样的趋势呢？见表3-7。

---

① 《列宁全集》，人民出版社1986年版，第200页。

表3-7 村民受教育程度在其政治效能感及其维度、类型上的方差分析

维度与类型	受教育程度	样本数	平均数	F值
政治效能感	不识字	34	2.03	6.71***
	小学	220	2.27	
	初中	408	2.40	
	高中或中专	117	2.45	
	本科或大专	24	2.51	
内在政治效能感	不识字	34	2.00	5.64***
	小学	220	2.26	
	初中	408	2.35	
	高中或中专	117	2.41	
	本科或大专	24	2.43	
了解型政治效能感	不识字	34	1.99	3.90**
	小学	220	2.25	
	初中	408	2.33	
	高中或中专	117	2.44	
	本科或大专	24	2.22	
影响型政治效能感	不识字	34	2.01	3.52**
	小学	220	2.26	
	初中	408	2.37	
	高中或中专	117	2.38	
	本科或大专	24	2.75	
外在政治效能感	不识字	34	2.07	4.39***
	小学	220	2.28	
	初中	408	2.47	
	高中或中专	117	2.49	
	本科或大专	24	2.63	
重视型政治效能感	不识字	34	2.01	2.97*
	小学	220	2.24	
	初中	408	2.39	
	高中或中专	117	2.44	
	本科或大专	24	2.73	
回应型政治效能感	不识字	34	2.13	5.44***
	小学	220	2.32	
	初中	408	2.56	
	高中或中专	117	2.54	
	本科或大专	24	2.57	

注：* $p<0.05$；** $p<0.01$；*** $p<0.001$

由表 3-7 可见，不管是总体政治效能感还是内、外在政治效能感基本上显示出随着教育层次的提高而提高的趋势，并且在不同的教育水平上都显示出显著差异，只是差异程度稍有不同而已。其中，稍有不同的是了解型政治效能感这一层次，显示出受过本科教育或大专教育的村民低于高中或中专的村民。

表 3-7 充分表明，阿尔蒙德所说的"教育可以导致个人相信他们能够影响政府，不论其居住在什么国家"[①] 的观点是正确的。政治效能感的提高受到教育程度的影响，在乡村社会中，随着社会变迁，知识水平高的个体对于相关知识的了解和认知远比知识水平低的村民更多，进而在影响方面更具有自信和策略。同时，在外在政治效能感方面，受教育水平高的村民也较能敏锐地觉察到村委会和村干部对其诉求的重视程度和回应。在这一点上证实了西方相关理论的在中国乡村的适用性，也证实了理论假设。

现代化理论提出，经济水平与政治态度乃至政治参与之间的关系体现在两个层面上，一个层面是一个国家经济水平的发展与民众政治态度、政治参与及政治稳定的关系；另一个层面是个体层面的，即个人的经济收入与政治态度之间具有紧密的关系。大多数的研究认为，经济收入高的个体，政治态度也积极，政治参与也主动。其中最为有代表性的是亨廷顿和利普塞特的观点。亨廷顿在《难以抉择》等著作中多次提出经济发展、政治参与和政治稳定之间的关系，亨廷顿认为，经济发展能够促进社会—经济地位的多样化，并扩大高地位的比例，对于个人而言，高地位与较强的政治效能感相联系，而这种政治效能感又能导致高水平的政治参与。利普塞特的观点是肯定经济发展与民主政治的关系，确认经济发展水平提高能提升一个国家的民主化程度。[②]

---

① ［美］加布里埃尔·A.阿尔蒙德、西德尼·维巴：《公民文化——五个国家的政治态度和民主制》，徐湘林译，东方出版社 2008 年版，第 195 页。

② ［美］利普塞特：《政治人——政治的社会基础》，刘钢敏、聂蓉译，商务印书馆 1993 年版，第 45 页。

从表3-8可见，村民村庄政治效能感及其内、外在政治效能感在经济收入方面均表现出显著差异，除影响型政治效能感是0.5水平的差异外，其余都达到非常显著的水平，说明经济收入不同会影响政治效能感的不同。然而，这种影响并没有呈现出线性的关系，大都呈现出折线形关系。见图3-2。这种现象与现代化理论研究的结论大相径庭。

表3-8 村民村庄政治效能感及其维度与类型在经济收入上的方差分析

维度与类型	经济收入水平	平均数	F值
政治效能感	999元以下 1000—2999元 3000—4999元 5000—7999元 8000—9999元 10000元以上	2.41 2.33 2.36 2.45 2.36 2.44	6.61***
内在政治效能感	999元以下 1000—2999元 3000—4999元 5000—7999元 8000—9999元 10000元以上	2.41 2.28 2.33 2.37 2.36 2.37	4.03***
了解型政治效能感	999元以下 1000—2999元 3000—4999元 5000—7999元 8000—9999元 10000元以上	2.44 2.24 2.35 2.37 2.37 2.35	3.45***
影响型政治效能感	999元以下 1000—2999元 3000—4999元 5000—7999元 8000—9999元 10000元以上	2.35 2.35 2.33 2.37 2.34 2.39	1.88*

（续表）

维度与类型	经济收入水平	平均数	F 值
外在政治效能感	999 元以下 1000—2999 元 3000—4999 元 5000—7999 元 8000—9999 元 10000 元以上	2.43 2.39 2.39 2.55 2.36 2.52	5.66***
重视型政治效能感	999 元以下 1000—2999 元 3000—4999 元 5000—7999 元 8000—9999 元 10000 元以上	2.37 2.27 2.33 2.50 2.30 2.41	4.41***
回应型政治效能感	999 元以下 1000—2999 元 3000—4999 元 5000—7999 元 8000—9999 元 10000 元以上	2.48 2.52 2.45 2.60 2.43 2.63	6.26***

注：*$p<0.05$；**$p<0.01$；***$p<0.001$

从总体政治效能感看，表现为经济收入在999元以下的村民、收入在10000以上的村民以及相对在中间收入5000—7999元之间的村民较高，其他收入的群体则显得比较低。相比较来说，年人均收入在5000元—7999元的村民政治效能感最高。其次就是收入水平在10000元以上的村民。分析原因，对于人均收入不足1000元的群体而言，经济水平过低，则会产生强烈的不满和相对剥夺感，这部分人则会对村庄事物表现出更高的关注，同时也更依赖村委会，因此他们表现出对乡村事物的了解和关注，但是其影响力并没有比其他收入阶层更大。对于居中收入群体，在乡村中属于"中产阶层"，由于是大多数，毋容置疑地成为乡村政治生活中的主力军，因此也会表现出较高的政治效能感，对于经济收入最高的群体，经济基础决定上层建筑，更具有经济上的优越性，他们在影响型政治效能感上表现最为突出,这群村民或可成为村委会倚重的对象,所以在乡村政治中也较具有发言权。相对来说,这三类人在外在政治效能感上也呈现出较高的态势,而对于其他三类收入的群体,处于中等收入下的两类群体,会在乡村生活中更多地关注自己的经济生活的提升,而降低对政治生活的关注。

由图3-2可知,村民经济收入与政治效能感的关系并不是简单的直线关系,而呈现出较为复杂的折线关系。也就是说,经济收入高的村民,政治效能感未必也高,经济收入低的村民,政治效能感不一定就低。这就说明经济收入的提升并不一定引起政治效能感增高,经济发展不一定必然推动村民政治态度的提高。由此可推知,经济发展并不一定推动民主政治的出现,这或许是发展中国家与发达国家的区别所在。

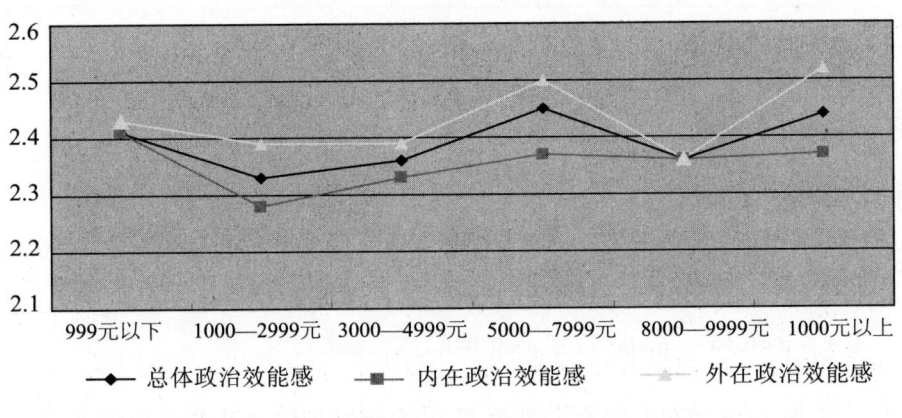

图3-2 政治效能感与村民家庭年均收入关系图

(3) 政治面貌与村民村庄政治效能感

中共党员在乡村社会中历来是骨干,不仅是政治生活中的骨干,而且是社会生活中的骨干,每一个加入中国共产党的人员都有责任起到模范带头作用,在乡村选举中,一般村委会的候选人也大都具有党员的身份,因此,我们设想党员与非党员在政治态度尤其是政治效能感方面应该具有较大的不同。西方赋权理论认为,一个团体在政治上具有代表性并且在决策上具有影响力时,其团体成员的政治参与情形会有所上升,也就是说原来处于弱势团体的成员,会因为团体中有成员担任政府官员,而使得该团体成员的影响力增加。① 农村村民党员是否因为从属于中国共产党的组织而与非党员在政治效能感上有较大的区别?党员在村庄民主政治中是否起着关键的作用?见表3-9。

表3-9 村民村庄政治效能感两维度及其类型在政治面貌上的 T 检验

维度与类型	政治面貌	平均数	T 值
政治效能感	党员 非党员	2.69 2.33	0.034
内在政治效能感	党员 非党员	2.67 2.30	0.003
了解型政治效能感	党员 非党员	2.79 2.28	0.709
影响型政治效能感	党员 非党员	2.49 2.32	0.224
外在政治效能感	党员 非党员	2.71 2.38	2.510
重视型政治效能感	党员 非党员	2.65 2.32	1.931
回应型政治效能感	党员 非党员	2.78 2.45	3.491

注:*p<0.05;**p<0.01;***p<0.001(双尾检测)

由表3-9可见,党员与非党员在政治效能感以及各维度上面均没有表现出显著差异。这就说明党员在乡村政治生活中并没有因为党员身份而获得相应的主观影响力和回应力,党员村民与非党员村民政治效能感上的无差异可以表明党员村民在身份意识上并没有与非党员的村民有区别,这或许与近些年村级党组织的涣散和作用弱化有关系。同时,村

---

① Lawrence Bobo & Frankin D. Gilliam, Jr, Race, "Sociopolitical Participation and Black Empowerment", *American Political Science Review*, Vol. 84, No. 2, June 1990, pp. 377-393.

庄更多地倾向凸显"经济精英"的作用,这些人往往由于经济地位获得相应的乡村社会的地位,贺雪峰从研究村庄记忆和乡村精英的角度指出,由于人民公社解体,联产承包责任制带来的村庄变迁和精英变化,现在的农村已经失去了传统的记忆,乡村精英也从传统型精英转变成现代型精英,[①] 村庄大部分的党员属于传统精英,自然无法成为新的社会时代中的村庄生活的主要影响者。但是,从表中我们也发现,党员在政治效能感及其内、外维度乃至类型上的得分平均数还是高于非党员村民。

综上所述,受教育程度、经济收入以及党员身份等诸多社会人口学变量在村庄政治效能感及其维度和类型上的差别数据表明,教育程度高的村民、男性村民,他们会认为自己有影响政治的能力,同时也会认为村委会与村干部对于自己的诉求是重视的。但是经济收入的增高与是否是共产党员在政治效能感上的影响是不确定的。

2. 特殊自变量对村民政治效能感的影响

张雅雯、耿曙在研究中国大陆"村改居"社区时指出,村民由于受到选举动员时的物质诱因的刺激所形成的公民意识是短暂的,当外在的物质诱因缺失时,这种公民意识就会丧失。[②] 从调研中看,村庄民主选举中不乏物质诱因的存在。同时,在乡村民主政治中,干群关系也是一个不可忽视的变量,这在一个看重关系的乡土社会中反映得尤为明显。在众多关系中,干群"关系"的好与坏直接影响村民的政治态度,在调研中,很多村民也谈到,只要有关系,什么事情都好办。因此本研究设计了这两个自变量,考察其是不是影响村民村庄政治效能感的重要因素。

(1) 干群"关系"与村民村庄政治效能感

"关系"历来都是中国社会、尤其是乡村社会的一大特点,它不能

---

① 贺雪峰:《村庄精英和社区记忆:理解村庄性质的二维框架》,载《社会科学辑刊》,2000年第4期,第37—38页。

② 张雅雯、耿曙:《中国大陆基层选举中的物质诱因与投票动员:以上海'先进'、'发达'两社区"村改居"为例》,载《东吴政治学报》,2008年第4期,第145页。

被简单地理解为社会资本（social capital），它是中国社会独有的现象。①关系是一个非常丰富的概念，它可以包含人与人之间建立在某种血缘关系上形成的"互惠"，"庇护"等内容，在中国，关系可以左右很多事情的发生和发展，那么它是不是影响村民村庄政治效能感的重要因素呢？

我们设计的第一个题目，是想了解村民与村干部关系的亲疏是否影响政治效能感。根据表3-10，我们发现，在村庄总体政治效能感、内在政治效能感、外在政治效能感、了解型政治效能感、重视型政治效能感和回应型政治效能感等方面均呈现出显著差异，只有在影响型政治效能感方面差异不显著。从平均数可见，除了影响型政治效能感以外，都是选择与村干部有关系的村民均值高于选择其他对象的村民。由此可见，与村干部有无关系确实是影响村民政治效能感的一个变量。

究其原因，在乡村生活中，村民与村民之间都是熟人或者半熟人社会，依照费老的观点，在乡村差序格局中，在自己人和他人之间存在着较为明晰的界限，人们有事找谁帮忙其实已经分清亲疏远近，很明显，选择找村干部帮忙的这一群体必然是和村干部关系较近的村民，其他则相对较远。表3-10的结果说明，西方学者提出的赋权理论没有体现在政党层面，而是体现在了关系层面，我们不妨命名为"关系—政治赋权"（guanxi-political empowerment）。也就是说，在乡村社会中，与干部关系较近的村民的政治效能感比较高，主要体现在了解型政治效能感方面，与村干部较近的村民相对来说获取信息较快且较准确，因此，他们在乡村基本知识和选举程序方面则有较好的表现。而在外在政治效能感方面，由于关系的紧密，村干部对于他们提出的问题更为重视，回应也就更为积极。并且在影响型政治效能感上关系远近没有体现出显著差异的缘由可能在于即使是与村干部关系较近的村民，也很难影响村委会的

---

① 关于这一命题有很多学者探讨，有部分学者认为社会资本包容中国社会的关系，而有的学者也认为"关系"是中国社会独有的现象，不能等同于社会资本，见翟学伟：《中国人的关系原理》，北京大学出版社，2011年版，第83页。

决定，因为在村委会的组织结构中，利益博弈和妥协有时很难由一人决定，这就导致在几方利益博弈中无法确定谁能说了算。

表3-10　干群"关系"在村民村庄政治效能感及其维度和类型上的方差分析

维度与类型	干群"关系"	平均数	F值
政治效能感	亲朋好友 本族的人 村干部 街坊邻居	2.33 2.42 2.57 2.30	7.413***
内在政治效能感	亲朋好友 本族的人 村干部 街坊邻居	2.30 2.35 2.49 2.27	4.591**
了解型政治效能感	亲朋好友 本族的人 村干部 街坊邻居	2.32 2.30 2.54 2.23	5.593***
影响型政治效能感	亲朋好友 本族的人 村干部 街坊邻居	2.28 2.43 2.41 2.34	2.524
外在政治效能感	亲朋好友 本族的人 村干部 街坊邻居	2.37 2.50 2.66 2.33	6.007***
重视型政治效能感	亲朋好友 本族的人 村干部 街坊邻居	2.29 2.44 2.59 2.27	4.797**
回应型政治效能感	亲朋好友 本族的人 村干部 街坊邻居	2.44 2.56 2.74 2.38	6.093***

注：*$p<0.05$；**$p<0.01$；***$p<0.001$

与此相对应地,可以看到,与村干部无关系或者关系比较疏离的村民,总体政治效能感和内在、外在政治效能感的分值就比较低,这一现象也可以通过另一项调查和访谈得到验证。问卷中设计了这样一个题目:了解"近三年来,村民家在哪些方面得到过村委会的直接帮助",通过题目,考察村民小到婚丧嫁娶的事情,大到审批宅基地等大事,村干部和村委会是否为村民提供帮助,由此推知村民与村委会以及干部之间的关系。见表3–11。表3–11表明:村民得到帮助最多的项目是领取低保,占到10.8%,其次是开展生产经营和治病就医上。访谈中问到这一问题时,一位中年妇女回答道:"村委会根本解决不了我们的问题。现在的村里有权才能有势,很多问题只要家里有关系就好解决。"(资料来源:2011616)。

表3–11 村民得到村委会帮助的项目与百分比

项　　目	百分比%
开展生产经营	9.8
获取银行贷款	4.5
获取经济救济款物	7.0
治病就医	9.8
婚丧嫁娶	3.9
调节邻里纠纷	3.1
调节家族或家庭纠纷	1.4
领取低保	10.8
审批宅基地或兴建房屋	4.0
其他	1.5

通过上述描述,可以发现村民与村干部有无"关系"是影响政治效能感和四种政治效能感类型的重要变量。说明在乡村社会中,"关系"的亲疏远近可以透过网络渗透到公共领域,进而影响到村民对于村庄选举的认知和信任感上。这其中的机制从村庄内在政治效能感角度看,由于某些村民与村干部存在血缘或者其他方面的"关系",这部分村民在村庄中获

得选举等方面的信息多于其他村民,导致这些村民了解型政治效能感的提升,而在信息的相互交流中,必然又加强了情感上的相互依赖与信任,从而形成了"互惠"关系或者"庇护"关系,这种关系一旦形成,这部分村民所提出的诉求自然在村委会和村干部那里会引起更多的重视和更为积极的回应,产生较高的重视型政治效能感和回应型政治效能感。

(2) 物质诱因与村民村庄政治效能感

物质诱因是指在选举过程中,候选人采取物质手段刺激村民参与选举,为自己投票的方式。在乡村选举中,物质刺激已是相当普遍的一种现象,我们想考察的是,这种刺激和作用是否同样可以成为影响村民村庄政治效能感的一个重要因素。

在这里,我们设计两个题目,第一个题目主要是一个导引性的题目,从统计结果看,有523人认为村里选举时有拉票现象,占总数的65.1%,有280人认为没有拉票现象,约占总数的34.9%。

第二个题目主要是想就物质诱因的不同类型进行比较,看在这方面是否有影响? 需要说明的是,打招呼是一种拉票行为,并不属于物质刺激的一种,但是,由于这种行为在乡村政治选举中非常常见,我们也把它列为一种手段。值得欣慰的是,这种行为在与其他具有明显物质诱惑行为的比较中,成为一种参照系,使我们能够更加清楚地看到各种行为的多少及其对政治效能感的影响。由表3-12发现,在总体政治效能感、影响型政治效能感、外在政治效能感、重视型政治效能感和回应型政治效能感方面均表现出显著差异,只在内在政治效能感和了解型政治效能感方面无差异。在表现显著差异的政治效能感上,被请吃饭的村民相对来说,政治效能感要高于其他物质刺激,尤其体现在影响型政治效能感方面,这说明被请吃饭的村民往往是村委会候选人的"亲信"和"幕僚",这些人不管在乡村选举中还是乡村公共事务中,都扮演着重要的角色,他们的言行在很大程度上影响着整个村庄的选举态势。另外,在中国请吃饭不仅是一次简单的聚餐,其中包含关系、面子以及尊重等诸多文化内涵。因此其影响型的政治效能感要高于其他物质刺激。而在外在政治效能感及其维度上,我们明显看到,被打招呼的村民要高于其他物质刺激的村民。这是因为被打招呼的村民会觉得自己受到重视和尊重,他们就会产生较强的信任感,认为村委会和村干部肯定会回应他们的要求。

表3-12 村民村庄政治效能感及其维度和类型在物质诱因上的方差分析

维度与类型	物质诱因类型	平均数	F值
政治效能感	给钱 给东西 请吃饭 打招呼	2.23 2.30 2.39 2.33	14.217***
内在政治效能感	给钱 给东西 请吃饭 打招呼	2.29 2.30 2.40 2.25	2.368
了解型政治效能感	给钱 给东西 请吃饭 打招呼	2.32 2.29 2.41 2.25	0.792
影响型政治效能感	给钱 给东西 请吃饭 打招呼	2.24 2.31 2.39 2.26	4.995***
外在政治效能感	给钱 给东西 请吃饭 打招呼	2.15 2.30 2.36 2.44	25.378***
重视型政治效能感	给钱 给东西 请吃饭 打招呼	2.05 2.19 2.36 2.38	24.393***
回应型政治效能感	给钱 给东西 请吃饭 打招呼	2.24 2.42 2.36 2.50	20.790***

注:* $p<0.05$;** $p<0.01$;*** $p<0.001$

由表 3 - 12 可见，物质诱因确实是影响政治效能感的因素之一。尤其表现在村庄外在政治效能感方面。这样的一种状况会导致村民形成和建立起来的政治态度必须依赖外在的刺激才能存在，也就会"抑制"村民内在政治态度的形成，尤其是与政治信任密切相关的外在政治效能感与物质诱因捆绑在一起的时候，一旦物质诱因不存在，这种信任也就消失，这样就大大弱化了基层民主政治的实践带来的成效。

3. 乡村环境对村民村庄政治效能感的影响

环境是个体生活的场域，是产生个体心理活动的源泉，环境可以包括很多方面：地理空间、经济发展、制度运行乃至在此空间中产生的社会交往、文化习俗，它们共同作用于个体，由此影响人们的心理活动。在这方面有较多研究的是社会学家们，他们更多地关注社会网络（social network）对人们心理与行为的影响。早期进行社会网络研究的拉扎斯菲尔德（Paul Lazarsfeld），他利用选民的社会背景解释其投票行为，认为个人的政治行为是一个社会的经验，在个人做出政治决定的过程中，会在所处的社会环境中与他人分享资讯以及观点，因此民众常被视为是处于一个特定的社会环境中并且受其影响。[1] 同样，罗伯特·哈克菲尔德（Robert Huckfeld）也认为，民众所处的特定的社会环境会对其政治态度有所影响，这种环境是社会成员之间彼此的作用模式与政治信息的交流。[2] 斯科特·D. 麦克勒格（Scott D. McClurg）的研究也指出，社会成员之间的相互作用为个体收集政治信息并且超越了个体信息有限的束缚，从而为许多人的政治活动提供了支持。[3] 中国学者贺雪峰也指出，

---

[1] Paul F. Lazarsfeld Bernard Berelson & Hazel Gaudet, *The People's Choice: How the Voter Makes Up His Mind in A Presidential Campaign*. New York: Columbia University Press, 1948, pp. 17 - 39.

[2] Robert Huckfeldt, Paul Allen Beck, Russell J. Dalton & Jeffrey Levine, "Political environments, and the Communication of Public Opinion", *American Journal of Political Science*, Vol. 39, No. 4, Novernmber 1995, pp. 1025 - 1054.

[3] Scott D. McClurg, "Social Networks and Political Participation: The Role of Social Interaction in Explaining Political Participation", *Political Research Quarterly*, Vol. 56, No. 4, December 2003, p. 449.

中国乡村之所以存在区域差异,是因为在当下中国,不同区域农民的认同与行动单位的规模和强度存在差异,这种差异极大地影响甚至决定了中国乡村治理的区域差异。[①] 上述研究充分说明社会环境对人们政治态度和政治行为的影响。

依据上述理论,我们在考察的七个村庄中,选取了四个村庄进行政治效能感的比较,这四个村庄分别为代表传统乡村社会的 Xa_1 县 a_1 村;代表城镇化进程,并且属于模范乡村的 B 市 Xb_1 区 b_1 村;处于风口浪尖、矛盾重重的 C 市 Xc 区 Tc 街道的 c_1 村;还有就是宗族势力较为严重的 C 市 Xc 区 Tc 街道的 c_2 村。这四个村庄其实代表了目前乡村变迁过程中的四种状态,我们认为,这四个具有典型代表意义的村庄,所处的环境有所不同,主要包括经济发展水平、所依赖的经济资源、乡风民情也有所不同,甚至乡村民主选举、民主管理、民主决策乃至民主监督的水平也都不同。见表 3-13。

表 3-13 四个村庄村民村庄政治效能感及其维度和类型上的方差分析

维度与类型	a_1 村 平均数	b_1 村 平均数	c_2 村 平均数	c_1 村 平均数	F 值
政治效能感	2.50	2.35	2.45	2.20	15.91***
内在政治效能感	2.35	2.35	2.40	2.27	0.31
了解型政治效能感	2.23	2.35	2.41	2.40	6.29*
影响型政治效能感	2.51	2.35	2.38	2.08	22.77***
外在政治效能感	2.69	2.36	2.52	2.12	36.04***
重视型政治效能感	2.65	2.38	2.44	2.05	33.61***
回应型政治效能感	2.73	2.35	2.60	2.18	30.46***
样本数	113	98	126	119	

注:* $p<0.05$;** $p<0.01$;*** $p<0.001$

---

① 贺雪峰:《差序格局与乡村治理的区域差异》,载《乡村治理研究》,2007 年第 4 期,第 114—117 页。

由表 3-13 可见，四个村庄除在村庄内在效能感没有显著差异外，在总体政治效能感、了解型内在政治效能感、影响型内在政治效能感和外在政治效能感、重视型外在政治效能感和回应型外在政治效能感方面均有非常显著的差异。从总体政治效能感的平均数看，a_1 村要高于 c_2 村，c_2 村高于 b_1 村，b_1 村高于 c_1 村；了解型内在政治效能感表现出 c_2 村高于 c_1 村，c_1 村高于 b_1 村，b_1 村高于 a_1 村；从影响型内在政治效能感、外在政治效能感、重视型政治效能感和回应型政治效能感来看，均表现出 a_1 村要高于 c_2 村，c_2 村高于 b_1 村，b_1 村高于 c_1 村的特点。这一发现与我们最初的假设完全不同。

进一步分析这种显著差异是由哪些村庄造成的，我们运用雪莱测验（Scheffe）发现，对于总体的政治效能感而言，显著差异来自于 a_1 村与 c_1 村，c_2 村与 c_1 村；村庄影响型政治效能感的差异主要来自于 a_1 村、c_2 村、b_1 村与 c_1 村的差异，前三个村庄之间无显著差异。

（1）a_1 村

a_1 村是这些村庄中经济水平最低、环境最为闭塞、发展相对缓慢的村庄，这样的村庄按照现代化理论，其政治效能感应该是最低的，但是这样的村庄却是四个村庄中最高的。通过分析访谈资料，我们发现 a_1 村有以下几大特点：第一，村庄自然环境闭塞，村民以务农为主，流动人口较少，村庄民风淳朴，没有太大的矛盾；第二，村庄中没有太大的利益竞争，干群关系相对和谐，村民对于村干部的反映良好；第三，村庄中没有宗族关系之间的矛盾。由于这些缘由，村委会干部的选举一般没有什么竞争，"有钱"就能当村干部是村民一致的想法。这样的条件使得村民与村干部的关系比较平和，很多村民认为自己的诉求可以得到很好的回馈，同时他们也有较高的主观影响力。

在了解型政治效能感方面，则表现出这样的顺序：$c_2 > c_1 > b_1 > a_1$。c_2 村由于村庄家族势力之间的博弈，村民对于村庄事务以及选举的了解更为迫切；而秉持传统的 a_1 村，由于选举无竞争，也就对选举等公共事务不关心。但是，我们吃惊地发现，影响型政治效能感方面，a_1 村的平均数位于四个村庄之首（$a_1 > c_2 > b_1 > c_1$）。作为调研村庄中最为落后，人均收入只有 4100 元左右的中国传统乡村，竟然在影响型政治效能感上超出其他村庄，这是我们不能解释的方面。依照西方理论，经济收入较低的村庄，村民更缺少现代民主社会的性格和精神，况且这样的村庄受教育程度较低，也不具有高政治效能感的条件。另外，a_1 村庄与其他村庄相比，外在政治效能感也很高，说明传统乡村由于资源短缺以及乡村选举和村庄权力依托空缺，村民会更依赖村委会和村干部，而且作为这样的村庄，如果村委会和村干部能为村民做点实事，村民就会产生莫大的满足，这也是村民评价村委会和村干部重视和回应较好的缘由之一，或许也是因为传统乡村村民依旧保持了中国传统社会"顺民"和"良民"的特点。在访谈中也体现了这样的特点：

一位老大爷与访员的对话：
问："您感觉要是有困难找村干部解决，他们一般会不会处理啊？"
答："当然了啊，他们就是为人民服务的，现在基本上都很好的。"
问："您认为是不是有关系好办事啊？"
答："哎呀，以前的旧社会啊，就是有关系好办事，现在这个社会好啊，该是什么就是什么。"
问："平常关不关注国家大事啊？"
答："不关注，关注也不顶用，现在这个政策都是很好的，咱们只要头低下做好自己的就行了。"（2011722）

一位 30 多岁的女性：我入户的时候她刚刚从地里回来，还满脸是汗，但还是很热情地招待了我。她家庭负担重，忙于养家糊口，无暇顾及政治层面的东西，很多想法都处于理想状态。

问："了解不了解村规民约？"

答："什么啊，村规民约？村里现在都是自己家管自己家，就没有什么村规民约。"

问："平常关不关注国家大事啊？"

答："村里现在很忙哩，从地里回来就八点多了，新闻联播都完了。"

问："如果您有事必须找相关政府部门办理，您认为政府会不会重视您的问题？"

答："咱们想着他应该会重视吧。"

问："在生活中，您就下列哪些问题发表过自己的意见？"

答："像你说的这些吧，农民就都不知道，一天也都不关心，最关心的就是地里一年能收入多少。"

问："村里现在这个选举是什么情况，有没有拉票这个情况啊？"

答："没有听说过啊，我们村这个村长就没有人愿意当，当村长还得贴钱呢。"（2011722）

这也或许可以解释为什么在了解型政治效能感上，a_1 村是四个村庄最低的，但在影响型政治效能感方面，a_1 村又呈现出较高的态势，而且远远高于了解型政治效能感，这点与我们前面的假设产生了冲突。在对基本政治知识和选举程序都不是很了解的村庄，怎么会有如此高的影响力？了解型政治效能感与影响型政治效能感的剥离，或许是这个村庄独特的表现。

（2） c_2 村

c_2 村是 C 市有着宗族影响的村庄，人均收入达到 7000 元，这一村庄由于宗族势力的影响和相关矛盾的激化，本村村民的总体政治效能感、内在政治效能感、外在政治效能感相对较高，尤其是内在政治效能感中的了解型政治效能感最高，显示出该村村民对于相关制度和规则了解程度较高。宗族因素加大村民之间的竞争，各个姓氏自然会加强彼此间的信息交流和沟通，由此会增加对村庄选举和相应程序的了解，同时，宗族也使得村民出于对本族利益的考虑，产生一种组织依赖性，无形中提升了村民政治影响力的感知。反过来说，由于宗族势力的存在，村干部在村庄中的行为就更为小心、谨慎，这或许客观上加强了村干部和村委会对于村民问题的回应力和重视度，因而村民在主观上有这种感觉。

一位 65 岁老大爷，初中文化程度，他是一位村民代表，平常主要是负责收集村民反映的较集中的问题，然后向村长和大学生村官进行反映，他非常了解村委会选举的相关程序，比如说在村委会选举过程中的唱票和无记名投票，他是非常熟悉的。(2011616)。

然而，村民在影响村委会和村干部方面却表现出无奈和无助。

访问对象：一位 50 岁左右的中年女性，小学文化程度。

问："在村委会选举中，村民的投票对最后的选举结果会有影响，您同意这种说法吗？"

答："影响不了，人家早就定了，到时候让你选谁你就选谁。(2011616)

有一位 29 岁的小伙很风趣的说道："现在谁敢去说服村干部？人家不会听你的。不管地方还是中央，要让人家重视你的问题，看你有没有后台。"(2011616)

由于 c_2 村家族势力严重，乡村中的派系团伙比较明显，村民与村民之间的不信任感要强于其他村庄,在访谈中明显感到村民防备心理比较严重,说话中带有比较强的紧张感。

　　一位24岁的年轻小伙子,初中文化程度。
　　问:"您平常关注咱村的村委会选举吗?"
　　答:"很少关注,谁当早就事先弄好了,用不着咱这些村民操心的。"
　　问:"您平常比较关注哪些事情呢?"
　　答:"低保方面吧,按道理说,那低保是发给生活比较困难的人的吧?咱这领低保的必须是和人家村长有关系的才行,其他人就不用领了,真正需要的人是领不上的。"
　　问:"如果村委会的某项决定对咱不公平,咱一般会怎样做呢?会和村干部去反映吗?"
　　答:"不会反映,你要是去的话,人家是有背景的人,早晚给你个说法,最后是按照人家的想法强制性地解决问题,你能咋办?要是再有意见的话,也不会给你解决。所以还是不用去反映了,免得惹祸上身。"(2011616)

肖唐镖在《宗族政治—村治权力网络的分析》中曾经表达这样的观点:乡村社会内生的一些传统组织资源,不仅不是社区公共治理的障碍,相反有可能成为民主—自治的基础,[①] 对于c_2村而言,宗族的竞争和紧张感强化了各宗族内部村民的政治意识,无形中也刺激了政治态度和政治行为。

(3) b_1村

山西省B市Xb_1区的b_1村,由于处于现代化进程中的城市边缘,能

[①] 肖唐镖:《宗族政治——村治权力网络的分析》,商务印书馆2010年版,第138页。

够直接感受到经济发展和社会变革的气息,又由于该村庄在近两年一直是先进村,干群关系稍显和谐,两委关系融洽,村民安居乐业,没有宗族影响。村民在诸种政治效能感上表现均衡,没有太大差异。

访问对象是一位90后的少妇:初中文化程度,她们家的人均年收入在万元以上,生活还是相当富裕的,与此同时和她整个的谈话进行得很顺利,也很平和,没有太大的争议性问题出现。虽然她嫁到该村的时间不长,但是对该村村委会选举的事情还是很关注和了解的。

问:"您关注咱村的村委会选举的事情吗?"

答:"我虽然刚嫁到这个村子,但是我是参与过这个事情的,我总体上比较关注这个事情,因为这直接关系到以后我们村的发展等等,挺重要的事。"

问:"那您对咱村的村委会选举的程序了解吗?"

答:"嗯,程序上我只知道到点去投票,对于其他程序了解得不多。"

问:"若村委会的某项决定对您不公平,您一般会怎样做?"

答:"我可能会去和人家简单说说,毕竟村委会得考虑咱们村民的想法了。"(2011813)

被访者:48岁,女。

问:"您对村里的某些决定表示过不满吗?"

答:"没有,我们现在的这个村长这三年干的还不错,人家自己开着个油毡厂,很有钱的,有几百万呢,人家上来以后没怎么贪污,你看给我们村里盖学校,修村大队,还给我们修路,马上我们这一块地方也要开始修了,我们村里很干净吧,这些都是他上来以后干的,还不错。现在我们没有以前那么消极了。希望今年的选举他还能选上,继续给我们老百姓办实事。"(2011813)

从 b_1 村村民的访谈中可以发现：村民对于问题的回答均表现积极、正向，对村干部的评价也较好。由表 3-13 可见，b_1 村村民在内在政治效能感及其类型和外在政治效能感及其类型上均显示出较为"平均"的状态，虽然没有达到中等水平，但是数字起伏不大，而且内、外在政治效能感也表现相对接近，没有太大的差距。这是否是现代化村庄中村民政治态度的一种典型表现呢？

（4）c_1 村

c_1 村是一个矛盾冲突非常大的村庄，这种冲突不仅表现在村民对 Xc 区政府的不满，由于拆迁补偿以及相应的安置措施落后，造成了村民内心极大的怨恨；还表现在村民对本村村长和村支书的不满，认为他们无法为农民做主。就在这样的双重矛盾中，能够看出村民村庄政治效能感相对其他几个村庄比较低，村民的无助感较高，而且在拆迁这样的大事中，村民确实感受到了地方政府和村委会对其反映问题的无视和漠然。因此，c_1 村村民的外在政治效能感是四个村庄中最低的。与此相对应，内在政治效能感中的影响型政治效能感也是最低的。有例为证：

> 被访者 50 多岁
>
> 他义愤填膺地说道："现在的村委根本不在乎你老百姓想什么，只要有关系什么都能办。而且地方政府追求效率，想拆你的房子就拆你的房子，想占地就占地，根本不跟你商量。很多事情我们都是迫不得已去服从他们，因为你向上反映问题，人家根本不听你的话，根本没有人理你，只要你不拆，不让出这块地，你就得倒霉。"紧接着，我问道："发生这些事情上面的领导就不管么？"他说道："谁管你？我也上过访，也找过相关领导，你根本就见不到人家，还怎么解决？所以去了也没用，能忍就忍了。"（2011616）
>
> 30 多岁的男性
>
> 他表现得很无奈："想说服村干部，不太可能！现在的村干部

有时候嘴上说得挺好,但不一定能把事情做得漂亮,有时候不太考虑村民的意见。我现在最为生气的事情是拆迁。"(2011616)

46 岁大姐

她说:"我们村的村干部有时解决不了村民的问题。他们没有权力去处理村民的问题。村委会有决定对村民不公平的话,村民要么就不配合他们的工作,要么有些人就去上面反映。就是我们村南面因修路占地的问题,村民去村委会、区政府反映,都没起太大作用,效果不明显,这件事情至今没有解决,我看估计是解决不了了,你说这可咋办呢。"(2011616)

由此可见,干群关系紧张导致了村民对于村干部的疏离和无奈。这种紧张感会大大影响村民的政治效能感,在村民与村委会和村干部之间形成隔阂,导致乡村治理的瘫痪。我们将干群关系放入四个村庄中进行比较,同样发现:在村民选择找谁帮忙时,选择村干部作为帮忙对象最少的村庄就有 c_1 村,仅占 18.2%。

综上,村民政治效能感的形态包含两部分内容,一部分是村民村庄政治效能感,另一部分是政府政治效能感,在这两个部分中,村民村庄政治效能感、村庄内在政治效能感和外在政治效能感上均低于政府政治效能感、政府内在政治效能感和外在政治效能感。在影响村民村庄政治效能感的社会人口学变量、特殊变量和环境变量中,与西方现代化理论不同的是,经济收入并没有体现出与村民村庄政治效能感的直线关系,而是"折线"的关系;受教育程度的不同依然是影响村民村庄政治效能感的重要变量;不同村庄所在地域不同,尽管制度运行和实施相同,但是却也因为环境不同造成了村民政治效能感的不同;特殊变量中,出现了"关系"变量对于村民政治效能感及其维度和类型的影响,物质诱因的影响作用更多地体现在了村庄外在政治效能感方面。

二、城市居民政治效能感的形态及其影响因素

相比较农村村委会的选举，城市社区居委会的选举表现出完全不同的景观。城市居委会选举的开端并不是居民自身需要的体现，而是国家城市治理的需要。由于城市经济的快速发展，催生了许多新兴产业，农民工的涌入以及城市职业选择的多样性，有许多人员由原来的"单位人"转化为"社会人"，导致国家管理真空。因此，社区治理及其职能重新定位就成为当务之急。在这种情况下，参照村民委员会组织法，1989年全国人民代表大会通过了《中华人民共和国城市居民委员会组织法》，并相继在全国各个城市和社区开展了这项工作，而后又在1999年、2000年就城市社区建设和管理问题，国家民政部相继出台了《全国社区建设实验区工作实施方案》和《民政部关于在全国推进城市社区建设的意见》，这些方案和意见始终围绕着城市社区建设，拓展城市社区居委会职能以及相应的社区管理进行了多方面的部署和安排。由此可见，城市社区自治从一开始，就带有较强的动员性和外生性。再加上城市居民委员会在中国行政建制中的历史地位——一直无法摆脱政府职能"末梢神经"的地位和角色，因此，社区居委会在工作中很难真正体现自治，反而表现出很强的行政化特点。社区居委会在制度安排中的这种尴尬角色以及居民自身需求不强烈，导致了社区自治过程中诸多的问题，与村民自治相比有很大的差距，基本上无法体现自治的性质。尽管如此，这20多年的社区居委会选举也在全国各地如火如荼地展开。据调查，自2001年以来，全国30个省份安排了社区居民委员会选举，并且试行了直接选举和"海选"以及"无候选人选举"等多种选举方法，虽然很多社区居委会的选举还是采取间接选举，即户代表选举制居多，但至少能说明城市居民委员会选举成为居民政治生活中一项存在。根据民政部2006年的统计，我国当年的城市居民委员会选举的投

票率为 70.02%，个别地区甚至达到 90% 以上。有人认为城市居民委员会的选举使得居民的民主法治理念进一步强化，参与过程在延伸，参与程度在提高。①

在山西，社区居委会的选举时间尚短，而且各地区的进程也有较大差距。从本研究中选择的样本社区所在地域看，B 市的居委会选举在全省各地区是比较领先的，其次是 A 市，最后是 C 市。这种状态以及社区居民的特点在政治效能感上又会有哪些表现呢？

（一）城市居民政治效能感的形态

1. 城市居民社区政治效能感的形态

市民社区政治效能感主要想考察其对于社区规章制度、社区选举及其相关制度的了解关注程度以及能否影响居委会的决策和安排等，也想了解居委会对于市民需求的重视和回应程度在居民主观感知上的表现。

由表 3-14 可知，市民社区总体政治效能感已超出平均数，说明市民政治效能感较高，社区内在政治效能感低于社区外在政治效能感并且存在显著差异，说明市民对于自身对居委会选举以及影响力感知较差，而认为居民委员会对于市民的要求和回应较好。进一步分析发现，市民的了解型政治效能感与影响型政治效能感之间并未形成显著差异（显著性指数为 0.22 > 0.05），市民的了解型政治效能感的平均数基本与影响型政治效能感的平均数持平（2.44 > 2.43），说明市民认为能够影响居委会选举和说服居委会干部的感知上与对居委会一般知识的了解方面没有太大的差异。具体来看，在了解型政治效能感的三个题目中，平均数最高的是对社区居委会的关注程度，均数达到 2.60，而其他两个题目的均数远远低于这一题目。这一数字也超过了村民对于村委会的关注度。这一结果表明，市民并不像我们想象的那样对社区的选举不关注，只是

---

① 房宁：《中国政治参与报告》，社会科学文献出版社 2011 年版，第 93—95 页。

关注表现的方式不一样。在与 B 市某街道办书记座谈时,书记也说道:"现在的市民比以前重视居委会的工作,以前根本不了解,现在的市民遇到问题,无法解决的时候,去找居委会,居委会选举我们不知道、不了解,怎么会这样?"然而另一个方面,很多的市民又表现出对居委会选举程序的不了解。这种两面性,恰恰说明,居委会选举在市民心目中的认识。至于社区影响型政治效能感,我们分解了两个题目发现,市民仍然认为他们对于最后的选举结果是有影响的。市民认为能够影响选举结果的人数大约占到 55.3%。从社区观察到的现象以及了解到的情况,原以为市民的政治效能感,尤其是内在政治效能感应该比较低,与村民相比较更应该低,但是结果显示情况并非如此。造成这一结果的原因大概有两点:第一,数据采集有问题,涉及问卷的设计等。第二,排除技术原因,市民社区内在政治效能感高的原因无外乎与市民受教育程度高有关,或者其在日常生活中耳濡目染的政治媒体和信息,就足以强化其内在政治效能感,而不需要依靠政治现实即选举参与的影响和锻炼。

表 3-14　城市居民社区政治效能感及其维度上的平均数、标准差和 T 检验

类型	平均数	标准差	T
社区政治效能感	2.53	0.44	
社区内在政治效能感	2.44	0.48	-7.80***
社区外在政治效能感	2.64	0.54	

注:* $p<0.05$;** $p<0.01$;*** $p<0.001$

有趣的是,在下面设计的题目中问道:"如果居委会的某项决定损害了您的利益,您一般会怎么做?"有近一半的市民选择向上反映,而有 21.8% 的市民选择不配合和抵抗,只有 28.1% 的人选择被迫服从,由这一结果,我们可以看出城市市民在自己权益受到损害时的积极性和主动性要高。在选择向上反映的市民中,有 43.1% 的市民会直接去居委会

反映，26.7%市民选择一个人去，20.6%的市民会选择叫上相关的人员去，这一比例要远远高于乡村。乡村问卷中，有53.9%的村民会选择被迫服从，有22.2%的人选择一个人去反映问题，而只有8.6%的人会选择与其他人一起去反映情况。由此说明，市民的社区内在政治效能感确实较村民的村庄内在政治效能感高，尽管这种内在政治效能感也表现在居委会选举上，但是市民的这种社区内在政治效能感已具有弥漫性（diffusivity）和系统化（systematism）的趋势。

市民的社区外在政治效能感高于社区内在政治效能感，显示出与内在政治效能感的显著差异。进一步分析发现，回应型政治效能感要高于重视型政治效能感（2.64＞2.55），这两者之间也存在显著差异。由此可见，市民对于居委会的回应感觉很高，认为居委会会帮助其处理问题并能听取其意见。高取向的回应型政治效能感不仅说明了市民对于居委会的依赖，更大程度上说明，居委会的服务职能体现较好，市民对其的感知良好，这也充分说明在社区居委会这一级，市民自认为与居委会的关系是比较融洽的，也是比较信任居委会的。

2. 城市居民政府政治效能感的表现

城市居民对于政府的态度倾向又呈现出怎样的特点？见表3–15。

表3–15 城市居民政府政治效能感及其维度的平均数与标准差

政治效能感	平均数	标准差
政府政治效能感	2.51	0.38
政府内在政治效能感	2.39	0.39
政府外在政治效能感	2.47	0.50

表3–15显示，城市居民对于政府的政治效能感中等偏高，对于政府的总体能力感知较好，将这种偏高的政治效能感进一步分解可以看出，外在政治效能感要高于内在政治效能感，说明市民仍然以为政府以及政府官员及其决策对于老百姓的要求比较重视，并且能给予回应；而

市民对于自身了解和影响政府和政府官员的能力感知偏低，这种状况表明市民认为在态度倾向上自己无力影响政治，相对来说，对于市民而言，政府是一个"强政府"。同时看到，市民对于政府的效能感在总体、内在、外在上均不如对于社区的反映，这表明市民与社区的关系要近于政府。

具体分析，在市民内在政治效能感方面，社区了解型政治效能感远高于社区影响型政治效能感（2.66＞2.21），从这一结果可以看出，城市居民对于政治知识的了解程度非常高，但其影响力的感知非常有限。进一步分析，在了解型政治效能感的两个题目中，市民多数选择关注国家大事，人数比例达到72.2%；市民获取相关政治信息，94.6%的人会选择电视，46.4%的市民选择网络，44.7%的市民选择报刊。虽然，城市居民与农村居民在选择获取政治信息的管道上也都是选择电视居多，但是，在其他管道的选择上，城市居民的选择比例远远高于村民。市民获取政治信息渠道多元化的特点有助于其了解型政治效能感的提升。但是在问到，一般市民都不了解如何去政府办事？有63.2%的市民选择同意这种说法。

对于政府外在政治效能感，由表3-15中可以看到市民的政府重视型政治效能感要高于政府回应型政治效能感（2.67＞2.46），在重视型政治效能感的四个题目中，市民选择人大代表关注老百姓的心声的高达65.5%，对于政府部门、决策和官员的重视程度感知则较低，最低的是对官员的主观感知，仅为38%。在回应型政治效能感中，有52%的市民认为政府官员不会认真对待他们办理的事情，而对政府部门的感知则较为积极，有53.2%的市民认为政府会答应办理他们的事情。

市民社区政治效能感属于中等水平，社区内在政治效能感水平中等偏低，社区外在政治效能感水平属于中等偏高水平。市民关于社区的政治态度表明市民的民主态度远比我们想象得要好，市民没有经历过较长选举训练的学习，但是已经形成较为适度的政治效能感，令人欣慰。然而，我们也看到，市民的社区内在政治效能感仍然偏低，了解型内在政治效能感和影响型内在政治效能感均不足；市民社区外在政治效能感很高，说明他们对社区居委会较满意，也很信任。

市民政府政治效能感属于中等水平，但是政府内在政治效能感和政府外在政治效能感均低于平均水平。说明市民对于政府的认知和自觉影响力比较差，政府在市民生活中距离比较远。这一特点与西方民主国家的民众表现颇为类似，由于他们与社区居委会在空间上更为接近，相关信息比较多，也更容易接触和影响，相对于政府来讲，更为亲切，日常生活中也就较为依赖和信任。

（二）影响城市居民社区政治效能感的因素分析

对于城市居民而言，社会人口学变量对于其政治效能感有何影响？会不会出现与现代化理论相似的结论呢？他们是不是也会受到地域和相关因素的影响？

1. 社会人口学因素

社会人口学因素依然是考察城市居民政治效能感形成和变化的基本变量。依据已有的理论，我们设计了年龄、性别、受教育程度、人均经济收入以及是否党员等变量进行研究。

（1）年龄与市民社区政治效能感

在城市居民中，不同年龄段的市民是否会在政治效能感以及各层次中表现出较大的不同和差异？会不会出生在不同时代的人政治效能感不同？我们运用方差分析进行验证。结果发现：在四个年龄段中，政治效能感的两个维度以及类型中，均没有显示出显著差异。说明不同年龄在政治态度的获得和状态上并没有差异，由此可以推演出不同代际的居民对社区政治效能感并无影响。

在城市社区中，由于社区居委会的选举乃至工作与大多数居民的关系不是很紧密，所以，不会出现老年人更趋向社区公共生活，年轻人不趋向社区公共生活的现象，也不会出现哪一个年龄段的居民更为突出地具有强烈的自主意识和自主行为。

(2) 性别与市民社区政治效能感

市民的社区政治效能感在男、女性别上有无差异，也是社会人口学变量关注的问题之一。结果见表3-16。

表3-16 城市居民社区政治效能感及其维度和类型在性别上的T检验

维度与类型	性别	平均数	标准差	T值
社区政治效能感	男	2.52	0.40	6.00*
	女	2.49	0.46	
社区内在政治效能感	男	2.47	0.43	1.80
	女	2.40	0.49	
了解型政治效能感	男	2.44	0.56	0.62
	女	2.38	0.62	
影响型政治效能感	男	2.53	0.54	1.25
	女	2.43	0.55	
社区外在政治效能感	男	2.58	0.49	7.52**
	女	2.60	0.67	
重视型政治效能感	男	2.50	0.57	9.59**
	女	2.57	0.68	
回应型政治效能感	男	2.65	0.51	1.57
	女	2.64	0.56	

注：* $p<0.05$；** $p<0.01$；*** $p<0.001$

由表3-16可见，城市居民在社区总体政治效能感、社区外在政治效能感方面表现出男、女性别的差异，总体政治效能感是男性高于女性，但是在外在政治效能感上则是女性高于男性，这种显著差异主要体现在重视型政治效能感方面。其他方面均没有显示出性别的差异。由此可见，城市中男、女的差异并没有造成太多的政治态度差异，反而，女性在政治态度方面有超越男性的趋向。女性居民在了解型政治效能感、影响型政治效能感方面基本与男性居民趋平，这说明在社区中，女性或许是社区建设和动员的重点对象，使其无形中增加了对社区知识和选举的了解；另一方面也表明女性在政治信息的了解和对政治相关活动的自我感知方面有较大的提高，基本没有传统社会那种"男主外，女主内"的意识，更没有"女子无才便是德"的观点，在政治态度的获得和表现上呈现出男女平等的状态。这或许得益于城市的发展以及现代化的发展对于城市居民的冲击，也得益于城市女性自我意识、独立意识发展的结果。

（3）受教育程度与市民社区政治效能感

应该说市民的受教育程度会随着国家经济发展而提高，受教育程度高的市民是否在政治效能感上也有所表现，这是我们重点考察的问题之一。见表3-17。表中显示，市民在总体政治效能感、社区内在政治效能感和了解型政治效能感、社区外在政治效能感、社区重视型政治效能感方面均没有显示受教育程度不同而导致的差异。由此可以基本判定，居民的社区政治效能感没有受到教育程度的影响，未得出西方现代化理论中"受教育程度愈高，居民政治效能感愈高"的结论。

但是在影响型政治效能感和回应型政治效能感方面则显示出显著差异。由于影响型政治效能感是较高类型的政治效能感，更多地体现着市民对自我政治能力的认知，受教育程度高的市民会自认为自己的影响力大于受教育程度低的市民；同理，高层次的回应型政治效能感，教育程度高的市民更能明确社区基本职能和服务化转向，在理解问题上较为深入，因此，会认为社区居委会会更好地回应他们的要求。

表3-17 城市居民受教育程度在政治效能感及其维度和类型上的方差分析

维度与类型	受教育程度	样本数	平均数	F值
政治效能感	不识字 小学 初中 高中或中专 本科或大专	4 16 116 188 103	2.28 2.31 2.50 2.49 2.58	2.04
内在政治效能感	不识字 小学 初中 高中或中专 本科或大专	4 16 116 188 103	2.25 2.29 2.41 2.42 2.52	1.58
了解型政治效能感	不识字 小学 初中 高中或中专 本科或大专	4 16 116 188 103	2.00 2.40 2.41 2.40 2.43	0.52
影响型政治效能感	不识字 小学 初中 高中或中专 本科或大专	4 16 116 188 103	2.63 2.12 2.41 2.45 2.65	5.10***
外在政治效能感	不识字 小学 初中 高中或中专 本科或大专	4 16 116 188 103	2.31 2.33 2.61 2.58 2.66	1.75
重视型政治效能感	不识字 小学 初中 高中或中专 本科或大专	4 16 116 188 103	2.25 2.28 2.58 2.54 2.57	1.10
回应型政治效能感	不识字 小学 初中 高中或中专 本科或大专	4 16 116 188 103	2.38 2.38 2.64 2.61 2.75	2.50*

注：* $p<0.05$；** $p<0.01$；*** $p<0.001$

(4) 经济收入与市民社区政治效能感

由于市民的经济收入一般是按月计算,因此,在问卷设计时也是依照平均月收入划分为六档,由此了解经济收入的差距能否带来政治效能感的不同。由于这一内容涉及个人的经济隐私,有51人选择了拒答和不知道。由表3-18可见,市民人均月收入的不同在政治效能感、影响型政治效能感和回应型政治效能感三个方面有显著差异,在其他类型的政治效能感上并没有体现出显著差异,而且不管是有无显著差异的选项均没有体现出随着经济收入的提升,政治效能感也提升的结果,体现出一个比较复杂的"折"字形。仔细分析数据,发现市民中的每月平均经济收入在3000—4999元之间的群体除在社区外在政治效能感上稍低以外,在其他社区政治效能感方面均较高。这是否可以说明城市中产阶级的政治效能感会比低收入和高收入群体要高呢?

表3-18 城市居民经济收入在社区政治效能感及其维度和类型上的方差分析

维度与类型	平均经济收入水平(月)	平均数	F值
社区政治效能感	999元以下 1000—2999元 3000—4999元 5000—7999元 8000—9999元 10000元以上	2.56 2.50 2.64 2.39 2.83 2.41	2.15*
内在政治效能感	999元以下 1000—2999元 3000—4999元 5000—7999元 8000—9999元 10000元以上	2.60 2.43 2.57 2.33 2.70 2.38	1.44
了解型政治效能感	999元以下 1000—2999元 3000—4999元 5000—7999元 8000—9999元 10000元以上	2.46 2.43 2.49 2.22 2.50 2.23	1.39

(续表)

维度与类型	平均经济收入水平（月）	平均数	F值
影响型政治效能感	999元以下 1000—2999元 3000—4999元 5000—7999元 8000—9999元 10000元以上	2.49 2.43 2.68 2.50 3.00 2.60	1.88*
外在政治效能感	999元以下 1000—2999元 3000—4999元 5000—7999元 8000—9999元 10000元以上	2.43 2.39 2.39 2.55 2.36 2.52	1.45
重视型政治效能感	999元以下 1000—2999元 3000—4999元 5000—7999元 8000—9999元 10000元以上	2.62 2.54 2.66 2.30 3.00 2.25	1.54
回应型政治效能感	999元以下 1000—2999元 3000—4999元 5000—7999元 8000—9999元 10000元以上	2.71 2.64 2.78 2.60 3.00 2.65	2.32*

注：*$p<0.05$；**$p<0.01$；***$p<0.001$

对于我国中产阶层（middle class）的界定，李培林主张采用经济收入、教育程度和职业综合指数来说明中产阶级。从收入角度讲，他认为家庭年人均收入为14001—35000元为中等收入家庭，[①] 如果用经济发展因素衡量的话，本研究中的每月收入在3000—4999元的群体应该属于李培林所说的中产阶级。中产阶级在社会政治生活中的影响力和推动力在

---

① 李培林、张翼：《中国中产阶级的规模、认同和社会态度》，载《社会》，2008年第2期，第1—4页。

学界的研究也非常丰富,西方学者曾就中产阶级的政治社会功能提出多种观点,亚里士多德认为,一个社会中中产阶级越壮大,社会就越稳定。① 利普塞特也指出,社会富裕程度和经济发展水平与民主制度密切相关,中产阶级的发展必然伴随着政治民主。② 亨廷顿也指出,第三波民主化进程的最积极支持者来自于中产阶级。③ 对于中国的中产阶级,中国学者也做了较为细致的研究,研究结论也不一致。争论焦点在于中国中产阶级的边界、标准以及功效,就功效而言,有人以为中产阶级是社会的稳定器,有人以为是政治改革的促进者,是中国民主政治的依赖者。④ 从本研究可见,中产阶级确实在政治效能感和各个类型的政治效能感上显示出较高的趋向。这说明城市中产阶级在政治效能感上的表现具备了影响政府决策以及政治参与的自我认知能力,这种能力一方面会提升中产阶级参与政治的诉求,成为潜在的态度积淀;另一方面也为中国民主政治的推进做好了动力准备。

但是有学者的研究指出,在中国这样的威权国家中中产阶层并没有支持民主的政治态度。⑤ 这一点在本研究中也得到证实,从表 3-18 和图 3-3 可以看出,市民中的中产阶层的作用并不凸显,而且在影响型

---

① [古希腊] 亚里士多德:《政治学》,吴寿彭译,商务印书馆 2007 年版,第 209 页。
② [美] 利普赛特:《政治人——政治的社会基础》,刘钢敏、聂蓉译,上海世纪出版社 2011 年版,第 33 页。
③ [美] 塞缪尔·亨廷顿:《第三波:20 世纪后期民主化浪潮》,刘军宁译,上海三联书店 1998 年版,第 77 页。
④ 对于中国中产阶级的争议,有很多学者的研究,李培林认为,中国已经有了中产阶级,占到全国人口的 12.1%。见李培林、张翼:《中国中产阶级的规模、认同和社会态度》,载《社会》,2008 年第 2 期,第 1 页。郑永年则认为,中国还没有形成中产阶级。见郑永年:《谁"偷走"了中国的中产阶级?》,载《联合早报》,2011 年 5 月 3 日。李春玲的研究认为,中国的中产阶级目前是社会的稳定剂,见李春玲:《寻求变革还是安于现状:中产阶级社会政治态度测量》,载《社会》,2011 年第 2 期,第 125 页。
⑤ Jie Chen & Chunlong Lu, Democratization and the Middle Class in China: The Middle Class's Attitudes toward Democracy, *Political research Quarterly*, Vol. 64, No. 3, September 2011, p. 705.

政治效能感和回应型政治效能感上的差异也不是很显著。这或许说明中国的中产阶层的民主政治态度并没有完全形成和发挥作用。

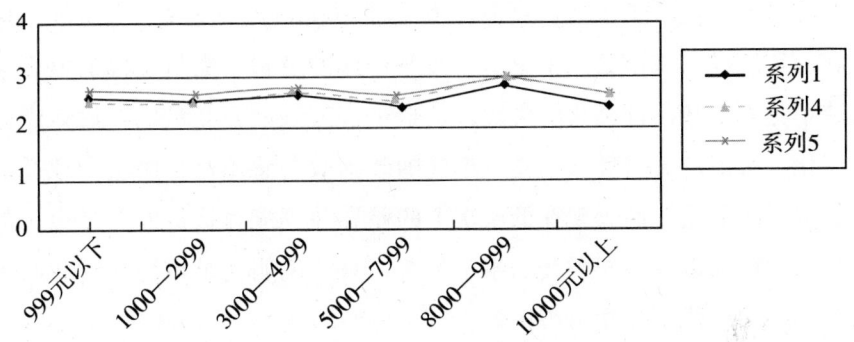

图3-3 不同经济收入水平市民的政治效能感关系图

（5）政治面貌与市民社区政治效能感

在中国，对于普通百姓来说，是否是党员其实是其政治身份的一种标志，也是一种政治资本，当然，在各种政治活动中，党组织对党员的要求也不同于一般百姓，要求党员起到"模范带头"作用，所以，中国共产党不管是在哪一层级的组织中，工作首先依赖和动员的是党员，这种教育刺激无形中会强化党员的身份意识和思想意识，增强其政治态度与组织的一致性，也就会在这些方面表现出与一般百姓的不同。国内有关社区治理的研究中，有人提及在社区建设中，居委会的管理和自治主要依赖三个方面，一是关键群众（critical mass），其中就包括社区的党员，二是物质刺激，三是面子关系。"关键群众"在社区动员中作用就是通过党员或者退休干部所建构的社会关系网络进行的。[①] 如果如此，居民党员的社区政治效能感理所应当与普通市民有所不同。

通过T检验，表3-19显示：党员市民与非党员市民在政治效能感、内在政治效能感、影响型政治效能感、外在政治效能感、重视型政

[①] 熊易寒：《社区选举：在政治冷漠与高投票率之间》，载《社会》，2008年第3期，第183—184页。

治效能感以及回应型政治效能感等方面均没有显著差异,只是在了解型政治效能感上稍有差异。由此可知,居民党员的政治身份并没有在政治效能感及其维度、类型上体现其"优越性和先进性",政治身份的世俗化和一致性也在城市居民中泛滥,按照这样的逻辑,党员市民的世俗化反映了党组织政治社会化的失败,这也更多地表明,党员的归属意识已经弱化。所谓的关键群众中党员市民的政治效能感不高,则会导致社区动员力量的弱化。而表现在低层次上的差异并不能直接促发党员市民的政治参与行为以及与居委会的亲密关系,只是说明党员市民在自我政治了解的感知要优于非党员市民。

表3-19 党员与非党员市民在社区政治效能感及其维度和类型上的T检验

维度与类型	政治面貌	平均数	T值
政治效能感	党员 非党员	2.63 2.47	1.28
内在政治效能感	党员 非党员	2.60 2.39	1.19
了解型政治效能感	党员 非党员	2.57 2.36	4.70*
影响型政治效能感	党员 非党员	2.65 2.43	0.95
外在政治效能感	党员 非党员	2.66 2.58	0.66
重视型政治效能感	党员 非党员	2.60 2.53	0.28
回应型政治效能感	党员 非党员	2.72 2.62	0.02

注:* $p<0.05$;** $p<0.01$;*** $p<0.001$

2. 不同区域环境对市民社区政治效能感的影响

分布在山西省南部、中部和北部的城市社区,虽然都归属一个省份，但是区域之间的差异会表现在经济、社会结构以及文化发展等各个层面，而且在社区自治和社区建设方面的差距较大，以社区居委会选举为例，晋北地区城市的社区居委会干部还是任命制，晋中地区的居委会选举和晋南地区的选举基本上是面试、笔试基础上的公开选举，这几年有采取户代表制、比例代表制以及以楼组长为主的选举办法。从社区管理和治理来看，表现出晋中稍好，晋南和晋北较弱的趋势。从经济发展来看，据2009年太原市统计调查信息网的统计数据显示，[①] B 市2008 年城镇居民人均可支配为15230 元，C 市是13997 元，A 市是12748 元，这些不同是否会影响市民政治态度的状况？运用方差分析考察这三个地区三个社区的情况。见表3-20。

表3-20 三个社区市民社区政治效能感及其维度和类型上的方差分析

维度与类型	Sa 社区 平均数	Sb$_2$ 社区 平均数	Sc 社区 平均数	F 值
社区政治效能感	2.50	2.68	2.39	9.01***
内在政治效能感	2.39	2.59	2.41	5.10**
了解型政治效能感	2.36	2.66	2.25	9.07***
影响型政治效能感	2.44	2.48	2.66	4.44**
外在政治效能感	2.63	2.81	2.38	11.29***
重视型政治效能感	2.58	2.81	2.28	12.70***
回应型政治效能感	2.68	2.80	2.48	6.88***
样本数	146	100	81	327

注：* $p<0.05$；** $p<0.01$；*** $p<0.001$

由表3-20 所示，三个不同属地的社区居民在社区政治效能感以及各维度、类型上都显示出显著的地区差异。从总的社区政治效能感、社

---

① 《太原市统计调查信息网》，http://www.tydcd.sx.cn/index.htm（访问时间：2009 年3 月3 日）。

区内在政治效能感和社区外在政治效能感看，排序第一的是 B 市 Sb_2 社区，第二是 A 市 Sa 社区，最后是 C 市 Sc 社区；纵向看，B 市 Sb_2 社区的各个政治效能感均高于其他社区。相比较，C 市 Sc 居民社区政治效能感均低于其他社区居民。那么是不是政治效能感高的社区，其市民受教育程度、人均收入水平以及政治面貌均高于其他社区？还是因为其他原因导致其政治效能感高呢？经交叉列表分析，可以发现，B 市 Sb_2 社区市民个人收入水平并没有 C 市 Sc 社区的高，受教育程度也没有 A 市 Sa 社区高，党员比例也不占优势。这也再次印证居民受教育程度、经济收入水平乃至社区选举的多少并不是影响其社区政治效能感的主要因素。那么，导致 B 市 Sb_2 社区居民政治效能感高的原因是什么？导致其他两个社区市民社区政治效能感低的原因是什么？

依据我们的实地观察和了解，B 市 Sb_2 社区居委会干部与居民的亲和力要好于其他社区，社区居民对于他们的评价较高，很多居民认为社区居委会的干部服务意识强，服务态度好，这与当前太原市开始着力于社区管理，强化社区服务职能有着较大的关联性。同时，为了应对上面各部门的检查，很多时候社区居委会干部是有求于居民，所以，当居委会干部与居民之间的关系比较融洽时，居民也会对他们有一个较为积极的反映。从这个意义上说，制度运行的好与坏是影响居民社区政治效能感的重要因素。这点在我们的调研中感受非常明显，大部分居民对于居委会及其干部的工作都是肯定的，评价是积极的。

社区中一位 47 岁的妇女

问："您平时接触过什么干部吗？像社区干部啊，街道干部啊，等等。"

答："社区干部接触过，去年我退休去社区盖章就接触过，这些人工作还是不错的。"（2011918）

从居民社区政治效能感来看，Sb_2 社区居民的内在政治效能感较高是因为他们的社区了解型政治效能感较高，而与影响型政治效能感关系不大。较低的影响型内在社区政治效能感说明市民在对社区选举和居委会的工作中的无力感，而且这种无力感表现得更为明显。下面的对话反映得非常明确。

Sb_2 社区一位 60 岁的退休职工

问："您有没有劝说别人参加投票？"

答："没有，社区居委会换届选举，我基本上都不怎么去，要是恰巧碰上单位休息，有时间才去参加社区选举。这事参加的很少。社区居委会选举不比人家村委会选举，没啥利益可争，选谁都差不多。"

问："一般情况下，您觉得像您一样的居民能不能影响居委会所做的决定？"

答："不可能，我们本身和他们的接触就少，我们也不去烦扰人家，相应的他们也干涉不了我们什么。"（2011918）

从对话中不难看出市民对于社区选举和公共事务的一般看法和基本态度。

A 市的 Sa 社区和 C 市的 Sc 社区，实行社区选举时间较短，而且参与社区选举的居民有限，所以相比较太原社区而言，就有极大的局限性。因此，我们可以推断，社区居民委员会选举法的落实和实行在很大程度上影响了社区居民的政治效能感，制度执行得好的和时间长的，居民政治效能感较好。反之则较差。所以制度的运行和实施是民主政治产生的基本保障。

3. 干群"关系"在市民社区政治效能感中的作用

在问卷中，我们设计了一个题目来反映干群关系对于回应型政治效能感的影响,即"有人说,只要和干部有关系,他们会很快解决你的问题,你同意不同意这种说法"?有68.6%的居民同意和较为同意这个说法,有31.4%的居民不同意这个说法。见图3-4。

由此可见,"关系"依然是影响城市居民认识政府回应力的一个重要变量。这种关系观念一定程度上冲淡了城市居民对于社区居委会乃至政府的信任度,不利于城市居民政治态度的良性生成。

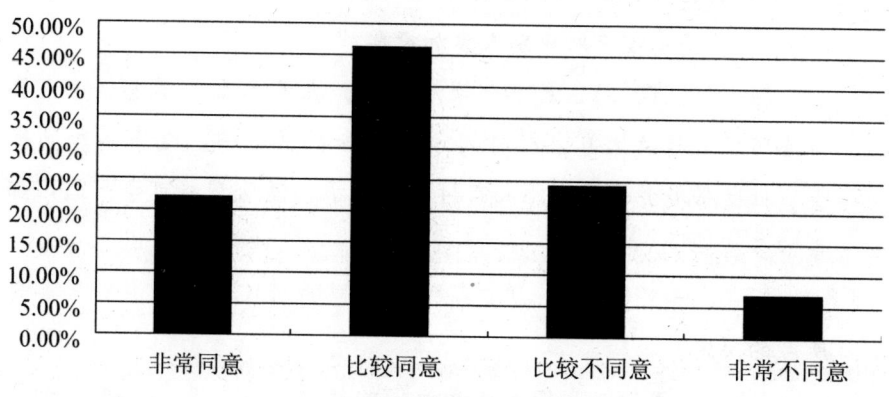

图3-4 "关系"在城市居民中的认识比例

综上,城市居民社区政治效能感总体中等偏上,属于一种适度的政治效能感,市民社区内在政治效能感仍然偏低,市民社区外在政治效能感属于较高水平。反映出社区市民外在政治效能感高于内在政治效能感的特点。从政治系统理论来看,社区居民的政治效能感仍是以"输出"为主的态度表现,更多地依赖社区居委会和干部,虽然这种依赖是积极的、信任的,但"输入"的主观能力感知依然不足,"软弱无力"的主观能力感依然是社区居民的主要表现,无法体现民主政治所需的必要政治效能感。

城市居民政府政治效能感在总体政治效能感、政府内在政治效能感和外在政治效能感上均低于社区政治效能感,这一点与西方国家颇为类似。但是依然是政府外在政治效能感高于政府内在政治效能感。

城市居民社区政治效能感没有受到年龄、职业的影响，在政治面貌、性别、受教育程度、经济收入等方面都是个别政治效能感受到影响，没有表现出受教育程度越高，市民政治效能感越高的趋势；同样没有表现出经济收入的提高必然引起政治效能感的提升；没有党员与非党员之间的区别。抛开这些社会人口学因素，我们看到的是地域差距在城市居民社区政治效能感上存在显著差异。由此我们推断制度的贯彻和实施或许是引发不同地域政治效能感不同的主要原因。

三、小结

通过本章的研究，可以得出以下基本结论：第一，村民村庄总体政治效能感、村庄内在政治效能感与村庄外在政治效能感均处于较低水平，未达到中等程度；但相比较而言，村民村庄外在政治效能感要略高于村庄内在政治效能感，而且影响型政治效能感又高于了解型政治效能感，这种影响性主要体现在村委会选举中，故而呈现出"单一型内在政治效能感"加"输出性"政治效能感的特点。第二，村民总体政府政治效能感、政府内在政治效能感和外在政治效能感都相应地高于村庄政治效能感，接近或者超出了中等水平，从而表明村民对于政府，尤其是中央政府的主观感知优于村委会，也反映出村民对于中央政府的好感与认可超越了空间距离。第三，在影响村民村庄政治效能感的社会人口学因素、环境因素和特殊自变量中，环境因素是产生差异的最为关键的因素，说明中国村民村庄政治效能感存在地区性差异；同时，村民的受教育程度、性别、政治面貌、有无关系和物质诱因也进入到影响变量中。分别来看，社会人口学因素中的性别、政治面貌和受教育程度是解释村民村庄内在政治效能感的主要变量；同时关系变量也是影响村民村庄政治效能感的一个独特变量，前文可以看到，除却影响型政治效能感外，其他类型的政治效能感均受到关系变量的影响；而村庄外在政治效能感则受到物质诱因与社会人口学因素的混合影响。

对于市民而言，研究发现：市民的社区政治效能感除社区内在政治效能感稍低外，总体社区政治效能感和社区外在政治效能感已达到中等程度，并且不再拘泥于单一居委会选举层面，表现出弥漫性特点；居民的政府政治效能感表现并不均衡，总体政府政治效能感已达到中等水平，但政府内在政治效能感和外在政治效能感却都处于中等程度之下，显示出市民社区政治效能感高于政府政治效能感的特点。影响市民社区政治效能感的诸多变量中，地域环境的不同也是造成市民社区政治效能感不同的重要变量；社会人口学变量中，受教育程度和性别以及政治面貌均不再影响居民社区政治效能感，经济收入水平同样呈现出"折字"形影响状态。关系变量并没有看出统计学显著影响的意义，但是基本可以推出，关系变量也是影响市民社区政治效能感的重要变量。

总体而言，市民的社区政治效能感要高于村民的村庄政治效能感，但村民的政府政治效能感高于市民，不管是市民的政治效能感还是村民政治效能感都表现出"输出性"政治效能感高于"输入性"政治效能感，也就是城乡居民都体现出社区（村庄）、政府政治效能感中，外在政治效能感高于内在政治效能感的特点。如果用阿尔蒙德的公民文化理论来分析，这种特点依然属于"臣民文化"的状态，城乡居民依然在政治生活中依赖自治组织或者政府更多，相对的自主性依然不够。形成这种状态的主要原因，对于村民来说，受教育程度、地域环境、性别和关系、物质诱因都有较大的关联性，其中较为独特的表现是关系对于村民村庄政治效能感的影响，形成"关系赋权"的特征；对于市民而言，则更为主要的体现是在不同区域中制度执行的差异影响市民的政治效能感。

第四章　城乡居民政治参与的表现及其影响因素

如果说政治效能感是参与政治的内在态度与内在动机,那么政治参与就是这一态度和动机的外在表现和集中体现。中国改革开放的30余年中,整个社会的公民参与发生了巨大的变化。有学者指出,随着国际国内形势的变化以及我国经济、文化等方面的长足发展,我国公民的政治参与在参与动机、参与主体、参与形式、参与意识和参与途径几个方面也出现了一些新的转变。参与动机由起于"信"转变为起于"利";参与主体由"绝对"向"包容"转变;参与形式由"单打独斗"向"团体协作"转变,参与意识由"非理性"向"理性"转变。① 相应地,在乡村社会,除了受到国家现代化、城镇化的影响外,农村自身在村民自治的推动下,村民的政治参与必然也发生了较大的变化,这种变化首先表现为村民成为农村治理的主体,拥有了自我管理、自我教育和自我服务的权利,具有了参与的自主性;其次表现为政治参与的途径和形式逐渐开放和多元化,这不仅体现在村庄选举和投票活动中,还体现在对公共事务的共同关注和积极建言中,同时还出现了许多非制度性参与;最后,村民的政治参与不再被仅仅看作是过程,而更多的以维护自身利

---

① 曾庆亮:《论当前我国公民政治参与的转变》,载《社会科学研究》,2011年第5期,第74页。

益为目的的借助政治参与表达出来的参与,这就说明村民的参与意识也呈现出理性化趋势。不仅如此,由于乡村社会结构的变化,乡村政治参与的主体也出现分化的趋势。总之,村民的政治参与逐渐摆脱了计划体制下的强制性和被动性,逐渐走向市场体制下的自主性和主动性。这一系列的变化,在村民政治参与中是不是非常明显地体现出来,需要验证。

城市居民的政治生活由于经济的发展和社会结构的变化,更多的民众摆脱单位的束缚,走向社会。社区的管理功能、服务功能相应增强。为了更好地发挥社区管理职能、吸纳社会精英,国家启动了社区居委会的选举,试图以此激发居民参与热情,使其在自我管理、自我教育和自我服务的同时,避免国家对社会的管理失控。然而,在现实中,由于居民与社区选举的利益关联度不大,社区自治尚未真正实现,居委会选举进行得并不乐观,没有利益驱动的民主选举也显得格外"冷清"。但是城市居民的政治参与并不仅仅局限于居委会的选举中,所以,有必要对城市居民的政治参与进行深入的了解。

政治参与是普通公民的一种政治行为,这种行为旨在改变或者影响政治系统的行为或者决策。在农村社会中,除了参与人大代表的推选外,村民的政治参与更多地体现在村委会选举以及影响或者改变村委会的决策方面。度量政治参与的标准有很多,台湾学者胡佛认为,"一个人的参与行为应当是有层面、类型、程度、深度和广度的区别"。① 亨廷顿也提出,政治参与基本上可以从广度、范围和强度来衡量。② 借鉴以上理论,本书认为,对于中国城乡居民的政治参与的衡量可以用以下几个标准:第一,政治参与的广度。政治参与的广度,可以用两个指标来衡量,一个是通过城乡居民的参选率来体现;一个是通过城乡居民参与

---

① 胡佛:《方法与理论》,三民书局1998年版,第172页。
② [美]塞缪尔·亨廷顿、琼·纳尔逊:《难以抉择:发展中国家的政治参与》,汪晓寿、吴志华、项继权译,华夏出版社1989年版,第12页。

的活动和内容来体现。参选率是在数量上反映参与人数的多寡,参与的活动和内容越多说明人们影响公共事务的对象越多。另一个则是政治参与的范围,也可以分为两个方面,一是接触的人员和参与的管道,一般而言,接触人员越多,层次越高,说明公民的影响力越大,范围越广;参与管道的多样化,则说明参与途径的多样化。第二,政治参与的深度,它是指影响政治系统的程度,民众政治参与并不是在一个平面上展开的,而是有阶梯的,可以体现为逐渐增强的趋势,本书将城乡居民的政治参与划分为三个层次,即最低层次为维持性政治参与,指的是为了维持政治系统正常运作而展开的政治参与活动,成员会表现出维持本社会组织基本的服从;其次是推动性政治参与,表现为城乡居民更多地对公共事务表达不满和建议的过程,甚至会产生过激行为,这种参与的公共性和对抗性、消极性比较强;最后是敦促性政治参与,它强调不仅自己要参与,还要敦促别人参与公共事务,这种层次的参与带有较强的动员性,因此参与动机强,需求也比较强烈。第三,政治参与的形式。城乡居民参与选举以及相应领域的公共事务是自己主动参与还是动员参与,能够反映出他们参与政治的主动性和积极性。

一、农村居民政治参与的表现及其影响因素

中国基层民主政治开展以来,农村居民的政治生活发生了较大的变化,那么,以村委会选举为主要形式的村民政治参与是不是也相应地具有了很大的改变?还是并没有多大的改变,处于"原地踏步"的状态?

(一) 农村居民政治参与的表现

1. 村民政治参与的广度

(1) 村庄村民的参选率

在调查中,我们了解到,所有村庄的参选率都很高。c_2 村参选率达

到 95% 以上，c_1 村达到 80%，a_1 村 80% 以上，a_2 村 80% 以上，b_2 村 85% 以上，b_1 村 75%。由此可见，村庄的参与率均在 75% 以上。这么高的参选率说明中国村民参与乡村选举的积极性较高，也表明村民自治的制度和政策已经深入人心。另一方面也说明了中国乡村社会在面对政治活动时，仍保持了相当的一致性，当然在这种高参与率中，不排除精神动员和物质刺激的原因。但是据我们访谈的了解，80% 的村民对乡村选举还是很关注并积极参与的。因为村委会选举毕竟是村民日常生活中的一件大事，而且从村民心里讲，多数也愿意选上能干的村长为自己增加"好处"。

一位复转军人说：

"现在的村民自然而然就去了，人人觉悟都高，不用劝，大喇叭一喊，就都主动去了，用不着动员。我们村里都是民主选举，村民拿着选民证，匿名投票。不允许干扰，不受一点压力，自己想选谁就选谁。村民选出村民代表后，村民代表再选出候选人，一步一步来，很正规的。"（2011616）

一位中年男子

问："您关注村委会选举吗？"

答："还是比较关注的，每次村委会的选举我都去，对选举的一些程序也了解一些。"（2011813）

一位 57 岁的村民

问："您关注不关注村里选举？"

答："关注，每届都参加，咱们愿意选谁就选谁，这是咱们的自由，但是也没选出个好干部。村民投票对最后结果起不了作用，都是上面已经定好的人，选举还有什么意义，我就不去投票，直接

弃权。甚至有时选举，候选人之间明争暗斗，一次选举不成，直至选举了十几次。"（2011616）

（2）村民政治参与的活动与管道

在乡村中，村民的政治参与可以涉及很多方面：接触干部向其反映问题，发表意见以及参与选举等。见表4-1。

表4-1明确显示，村民政治参与的内容呈现出"一枝独秀"的单一化趋势，主要集中在村委会选举中，达到93.9%；其次是人大代表选举，比例为13%；再次是与领导接触，占到10.6%。由此可见，中国的乡村社会近30年的公共政治生活主要集中在村委会选举上，其他的民众参与活动则非常有限。这种"一枝独秀"的状况一方面说明选举活动是村民政治参与行为中最为主要的活动，另一方面也说明村民参与活动比较单一，由于其他参与形式的不足，减弱了村民参与的积极性。

表4-1 农村居民参与活动情况一览表

活动种类	人数	（百分比）
听证会	18	2.20%
村委会选举	754	93.90%
人大代表选举	104	13.00%
在网络上发表意见	29	3.60%
向有关领导反映问题	85	10.60%
上访	20	2.50%

从参与管道看，在我们提供了六种方式，即在网络上披露事实，向其他媒体披露、写匿名信、直接找相关领导说、上访和游行中，村民选择最多的是直接找相关领导说（551人，比例是68.6%），由此可见，与领导私下接触仍然是村民主要的一种参与方式，这种私下的、隐秘的方式，隐含着中国传统社会的特质：依赖权威和私下交易。中国传统社会的"官本

位"文化并不仅仅是官场文化的主要内容,而且是中国社会文化的重要内容,民众依赖官员,在很多时候是"求"官员,这种"求"里面一方面是借助"关系",即血缘、地缘、业缘的关系反映问题,试图获得自己所要的利益;另一方面,则是通过金钱的馈赠来解决自己的问题。这种"私人性"的接触,使得公共问题转变成私人问题,进而夹带着人情、面子转化为"馈赠"。这一特点也从村民怎么样反映问题这一题目中表现出来,在我们提供的"向领导反映问题是自己去做,还是联合其他人一起去"这一问题中,大部分村民选择"自己去做"(53.8%)。由此可见,村民的政治参与仍然呈现出"私人化、原子化"的特点。这种"个别接触"式(particularized contacting)的政治参与需要村民个体更大的主动性和坚持不懈的精神,但是也说明对于较为贫困的村民来说,可以通过组织机构解决个人困难和谋求个人利益的范围较小。[①] 从调查中发现,村民生活中接触最多的人还是村委干部、其次是大学生村官,再次是乡镇领导这些与村民生活较为紧密的人员。这种现状是对村民政治参与的最好诠释。

但在另一方面,也可以看到,村民对社会公共问题,尤其是关切自己利益的事情都表示出极强的关注,并且多有讨论而且间接表达了他们的愿望,这本身也可看做是政治参与活动的前期准备。村民在日常生活中会谈论与关心哪些问题,他们又会在哪些方面发表自己的意见?我们设计了12个问题进行调查。调查结果见表4-2。

表4-2 农村居民发表意见的百分比

问题	教育	医疗	腐败	选举	低保	房屋拆迁	干部作风
百分比%	51.4	64.6	31.5	55	57.2	23.3	24.9
问题	宅基地	养老保险	就业	基础设施建设	其他		
百分比%	19	56.9	26	29.8	3.1		

---

① [美]塞缪尔·亨廷顿、琼·纳尔逊:《难以抉择:发展中国家的政治参与》,汪晓寿、吴志华、项继权译,华夏出版社1989年版,第144页。

由表 4-2 可见，村民发表意见的内容覆盖日常生活中的各个方面，发表意见的人数超过 50% 以上的有医疗、低保、养老保险、选举和教育五个方面，这些问题全部与村民的政治社会生活息息相关，也是村民生活的主要方面。从这一角度讲，村民的政治关注是较为广泛的。

2. 村民政治参与的深度

从理论上讲，村民的政治参与应该呈现出深度上的差异。在设计的政治参与的三种类型中，应该是从维持性政治参与到推动性政治参与再到敦促性政治参与，深度依次增加。但是村民政治参与的深度究竟如何？见表 4-3。

表 4-3　农村居民政治参与及其深度的平均数、标准差

参与类型	平均数	标准差
维持性政治参与	2.14	0.60
推动性政治参与	1.38	0.46
敦促性政治参与	1.29	0.52
总体政治参与	1.61	0.40

表 4-3 表明，村民的总体政治参与水平很低，仅为 1.61，在各个层次和类型中，维持性政治参与高于推动性政治参与，推动性政治参与高于敦促性政治参与。维持性政治参与较高，但也均低于平均水平（2.14＜2.5）。

（1）维持性政治参与

维持性政治参与是较低水平的一种政治参与，这种参与主要是维持整个村庄基本的政治运作，也是作为村庄成员的基本作为。我们设计的四个题目主要是围绕村委会选举和村民代表大会或者村民大会展开。由统计分析可见，参与本村村委会投票选举这一行为的百分比达到82.3%，参与其他活动的人员都比较少。比如在接受调查的村民当中，有 83.7% 的村民没有看过候选人的竞选演说，54% 的村民没有与他人谈

论过本村的村委会选举，84.3%的村民没有参加过村民大会。这一现象一方面说明村民参与村庄活动极为稀少，另一方面或许也说明在乡村中村委会和村干部很少组织村民大会，这一推测与我们访谈的结果是一致的，七个村庄的村干部都表示，上任以来，没有开过村民大会，村民代表有，但也很少举行村民代表大会。由此可见，村民的政治参与也体现出"单一化"的倾向。

在我国《村民委员会组织法》中明确规定，村民代表大会和村民大会的召开，以及在村民大会上应该解决的问题。村民会议可以授权村民代表会议审议村民委员会的年度工作报告，评议村民委员会成员的工作，撤销或者变更村民委员会不适当的决定。涉及村民利益的下列事项，经村民会议讨论决定方可办理：（1）本村享受误工补贴的人员及补贴标准；（2）村集体经济所得收益的使用；（3）本村公益事业的兴办和筹资筹劳方案及建设承包方案；（4）土地承包经营方案；（5）村集体经济项目的立项、承包方案；（6）宅基地的使用方案；（7）征地补偿费的使用、分配方案；（8）以借贷、租赁或者其他方式处分村集体财产；（9）村民会议认为应当由村民会议讨论决定涉及村民利益的其他事项。① 由上述调查数据可知，村民参与村民大会的机会几乎没有。由此可见，乡村选举就成为村民可以、能够参与的一项重要活动。村庄中的民主管理、民主选举、民主决策和民主监督的四种方式也仅剩下了民主选举。

在本来有限的民主生活中，村民代表大会和村民大会的缺失无形中使得乡村民主氛围更加稀薄，已经建立的民主观念和态度难以为继，从而导致村民政治参与的热情受阻。

（2）推动性政治参与

推动性政治参与想要了解的是村民在村庄公共事务中公开发表言

---

① 《中华人民共和国村民委员会组织法》，http：//www.gov.cn/flfg/（访问时间：2010年10月28日）。

论，提出意见，体现村庄民主决策和民主监督的重要方式。然而，由表4-3可见，村民的推动性政治参与很低，说明这种较高层次的政治参与极为匮乏。通过进一步了解可以看到这种政治参与在村民中更为直观的表现。见表4-4。

表4-4 农村居民推动性政治参与内容的百分比

内容	表达不满	公共事务提出建议	公开建议	直接反映意见	过激行为
百分比	33	10.7	7.4	11.2	1.5

由表4-4发现，上述各项的百分比人数均没有达到50%，人数最多的是对村里的某些规定表示过不满，这种不满也更多的是自己私下发发牢骚；其次是直接到村委会反映意见，再次是对村里的公共事务管理提出建议。上述这些占村民少数比例的政治参与行为，足以表明村民政治参与行为之稀少的状态。

（3）敦促性政治参与

敦促性政治参与，对于"各扫自家门前雪，哪管他人瓦上霜"的村民来讲，更是难以达到。由统计数据可见，"是否邀请亲朋好友观看村务公开栏"有12.1%的村民选择，"劝说别人投票"的比例为6.7%，"劝说亲朋好友参加村民大会"的比例为9.4%。由此可见，村民敦促性政治参与更为稀少，表明大部分的村民的政治行为依然是"我行我素"、零散的、不成组织的政治行为，无法带动更多的村民参与政治。

综上，村民的政治参与具有较为明显的阶梯性、低层次趋向，同时表现出单一化和原子化的特点，这些特征说明基层民主政治的水平仍然很低，仅仅可以维持村庄最为基本的政治活动。

3. 村民政治参与的形式

对于村民政治参与的主动与被动，我们设计了两个题目，一是考察村民在村委会选举中主动与否，二是考察村民在参加其他公共活动中的主动、被动情况。亨廷顿在论述发展中国家的政治参与时曾经详细分析过动员参与（mobilizing participation）和自动参与（automatic participation），他把动员参与和自动参与都包容于政治参与的范畴内，而且任何自动参与都是起始于动员参与，但是他也明确提出，在民主制度中的自动政治参与的水平就典型地高于独裁制度中的自动政治参与的水平。①

在中国的基层民主政治建设中，村民通过学习和实践，能否成为其政治行为的主宰者？通过考察政治参与的主动与被动能够在一定程度上反映民主的效果。

（1）村民参与村委会选举的主动性与被动性

考察这一问题，设计的问题是"您一般参与村委会选举是哪一种情形"？答案设计了三个选项，即主动参与、在别人动员下参加和动员也不参加。调查结果见表4-5。

表4-5 农村居民参与村委会选举主动性的百分比

情形	主动参与	动员参与	动员也不参与
百分比	61.7%	20.2%	17.7%

从表4-5可见，61.7%以上的村民表示是主动参与村委会的选举，说明村委会选举的动员性质在消退，更多的村民愿意主动参与村委会的选举。但也有少数村民需要动员参与或者根本就不参与。毫无疑问，选举参与是民主政治生活中重要的一项活动，积极主动参与本身就说明村民对村委会选举的主动性，说明其对选举的关注和热衷，这些村民往往也是较为自信的村民；而那些动员参与的村民则表现较为懦弱和不自信。

（2）村民参与公共活动的主动性与动员性

另一个问题是想了解村民参加村里的文化、植树等公共活动一般是

---

① ［美］塞缪尔·亨廷顿、琼·纳尔逊：《难以抉择：发展中国家的政治参与》，汪晓寿、吴志华、项继权译，华夏出版社1989年版，第9页。

怎样的参与情形，设计的答案也是主动参加、在别人动员下参加和动员也不参加三个选项。结果发现如表4-6。表4-6可见，村庄其他公共事务的主动参与与选举参与的主动性有较大的差距，这说明村民并不是热心所有的公共活动，是有选择地关注公共活动，不把投票以外的参与作为村民应尽的义务。

表4-6　农村居民参加村庄公共活动的百分比

情形	主动参与	动员参与	动员也不参与
百分比	47.4%	22.5%	29.8%

通过以上分析，可以得出：村民的政治参与呈现出参与村委会选举的比例较高，参与活动呈现"单一化"趋向，参与管道、范围有限；同时政治参与的深度极浅，仅处于维持性政治参与状态，但是在选举中的主动性多于被动性。

（二）影响农村居民政治参与的因素分析

在村民政治参与中，哪些因素会促进或者阻碍其参与乡村政治活动呢？它们是不是也与西方理论中提到的观点相一致呢？还是具有中国村民政治参与的独特影响机理呢？下面从社会人口学因素、环境因素和特殊变量中一一分析对政治参与广度、深度和形式的影响。

1. 社会人口学因素对村民政治参与广度、深度和形式的影响

（1）哪些村民会参与村委会选举

前已述及，参与村委会选举的村民平均达到93.9%，那么在农村具有哪些特征的村民更多地参与村庄选举呢？通过交叉列表，我们发现：从年龄段上看，参与人数最多的是处于41—55岁这个年龄段的村民（96.8%），其次是56—65岁年龄段的村民（95.3%）。从收入水平看，参与较多的是处于5000—7999元收入的村民（96.8%）以及999元以下的村民（96.7%）；从受教育程度看，参与较多的是初中阶段的村民

(95.8%)和小学阶段村民(95.5%),而高中或者大学毕业的水平的村民的参与率较低;从性别看,男、女参与选举的比例基本持平;从政治面貌看,党员村民的参与比例稍高于非党员村民(96.4%>93.7%)。在选举参与上没有出现年龄段、收入水平、受教育程度等社会人口学变量的显著差异,也就是说社会人口学因素无法解释这种高比例的政治参与。

对于这种高比例的、几乎是全员的选举参与,可以有三方面的解释:第一,这么高的参选率不能排除动员参与的成分,从我们了解的数据当中也充分证明了这一点,主动参与村委会选举的村民有61.7%,还有32.2%的村民是动员参与。在农村,动员性的政治参与主要是以家族和利益相关者为主要的动员者,通过游说、物质刺激进行,家族的政治动员作用依然存在,物质诱因的动员作用逐步增加,调研中,有很多村民表示贿选的存在。第二,政治参与管道的唯一性,村民参与村庄政治活动主要集中在村委会选举中,村民大会与村民代表大会基本形同虚设,财务公开以及相应的公共事务的决策基本上是由村干部集体或者干脆由村长一人决定,调研中有村民这样说:"村里没有村民大会,村里集体的事情要做商量决定,也都是村干部说了算。"(2011616)第三,熟人社会造成的从众心理,村民几乎全部参与选举,也不能排除有些村民存在"跟风随大流"的心理,有村民就说,在一个村庄里,大家都去选举,自己不去面子不好看。村庄的熟人社会结构,无形中就对不参与选举的民众会造成一种压力,在这种压力的驱动下,很多不愿意参与选举的村民也会参与选举。

(2)哪些村民倾向于"个别接触式"的政治参与

法国学者托克维尔在讲述美国的民主时,对于美国人的政治结社颇加赞许:"在美国,以政治为目的的结社自由是无限的"。[①] 阿尔蒙德也以为,有与别人合作的意愿影响政治系统能够提升个体的政治影响力,

---

① [法]托克维尔:《论美国的民主》(上卷),商务印书馆1988年版,第215页。

这说明个体是自信的，是有政治能力的。同时也说明个体之间是信任的、合作的。

在中国基层民主推进中，村民反映问题和提出建议是否具有合作化的趋势，或者哪些人更倾向于与别人合作进行影响活动？

在上述资料中，我们提及68.6%的村民会采取向领导反映问题的方式，依然是一种私人化、原子化的特点去解决自己的问题。究竟哪些村民更倾向采取这种方式，从反面说，就是哪些村民更不愿意用组织化的方式干预政府。通过交叉列表，我们发现，29—40岁有72.6%的村民会去直接找领导，呈现出低龄化趋势；经济收入在8000—9999元的81.1%的村民会采取这种方式，表现出经济收入高的更不愿意合作；初中文化程度有72.5%的村民会直接去找领导；党员村民有78.2%会选择这样的方式，大大高于非党员村民（68%）。由此可见，处于乡村社会中的较高地位或者政治生活中的主流村民会选择单独向领导反映问题。

这些在乡村社会中处于较高地位的人，具备与相关领导认识或者接触的机会，所以他们更喜欢通过私人接触的方式解决他们的问题。

（3）影响村民政治参与深度的社会人口学因素

理论上说，村民政治参与深度会受到人口学因素和地域的影响，我们采用多元回归的统计手段进行分析，试图说明上述自变量中哪些因子是影响村民政治参与的重要变量。在以往的研究中，社会人口学变量主要指民众的社会经济地位，其中受教育程度和经济收入以及政治面貌均是这方面的有力表现，也得出不少有益的结论，而且大多数的研究结论也较为一致。西德尼·维巴认为，在任何特定国家中，收入较多、教育程度较高及职业声望较佳的公民，通常拥有较强烈的动机，因而更常从事政治参与。[1] 万斌的研究也发现，社会地位越高者由于拥有越多的个

---

[1] Verba, S. & N. Nie: *Participation in America：Social Equality and Political Democracy*, N. Y: Harper & Row, 1972, pp. 13 – 19.

人资源，其政治效能感越高，越能感受到自己在政治与社会改变中的影响力，越会觉得参与政治是一件有价值的事情。①

将女性、非党员、不识字、经济收入在999元以下和年龄在18—34岁作为参照变量（控制变量），考察社会人口学变量对村民总体政治参与的影响。见表4-7。

从表4-7可知，在上述五个人口学变量对于政治参与的总的解释度为40.4%，调整后的解释变量为16.3%。其中政治面貌对于政治参与的解释度最大为7.4%；其次是性别为3.8%；再次是受教育程度，解释度为3.5%；经济收入的解释度极小，仅为0.6%，证明了经济收入的增加并不能影响村民政治参与。

表4-7 影响村民政治参与的社会人口学变量的回归分析模型

自变量	系数	（标准误）	adjR（%）
党员（非党员=0）	0.273	0.054***	7.4%
男性（女性=0）	0.200	0.027***	3.8%
受教育程度			3.5%
（不识字=0）			
小学	0.122	0.068	
初中	0.146	0.066	
高中或中专	0.222	0.072***	
本科及本科以上	0.184	0.100***	
经济收入			0.6%
（999元以下=0）			
1000—2999元	0.038	0.050	
3000—4999元	0.022	0.045	
5000—7999元	0.039	0.046	

---

① 万斌、章秀英：《社会地位、政治心理对公民政治参与的影响及其路径》，载《社会科学战线》，2010年第2期，第187页。

(续表)

自变量	系数	(标准误)	adjR (%)
8000—9999 元	0.000	0.058	
10000 元及以上	0.081	0.063*	
年龄			1.0%
(18—34 岁 = 0)			
35—49 岁	0.065	0.041	
50—64 岁	0.149	0.042**	
65 岁以上	0.051	0.067	
样本数	802		
AdjR	0.163		

注：* p < 0.05；** p < 0.01；*** p < 0.001

具体分析，在控制了非党员村民这一变量后，党员与非党员村民对于政治参与存在显著差异，说明党员的政治参与要高于非党员。将总的政治参与分解到维持性政治参与、推动性政治参与和敦促性政治参与方面，我们可以看到党员村民在这三个层面上的参与行为均大大高于非党员村民，尤其在推动性政治参与方面，充分体现了党员村民对于村庄公共事务的推动和影响。见表4-8。

表4-8 党员与非党员村民在不同政治参与深度上的T检验

政治参与的类型	政治面貌	N	平均数	标准差	T值
维持性政治参与	党员 非党员	55 747	2.65 2.10	0.78 0.57	16.27***
推动性政治参与	党员 非党员	55 747	1.80 1.35	0.62 0.43	27.17***
敦促性政治参与	党员 非党员	55 747	1.51 1.28	0.66 0.50	15.19***
总体政治参与	党员 非党员	55 747	2.01 1.58	0.53 0.37	32.22***

注：* p < 0.05；** p < 0.01；*** p < 0.001

从性别角度看，男、女在政治参与方面及其深度类型上存在显著差异，女性的政治参与水平低于男性，这也是中国乡村社会的真实写照。郝秋迪（Jude Howell）的研究认为，在改革开放以来，中国农村妇女在村委会选举中的参与持续下降的原因是由于社会习俗、经济结构、制度规范等因素导致女性和男性在政治生活中的不同地位。[①] 肯特·詹宁斯（M. Kent Jenning）认为中国农村女性的政治参与与男性的政治参与有着极大的不平等，对于这一结论，他提出了三个解释：第一是生活境遇说，由于女性在生活中，她们认为她们更适合看护者而非政治卷入者；第二种解释是男、女在社会中获得的待遇有着明显的差异，作者认为，在中国乡村，女性教育方面、法律方面和经济方面都明显滞后于男性；第三种解释是男女的差异来自于早年的社会化过程，相比较女性，男性更愿意追求公共决策和公共事务，女性则缺少这种动机。[②] 从本研究来看，农村女性受教育程度总体低于男性的解释仍然成立，调查发现，不识字和只有小学文化程度的女性要远远高于男性（56.6% > 39.3%）。或许更为重要的缘由是长期以来中国传统社会"女子无才便是德"的思想仍然根深蒂固，守家看孩子是更多妇女的角色和责任，政治事务离女性很遥远。将总体的政治参与同样分解到维持性政治参与、推动性政治参与和敦促性政治参与三个类型看，得出以下结果：男、女村民在维持性政治参与和推动性政治参与上均有显著差异，而在敦促性政治参与上没有显著差异。见表 4-9。

[①] Jude Howell, "Women's Political Participation in China: in Whose Interests Elections?", *Journal of Contemporary China*, Vol. 49, No. 15, November 2006, pp. 603–619.

[②] M. Kent Jennings, "Gender and political Participation in the Chinese Countryside," *The Journal of politics*, Vol. 60, No. 4, Novernmber 1998, pp. 970–971.

表 4-9　男、女村民在政治参与深度上的 T 检验

政治参与的深度	性别	人数	平均值	T 值
维持性政治参与	男	404	2.29	12.31***
	女	399	1.99	
推动性政治参与	男	404	1.48	42.95***
	女	399	1.27	
敦促性政治参与	男	404	1.31	1.065
	女	399	1.27	

注：* $p<0.05$；** $p<0.01$；*** $p<0.001$

至于受教育程度对于村民政治参与深度的影响，表现出相比较不识字的村民，具有本科及本科以上学历的村民在政治参与上更为积极，这与受教育程度越高，政治参与水平越高的观点基本一致，但只表现在本科水平。通过这一分析，我们发现受教育程度越高，在政治参与上的水平也越高的假设成立。

表 4-7 还显示，村民经济收入的高低与村民的政治参与深度关系不大。证实了前已述及的理论：对于发展中国家而言，经济的增长并不必然带来政治参与的增加和深入。

（4）哪些村民主动参与政治，哪些村民被动参与政治

村民的主动参与和被动参与会不会受到文化程度、政治面貌乃至经济收入的影响？是不是文化程度高的村民、党员村民、经济收入较高的村民、男性村民主动参与的意愿强呢？通过交叉列表，我们发现有以下特点：从人均年经济收入看，确实存在着一定的趋势，那就是随着经济收入的增加，主动参与的村民在增多；从文化程度看，也具有相同的趋势，即随着文化程度的提高，主动参与村民的比例在增加，本科或大专以上学历的村民主动参加的比例达到了 66.7%；从年龄特征看，65 岁以上的村民主动参与的比例最高（77.6%）；从性别上看，依然是男性主动参与的比例高于女性（66.6% >

57.1%）；党员村民主动参与的比例高于非党员村民（74.5% > 61%）。由此可见，参与村委会选举的主动性与否受到社会人口学因素的影响。见图4-1。

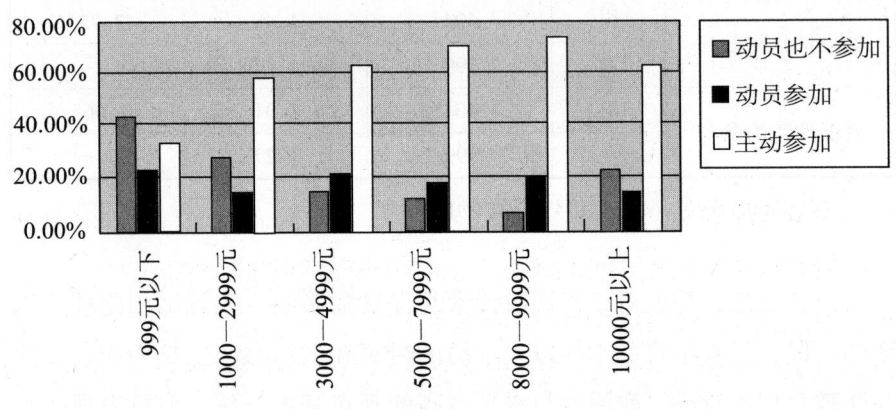

图4-1 不同经济收入村民的主动参与图

2. 不同地域对村民政治参与的影响

不同地域的村民政治参与的广度有所不同，这与村庄所处环境以及村庄自身的特点紧密相关。从村民参与村委会选举来看，c_2 村和 c_1 村的比例较高，而 b_1 村就较低。说明在现代化的发展中，矛盾越多的村庄，冲突越激烈的村庄村民政治参与的需求就越为强烈。c_2 村由于存在家族势力之间的博弈，所以会导致村委会选举参与的增加，因为宗族组织本身在乡村日常生活中就具有参与的功能。[1] 而 c_1 村由于拆迁导致官民之间的矛盾和冲突加大，极大刺激了村民参与欲望。见表4-10。由表4-10可见，四个村庄在政治参与上存在显著差异。

---

[1] 肖唐镖：《宗族政治——村治权力网络的分析》，商务印书馆2010年版，第144—145页。

表4-10　不同地域农村居民政治参与的方差分析

村庄	平均数	标准差	样本数	F值
a_1 村	1.53	0.35	113	4.79**
b_1 村	1.55	0.32	98	
c_2 村	1.69	0.46	126	
c_1 村	1.66	0.40	119	

注：* $p<0.05$；** $p<0.01$；*** $p<0.001$

位于晋北的两个村庄，政治参与的水平都高于晋中和晋南的两个村庄。原因可能是晋北的两个村庄正处于城镇化进程中，中国乡村城镇化不仅催生了经济的迅猛发展，而且在市政建设、房屋拆迁、社会结构变化以及文化等方面均产生了巨大的变化，引发了一个区域的"震动"，这种震动促使处于这一环境中的村民会产生一系列的不适应，这种不适应就会表现在政治参与上。

亨廷顿在《变化社会中的政治秩序》一书中就明确指出："现代化是一个多层面的进程，它涉及人类思想和行为所有领域的变革"。[1] 具体说，"从心理层面讲，现代化涉及价值观念、态度和期望方面的根本性转变，出现一种适应所在环境变化的'转换性人格'。从人口学角度看，现代化意味着生活方式的改变、健康水平和平均寿命的明显提高，职业性和地域性流动的增长，以及个人升降的速度加快。对于政治而言，现代化会促使社会上所有的集团参政的程度"。[2] 亨廷顿认为，在所有的现代化国家里，权威的合理化、结构的离异化和大众参政化就构成了现代政体与传统政体的分水岭。

---

[1] [美] 塞缪尔·亨廷顿：《变化社会中的政治秩序》，王冠华、刘为等译，上海世纪出版社2008年版，第25页。

[2] [美] 塞缪尔·亨廷顿：《变化社会中的政治秩序》，王冠华、刘为等译，上海世纪出版社2008年版，第25—27页。

晋北的这两个村庄就处于这样的环境中。然而，两个村庄相比较，我们又发现在城镇化的裹挟中，宗族倾向大的 c_2 村表现出更为高的政治参与水平，而处于城中村改造的 c_1 村低于 c_2 村，这是什么原因呢？或许由于宗族势力的影响会产生较为激烈的竞争，这种竞争会导致更多的人卷入到各自的家族中，成为参与的核心力量。c_1 村在拆迁中，由于村委会干部充当"傀儡"，这在很大程度上打击了村民的政治参与冲动。

由表 4-11 可知，处于不同地域的村庄的村民在政治参与的深度上存在显著差异，政治参与深度的排序依次是 c_2 村、c_1 村、b_1 村、a_1 村。由此可以发现，在维持性政治参与、推进性政治参与和敦促性政治参与三个层级中，处于最低水平的维持性政治参与在四个村庄中并没有多大的差异，而在推动性政治参与和敦促性政治参与方面表现出非常显著的村庄差异。

表 4-11　四个村庄政治参与深度的方差分析

政治参与的类型	村庄	平均数	标准差	F 值	标准误
维持性政治参与	a_1 b_1 c_2 c_1	2.09 2.13 2.23 2.09	0.60 0.52 0.68 0.52	1.54	
推动性政治参与	a_1 b_1 c_2 c_1	1.23 1.31 1.47 1.57	0.35 0.42 0.50 0.52	13.0***	0.059*** (NX) 0.060*** (ZS) 0.062*** (ZS)
敦促性政治参与	a_1 b_1 c_2 c_1	1.31 1.16 1.35 1.23	0.52 0.32 0.59 0.42	3.42*	0.06* (NX)

注：* $p<0.05$；** $p<0.01$；*** $p<0.001$。

由表 4-11 还可以看到，在推动性政治参与方面，通过雪莱测试，发现晋南传统农村 a_1 村与晋北处于宗族斗争的 c_2 村和处于拆迁冲突的

c_1 村均存在负的显著差异（-0.25 和 -0.34），晋中的 b_1 村与晋北拆迁中的 c_1 村存在负的显著差异（-0.26）。尽管在四个村庄中的推动性政治参与的指数均不高，但是在统计学角度看，仍然具有解释的价值。由于推动性政治参与具有较高的参与强度，公开性和对乡村政策的影响度都很高，对于中国农民来讲，一般不会太多暴露自己的不满，所以在传统乡村 a_1 村村民这方面的表现就比较少，而在现代化推进中的晋北两个农村，这种环境的变迁在很大程度上都促进村民的政治参与，使得较多村民会在公开的场合发表意见，甚至表达不满。

c_1 村一位56岁的中年男性，在回答我们的问题"若村委会的某项决定对咱不公平，您一般会怎样做呢？"时说："和他去反映过，尤其是房屋拆迁和土地征用方面，但是一点作用也不起的。"（2011616）

c_1 村一位27岁的少妇回答我们提出的问题"您向村委会反映过问题吗？"时说："反映过的，就是我们家门前下水道的排水问题，人家不怎么听的。"（2011616）

在 c_2 村，村民更多地反映的是宗族之间的斗争和矛盾，而且宗族之间的说法也不完全相同。而在晋中的 b_1 村则是另外一番景象，村庄比较平静，没有 c_1 的喧闹和争吵，村民表现出冷静的状态。不过村民也是刚从前几年的治理混乱中走过来，村庄在新班子的治理过程中还没有完全恢复，因此，旧有班子遗留的问题以及由此产生的"后遗症"仍然存在，由于这个村庄已经经历了城镇化的洗礼，对于乡村政治的变动和现状，村民也都习以为常，因此原子化状态的村民很难出现公开性行为，对乡村公共事务也不会有太多的关心。

从表4-11可见，在敦促性政治参与方面，c_2 村与 b_1 村的差异最为显著（Scheffe 测试所得，标准误：0.06*），位于朔州城区的具有较激

烈的宗族斗争 c_2 村庄的敦促性政治参与较高，而在 B 市 Xb_1 区的 b_1 村庄的敦促性政治参与最低，这就说明，宗族村庄的家族势力之间的关系较为紧密，形成"拉帮结派"；而在模范村庄 b_1，村民原子化倾向更为严重，关系疏远，也就产生敦促性行为较少。值得注意的是，传统农业村的代表晋南的 a_1 村，村民的敦促性政治参与水平也较高，这似乎可以印证作为熟人社会、缺乏竞争的传统村庄整合度相对较高，也会产生敦促性的政治参与。

综上可知，处于不同地域中的村民在政治参与广度与深度上的不同主要与村庄矛盾与冲突有很大关系，城镇化变迁力度越大，引发矛盾越多，家族势力斗争越激烈的村庄都是导致政治参与扩大的重要原因。

3. 干群"关系"与物质诱因对村民政治参与深度的影响

正如前面所述，金钱和关系历来都是中国人情社会中比较重要的两个因子，这两个要素也反映在我们访谈的每一个内容当中，但是，作为自变量，这两个变量是不是也影响村民的政治参与？

在关系方面，我们想了解，与干部关系较近的村民是否在政治参与以及各层级方面更为积极，相比较而言，与干部关系比较疏远的村民在政治参与以及诸方面是不是消极一些？我们采用方差分析和雪莱法进行统计分析。见表 4-12。

由表 4-12 可见，与村干部有关系与否对于政治参与的影响主要体现在维持性政治参与和敦促性政治参与两个方面，从统计分析中可见，维持性政治参与方面，与干部关系近的村民都较其他村民更愿意配合选举活动和其他公共活动；敦促性政治参与方面，与村干部有关系的村民更愿意充当鼓动者的角色进行游说。在推动性政治参与上没有亲疏的差异，由于关系比较紧密，这些村民会在私底下提出建议，而不会在公开场合提出意见，以免与村干部之间的关系破裂，可以这么说，与村干部关系好的村民其实是乡村公共政策和诸多利益的受益者，因此，他们会更加维护和支持村干部的工作，不会使其关系受到影响，带来自身利益的损害。总之可以看到，与村干部关系近的村民政治参与更为积极。

表 4-12 干群"关系"在政治参与及其深度上的方差分析

政治参与	干群关系	平均数	标准差	F 值	标准误
总政治参与	亲朋好友 本族的人 街坊邻居 村干部	1.62 1.54 1.57 1.78	0.44 0.30 0.33 0.48	7.05***	0.48* 0.57*** 0.21***
维持性政治参与	亲朋好友 本族的人 街坊邻居 村干部	2.15 1.99 2.10 2.43	0.64 0.54 0.51 0.64	9.42***	0.07* 0.085*** 0.076***
推动性政治参与	亲朋好友 本族的人 街坊邻居 村干部	1.38 1.38 1.46 1.33	0.50 0.40 0.38 0.55	1.69	
敦促性政治参与	亲朋好友 本族的人 街坊邻居 村干部	1.32 1.20 1.25 1.43	0.52 0.38 0.50 0.74	3.80*	0.074*

注：* $p<0.05$；** $p<0.01$；*** $p<0.001$

但是这种以"关系"维系的政治参与并不是民主政治所需要的，民主政治下的政治参与更多地出于对利益和监督的考虑，那种参与是积极公民必备的素质，而非受外因的影响。

物质诱因对于今天的村民来讲其实是一个比较强的刺激，由于30年村委会选举对于很多村民来说，已经是见怪不怪，在村庄中利用这种手段获得选举的胜出，也是村民经常乐道的事情，那么，这种刺激对于村民的政治参与究竟有多大的作用？见表 4-13。

表 4-13　物质诱因在政治参与及其深度上的 T 检验

政治参与	物质诱因	平均数	标准差	T 值
维持性政治参与	1	2.12	0.59	0.72
	2	2.19	0.55	
敦促性政治参与	1	1.45	0.50	11.48***
	2	1.32	0.37	
推动性政治参与	1	1.30	0.51	3.28
	2	1.22	0.46	
总政治参与	1	1.64	0.41	6.63**
	2	1.59	0.33	

注：* $p<0.05$；** $p<0.01$；*** $p<0.001$

由表 4-13 可见，物质诱因在总体的政治参与上存在显著差异，认为存在物质诱因的村民总体参与指数要高，这说明物质诱因对于政治参与是有影响的，并且这种影响主要是体现在推动性政治参与上。那就说明受到别人物质刺激的村民更易参与公开性和非制度性的政治参与，更容易产生公开性的政治参与。究其原因，这种物质刺激不仅带有回馈的含义，更重要的是有"看得起"的意思，中国人在社会互动中，比较看重面子，这种携带物质的叮嘱就具有了这种意味。更为重要的是，当村民接受了这种物质的给予后，也就有了"拿人钱财，替人办事"的感觉，这种感觉可能远远高于政治效能感，从而刺激了推动性政治参与的产生。这种物质刺激在现代化进程中，更多地体现了其功利性，可能在一定程度上会抑制村民内在政治认知和态度的形成，抑制政治效能感的发生。有学者的研究说明了这样的观点："选举动员所运用的物质诱因，常会造成村民的错误认知：他们'学到'参与必须是有报酬的。但如此一来，外在物质诱因的挹注，反将抑制内在参与意识的孕育"。①在运作多年的农村民主中，村民发现谁当选都一样，村干部掌握的集体资产利益都流于私人口袋，既然如此，候选人为了争夺村委会职位而竞争激烈，纷纷以金钱动员村民，村民学习到的是把握眼前拿得到的好处，以免什么都拿不到。简言之，实质的利益报酬成为村民推动性政治参与的主要动因，也可以这么说，外在物质诱因的存在成为推动村民深层次政治参与的主要依赖。

综上，村民政治参与的水平与趋势总体不佳，除了参选率和主动参与的结果令人欣慰外，其他有关村民政治参与的表现可以概括为，政治参与广度不足，集中于村委会选举单一主题，参与管道有限而且多集中于私下接触，参与的范围也不广泛；政治参与水平极低，政治参与的深度严重不足。从影响因素看，影响村民政治参与深度的因子主要有社会人口学因素中的政治面貌、性别，不同村庄的政治生态以及"关系"变量和物质诱因。

二、城市居民政治参与的表现及其影响因素

中国城市社区居委会组织法已经出台 20 多年，全国各地普遍展开了社区居委会的选举，据统计，到 2007 年全国有 30 个省份安排了社区居委会的选举，一些省份还扩大了社区居委会直接选举的范围，并在社区居委会的选举中试行"海选"和"无候选人选举"的方法。② 2006

---

① 在《中国大陆基层选举中的物质诱因与投票动员：以上海"先进"、"发达"村改居为例》一文中认为，中国大陆的基层选举中，由于存在物质诱因的因素导致了村庄选举参与的进行，这种外化的物质拉动刺激村民的政治参与行为，但却弱化了乡村选举的真正的目标的达成，即让村民习得公民意识和相应的政治态度和能力。见张雅雯、耿曙《中国大陆基层选举中的物质诱因与投票动员：以上海"先进"、"发达"村改居为例》，载《东吴政治学报》，2008 年第 4 期，第 145—194 页。

② 张立进：《2001 年以来城市社区居民委员会选举中的居民参与》，见房宁主编：《中国政治参与报告》(2011)，社会科学文献出版社 2011 年版，第 93 页。

年,居民的平均投票率已经达到70.02%。可以说,城市居民的政治参与热情较高。然而,在社区居民的政治参与中,也存在着诸多的问题和障碍:第一,社区居委会选举在全国各地存在着明显的不一致。有些地方的居民参与较为主动、积极,比如浙江省的宁波市,到2007年年底已经全部实行直选,居民的参选率达到92.6%;① 但有些地区则相对较差。第二,社区居委会选举中居民参与不积极,导致社区自治的功能缺失,以及相应的社区治理中居委会的管理更多地依赖"人情"和"面子"开展工作。第三,社区居委会角色与职能定位模糊,多数社区居委会处于国家行政体制中的最末一端,多是履行国家行政职能,而且是众多行政职能中最为繁复的部分,导致其无法自治。第四,社区居委会的选举由于与居民利益关切不大,无法像村委会选举那样"真刀真枪"的进行,社区选举也就往往流于形式。

上述普遍存在的问题,同样在山西社区民主中存在,可能表现得更为突出。

(一) 城市居民政治参与的表现

为了保持衡量标准的一致性,我们同样通过政治参与的广度、深度和政治参与形式考察城市居民的政治参与状况。

1. 城市居民政治参与的广度

城市居民政治参与的广度通过社区参选率、政治参与的活动和管道等来表现,由于在城市当中生活,所接触和感受的内容应该比农村丰富,城市居民的政治参与广度应该有较好的体现。

(1) 社区的参选率

社区居委会选举中的参与选举比例,四个社区的参选率参差不齐,

---

① 张立进:《2001年以来城市社区居民委员会选举中的居民参与》,见房宁主编:《中国政治参与报告》(2011),社会科学文献出版社2011年版,第95页。

B 市的两个社区,据社区主任口头表示均达到 75% 以上,A 市社区稍低,C 市社区的选举率极低。如果按照真实情况推算,各个社区的参选率最多可达 30%。在调研中有相当多的居民表示,他们参加社区选举的次数很少,A 市 Sa 社区的居民表示他们就没有被通知去参与居委会选举;B 市两个社区居民会参与选举,但是大部分的选举是代表制,导致参与居委会选举的居民较为有限。以下状况比较有代表性:

> 一位 50 岁左右的中年妇女
> 问:"那您关注和参与咱们社区的居委会换届选举吗?"
> 答:"不是很关注,倒是每到选举的时候,居委会的有关人员就会下来主动和你说一说,主要的意思是让你到时候去现场给人家投个票,我觉得实际上就是个形式,那选谁上头其实早有安排,不用咱们操心。"(2011918)

在调研中,社区干部也曾说明,这么高的参选率只是为了完成街道办下达的指标,很多选票是有人代居民填写的。由此可见,社区参选率存在"泡沫化"现象。

(2) 城市居民政治参与的内容与管道

同样,我们通过分析市民参加哪些活动来了解市民政治参与的内容以及这些内容在整体中所占的比例。见表 4-14。

表 4-14 城市居民参与政治活动的百分比

活动	人数	百分比%
听证会	73	17.1
单位选举	175	41
社区居委会选举	236	55.3

（续表）

活动	人数	百分比%
人大代表选举	98	23
在网络上发表意见	94	22
向有关领导反映	83	19.4
上访	22	5.2
游行	9	2.1

表4-14显示，居民参与政治活动的人数最多的是社区居委会选举，其次是单位选举，再次是人大代表选举，紧随其后的是在网络上发表意见。市民表现出来的参与更多地集中在社区居委会选举和单位选举，说明这两项活动是居民政治生活中的主要内容，当然也可看出，人大代表的选举和网络参政的人数也不少，居民的政治参与不再是"单一化"的特征，而呈现出"弥漫性"特征。

居民政治参与的方式在直接找领导、写匿名信、媒体披露、网络披露和上访等五项选项中，有63.5%选择直接去找领导，有19.2%采取网络披露的方法，看来居民对于参与的方式首选还是直接和相关领导进行接触和交涉，并不愿意诉诸媒体和网络。当涉及反映问题的方式时，有57.6%的居民选择个人独自去反映，只有25.5%的居民会联合其他人一起去。

综上，在城市居民政治参与的内容上，城市居民的政治参与不再像农村居民呈现出"单一性"的特征，而是趋向于多项参与，体现了政治参与主题的"弥漫性"特征。这一特点说明居民政治参与内容增多可以更好地满足居民政治参与的需求，使他们在日常生活中具备政治参与的基本能力。但是，从参与的管道看，有更多的城市居民选择私下接触相关领导解决他们的问题，而不是联合其他人去做，城市居民的"组织化"倾向偏低，"原子化"特征明显。

城市居民会针对哪些问题发表他们的意见，这些私下发表的意见囊括哪些内容，会有怎样的范围？见表 4-15。

表 4-15　城市居民发表意见方面所占的百分比

问题	教育	医疗	腐败	选举	房屋拆迁
百分比%	64.9%	59.5%	38.4%	10.4%	39.3%
问题	干部作风	购房	物价上涨	食品安全	其他
百分比%	26.9%	47.5%	74.7%	58.3%	4.4%

表 4-15 可见，在生活中，针对物价上涨、教育、医疗、食品安全、购房等问题上居民谈论较多，可见，城市居民关注的问题更加广泛，同样关注与他们的切身利益紧密关联的问题。

市民生活中接触最多的人员依次是居委会干部、一般公务员、街道干部、人大代表、市级领导。由此可见，基层居委会干部仍然是居民生活中最常接触的人员。城市居民接触人员的低层次化也说明其与更高层级干部之间的疏离，他们也不是很清楚如何接触到较高级别的官员。

2. 城市居民政治参与的深度

城市居民政治参与的深度，我们采取描述统计进行计算，通过平均数和标准差获知在总体政治参与、维持性政治参与、推动性政治参与和敦促性政治参与等方面的信息。见表 4-16。

表 4-16　城市居民政治参与及其深度的平均数、标准差

参与类型	平均数	标准差
维持性政治参与	1.79	0.74
推动性政治参与	1.54	0.74
敦促性政治参与	1.57	0.77
总体政治参与	1.63	0.40

从表 4-16 可见，居民政治参与的水平极低，总政治参与水平只不

过1.63,最高的参与类型是维持性政治参与也仅有1.79,其次是敦促性政治参与1.57,最后是推动性政治参与1.54。低水平的政治参与是居民政治参与的显著特点。造成居民社区政治参与水平较低的缘由是什么?除却社区居委会选举以及相应的社区公共性事物与居民利益关联度不大外,从居民的政治效能感看,其行动的态度动机较高,为什么没有引发相应较高的政治参与行为呢?

理性选择主义的代表人物安东尼·唐斯(Anthony Downs)认为,公民参与政治是需要付出成本和时间的,对于"理性经济人"而言,如果在预知选举不能给自己带来任何"好处"的情况下,是不会参与选举的。[①] 所以对于城市居民而言,社区政治参与尤其是居委会选举,需要居民付出时间和相应的精力,但又无实质性回报的时候,尽管居民自身已具备较高的政治效能感,当外界无相应的刺激拉动或者拉动力不强的时候,这种潜在的政治效能感只能"蛰伏"在心里,很难触发并转化成政治参与行为。

再加之,中国社区居民委员会的选举以及相应的政治活动,都带有极强的动员性质,这种动员反映了政府自上而下的控制欲求,然而随着市场经济的推行以及城市社区文化的多元化,人们对政府主导下的居委会选举中形式化的操纵会产生较多的反感,而居委会建立在政府赋予的行政权威和运用人情策略乃至骨干影响等多方策略动员居民的参与,起效甚微,很难真正推动居民的政治参与,反而在很大程度上导致了居民对选举的反感和抵触。因此,从真正扩大居民政治参与的角度来看,确实赋予居民选举权,让居委会回归自治,使民主运转起来才是根本要义。就城市居民政治参与问题,杨敏也提到,居委会依赖的地方性权威式动员的两种资源——行政组织力量和基于人情的地方性互动网络都是

[①] [美]安东尼·唐斯:《民主的经济理论》,姚洋、邢予青、赖平耀译,上海世纪出版社2010年版,第4页。

传统的政治资源与社会资源，由于未能触及地方权力结构的重组和政府自身的变革，这种动员方式所能运用的范围和程度都很有限，只能动员少数对政治福利资源有所需求和对国家权威表示认同的特殊居民群体参与某些仪式性的活动。① 这样的结果很难从实质上改变城市社区的自治现状，也很难让居民真正具备公民精神。

（1）市民维持性政治参与

维持性政治参与是为了维持社区基本公共生活而进行的活动，市民最基本的参与活动，也是维系居委会合法性存在的基础；从制度角度看，维持性政治参与也是体现社区自我管理、自我服务、自我教育的重要形式。市民维持性政治参与与村民的维持性政治参与在功能上基本一致。

市民维持性政治参与中设计的四个题目中，参与最多的还是本社区的居委会选举投票（均值 = 2.06），市民参与居民大会或者居民代表大会很少（均值 = 1.60）。这说明居民代表大会在社区很少进行，这点我们在社区调研中居委会干部也和我们谈到，居民代表大会中的主要成员是楼组长，而且大多年龄较大，不方便开会；另外一个原因是社区居委会的很多工作与居民切身利益关联度不大，更多的是完成上级街道办布置下来的任务，不需要市民参与决策，只需要市民配合完成。

（2）市民推动性政治参与

推动性政治参与是对居委会选举乃至社区管理及其制度提出意见和建议的一种活动，这种参与不仅需要对社区管理的热情，还需要有一定的勇气，而这背后的关联是市民的切身利益受到损害，才会激发起这样的参与行为。这一点从设计的五个题目的结果可以看出，见表4-17。

---

① 杨敏：《公民参与、群众参与与社区参与》，载《社会》，2005年第5期，第88页。

表 4–17　城市居民推动性政治参与的百分比、平均数和标准差

推动性政治参与	有时与经常的百分比		平均数	标准差
对社区公共事务提建议	14.5	5.6	1.65	0.93
对社区制度表示不满	22.5	3.5	1.78	0.91
对社区居委会工作不满	18	2.6	1.62	0.87
有没有向居委会反映意见	16.4	3	1.57	0.87
有没有出现过激行为	2.6	0	1.09	0.37

由表 4–17 可见，有 22.5% 的市民有时会对社区的某些制度表示不满，这或许是社区的某些安排和部署或者动员会导致社区成员的反感，但是这种个别现象也只是有时发生，并不会对社区的事务形成过大的压力。同时，我们也发现市民不会对社区的公共事务表现出过多的热情。在维持性政治参与较低的情况下，推动性政治参与就更难以达到了。

但是推动性政治参与的作用在于只有居民不断地向居委会提出建议，不断地提出要求，居委会才可能更加了解居民的愿望，才会更加有动力，才会更好地为市民服务。如果这种参与活动缺失，居委会是不可能真正做到为民众服务的。

(3) 市民敦促性政治参与

对于处于陌生人居多的社区，居民之间交往很少、关系疏离，也就很难形成相互影响和制约的社会资本网络或社会关系网络，这种疏离的状态也就难以在政治参与中形成相互督促和影响。因此，敦促性政治参与在市民中的表现就较为低下。三个题目中，邀请别人观看选举情况公告栏的市民有 22.2%；劝说别人投票的市民占 13.6%；劝说别人一起参加居民大会或者公共活动的市民占到 21.1%。由此可见，这一比例仍然相当低，大多数市民不会对此事关心，更不会主动去敦促别人参与。

被访对象

问:"您有没有劝说别人参加投票?"

答:"没有,社区居委会换届选举,我基本上都不怎么去,要是恰巧碰上单位休息,有时间才去参加社区选举。这事参加得很少。社区居委会选举不比人家村委会选举,没啥利益可争,选谁都差不多。"(2011924)

应该说,敦促性政治参与需要一定的条件:一是居民有参与的积极性和主动性,认为参与公共事务是一个居民应尽的义务,也是必要的权利,从而形成参与意识;二是社区的社会结构会形成较为紧密的社会资本网络,形成一个共同体,才会使得居民相互影响、相互带动。然而,在社区中,上述两个条件均不具备,社区较大的"邻里空间"(neighbourhood space)已经使居民失去了天然联系的纽带,"老死不相往来"的邻里关系使得社区无法形成共同体。而对于大多数居民而言,并不具备敦促性政治参与的高度积极性和权利意识。

3. 市民政治参与的形式

城市居民参与居委会选举和公共生活的主动性和被动性如何?会不会像村民那样有较高比例的主动性?通过图4-2,得出完全相反的结果。

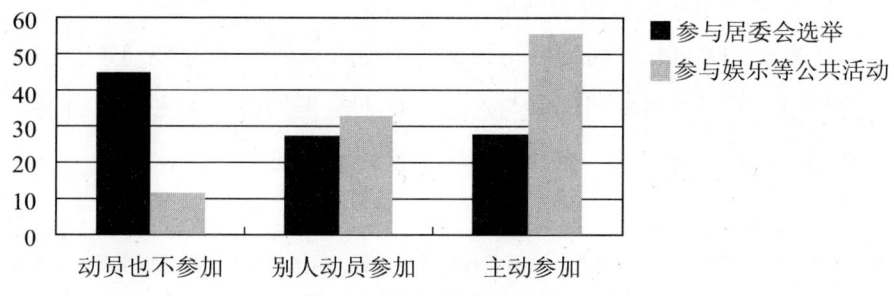

图4-2 城市居民政治参与的主动性

由图 4-2 看到，城市居民主动参与居委会选举的比例只有 27.6%，动员也不参加的高达 45%，动员参加的有 27.4%；相反，参加娱乐等公共活动主动参与的市民达到 55.7%，动员也不参加的只占到 11.5%。这样的研究结果与许多研究结果一致。[①] 由此可见，城市居民参与政治活动的主动性极低，被动性很强。由于社区选举大都与社区居民的自身利益关联性不大，而且选举大都流于形式，不能真正满足城市居民的内在需求，即使在"人情"、"面子"的动员下，也仍有相当多的市民不愿主动参加社区居委会选举。但以娱乐为主要形式的"仪式性"参与，由于能够锻炼身体、相互交流而成为较多居民主动参与的选择。

综上可知，城市居民政治参与的广度增加，但参与依然以个人参与为主要形式，政治参与的深度严重不足，维持性政治参与、推动性政治参与和敦促性政治参与都极低，几乎难以维持社区居委会的正常运转。而且居民政治参与的形式也多为被动。

（二）影响城市居民政治参与的因素分析

同前，影响市民政治参与的广度、深度和形式的因素有哪些？是不是依然表现出了现代化理论的诸多规律？

1. 社会人口学因素与城市居民政治参与

（1）哪些市民更愿意参与居委会的选举

从表 4-14 可知，居民参与社区居委会选举的比例为 55.3%，在这个比例中，究竟是哪些居民参与选举，是不是正如西方民主理论所预言的那样，受到经济收入、教育水平等因素的影响呢？

---

① 桂勇的研究中表明，1999 年上海市居民抽样调查显示，74.6% 的居民表示由于种种因素的限制无法参加社区公共事务。桂勇：《邻里空间：城市基层的行动、组织与政治互动》，上海书店出版社 2008 年版，第 37 页。

通过交叉列表，我们发现，参与社区选举比例最高的居民群体是：年龄在56—65岁以上、人均月收入在3000—4999元之间、文化程度在小学水平、党员、女性居多。由此可见，参与社区居委会选举的群体大都是经济收入较低、文化层次也较低、女性居多的离退休人员。这些人员在社区中属于无事可做的人员，但他们恰恰是社区居委会倚重的对象。

由此可见，参与社区居委会选举居民人数极其有限，对于大多数上班族的居民或者从事其他工作的居民，只是在他们有事的时候才去接触社区居委会，不需要的时候都不知道居委会办公地点、承担的义务和功能。对于大多数"单位人"和上班族来说，居委会比较陌生。正如街道办的干部曾经和我们说得那样，居委会就是管理社区"弱势群体"的一级组织，选举只不过是一种形式罢了。

（2）哪些市民倾向于组织化的政治参与

从上可知，超过一半的居民在遇到问题的时候，仍然选择自己去解决，找相关部门的领导个别解决。但是通过交叉列表，我们也看到，人均月收入在1000—2999元的市民有42%的比例会叫上社区里的相关人员一起去反映问题；受教育程度在专科以上的市民有75%的比例会叫上社区里的相关人员一起去反映问题；女性市民有54.4%的比例倾向于一起去反映问题。非党员市民组织化倾向高于党员，大约有71.6%的非党员市民选择叫上相关人员一起去反映问题。由此可见，市民倾向于组织化政治参与的是那些经济收入并不高、学历教育倾向于偏高、女性和非党员市民群体。

（3）社会人口学因素与城市居民政治参与的深度

社会人口学因素，我们仍然选取了性别、年龄、受教育程度以及政治面貌和经济收入进行考量。采用多元逐步回归法进行分析，考察它与城市居民总体政治参与的关系。见表4-18。

表 4-18 影响城市居民政治参与的社会人口学因素的回归模型

自变量	系数	标准误	adjR（%）
党员（非党员 =0）	0.353	0.071***	12.5
受教育程度			1.5
（不识字 =0）			
小学	-0.273	0.341*	
初中	-0.419	0.316	
高中或中专	-0.495	0.315	
本科及本科以上	-0.413	0.319	
经济收入			2.1
（999 元以下 =0）			
1000—2999 元	-0.136	0.069*	
3000—4999 元	0.026	0.103	
5000—7999 元	-0.034	0.163	
8000—9999 元	0.012	0.542	
10000 元及以上			
年龄			1.6
（18—34 岁 =0）			
35—49 岁	0.086	0.080	
50—64 岁	0.118	0.090	
65 岁以上	-0.051	0.140	
样本数	354		
AdjR	0.177		

注：* $p<0.05$；** $p<0.01$；*** $p<0.001$

将女性、非党员、不识字、月收入在 999 元以下的群体和年龄在 18—29 岁的社区居民作为控制变量，将剩余的变量放入回归方程中，可以看到，上述五个人口学变量只有四个进入回归方程，性别没有构成对居民政治参与的影响。就政治面貌、受教育程度、经济收入乃至年龄总体对于政治参与的解释度为 42.1%，调整后的解释度为 17.7%。其中政治面貌对于总体政治参与的解释度最大为 12.5%，其次是经济收入为 2.1%，再次是年龄为 1.6%，最后是受教育程度为 1.5%。

在控制了党员变量后，党员与非党员在政治参与的深度上存在显著差异,进一步分析发现:党员在总的政治参与及其各层次的政治参与上均与非党员有着显著差异,这是因为中国共产党党员在政治上的要求远远高于非党员,党员的身份意识会在很大程度上左右党员市民的行为,行为的外显性特征会加强这种身份意识,导致党员在社区政治参与中必须起到模范带头作用。而对于社区居委会的工作而言,他们所依赖的主要对象之一就是社区中的党员骨干,这些党员市民不仅自身就具有较强的归属意识,同时在社区居委会的鼓动下,他们也利用自身的"人脉",通过建立社会资本和人际关系网络来完成社区居委会交代的任务,党员与非党员在敦促性政治参与方面的显著差异可以更加清晰地说明这个问题。见表4-19。

表4-19 党员与非党员市民在政治参与及其深度上的T检验

政治参与类型	政治面貌	N	平均数	标准差	T值
维持性政治参与	党员 非党员	90 335	2.12 1.70	0.72 0.49	12.98***
推动性政治参与	党员 非党员	90 335	1.88 1.45	0.65 0.54	64.12***
敦促性政治参与	党员 非党员	90 335	2.01 1.45	1.00 0.65	12.34***
总体政治参与	党员 非党员	90 335	1.99 1.53	0.72 0.49	35.28***

注:*$p<0.05$;**$p<0.01$;***$p<0.001$

相比较于不识字的市民,具有小学文化水平的城市居民的政治参与水平与不识字的城市居民参与水平有较大差异,除此之外,基本上遵循受教育水平越高,总体政治参与的水平越高的规律。

经济收入的不同也对市民政治参与深度带来影响,相比较平均月收入在999元以下的市民而言,平均月收入在1000—2999元以上的市民表现出显著差异。由此可以得出,不同的经济收入会影响政治参与,收入高的群体的政治参与水平较高。然而，城市市民的经济收入与政治参与的关系仍然是呈现"折"字形，也没有出现所谓"中产阶级"这一收入水平的市民的参与高于其他收入水平的市民的现象。

城市居民的政治参与更多地受到政治面貌的影响，其他社会人口学变量均未造成显著影响。这是一个独特的现象。

2. 不同地域城市居民的政治参与

(1) 不同地域城市居民政治参与的广度

由于不同地区居委会选举制度执行时间不一致，执行的力度也不一样，自然不同地域城市居民的政治参与广度会有所差异。从参选率来看，A 市的 Sa 社区和 B 市的 Sb_2、Sb_1 社区参选率要高于 C 市的 Sc 社区。从调研资料看，参与社区居委会选举的比例基本上是 Sb_2 社区要高于 Sa 社区，Sa 社区高于 Sc 社区，在人大代表的选举、单位选举上也是如此。见图 4 – 3。

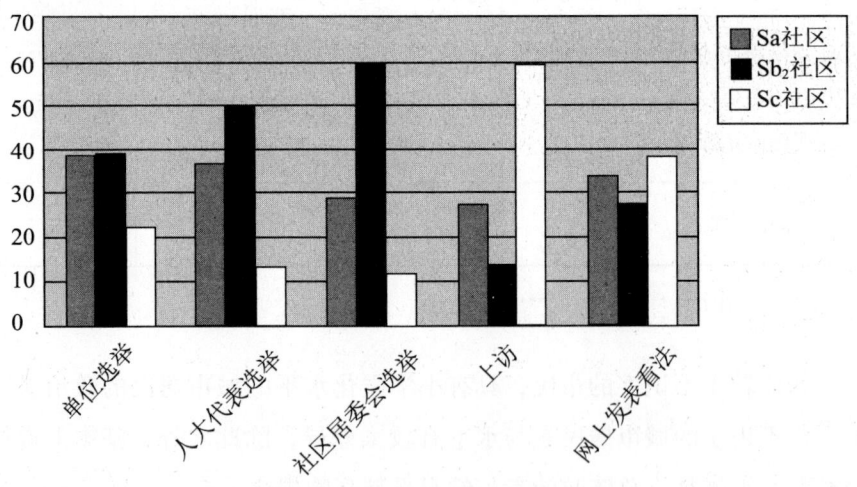

图 4 – 3　不同社区城市居民参与不同活动的百分比

（2）不同地域的社区与居民政治参与的深度

处于晋南、晋中和晋北的三个社区，其所处地域以及相应的制度差异，是否会导致市民的政治参与深度也有所不同？运用方差分析考察处于不同区域社区居民政治参与深度的状况。见表4-20。

表4-20 不同社区的城市居民政治参与及其深度上的方差分析

政治参与及其各类型		平均数	自由度	F值
维持性政治参与	S_a	1.68	2	5.48^{**}
	S_{b_2}	1.92		
	S_c	1.69		
推动性政治参与	S_a	1.44	2	16.96^{***}
	S_{b_2}	1.49		
	S_c	1.87		
敦促性政治参与	S_a	1.53	2	0.98
	S_{b_2}	1.55		
	S_c	1.67		
总体政治参与	S_a	1.54	2	3.82^{*}
	S_{b_2}	1.64		
	S_c	1.76		

注：$^{*}p<0.05$；$^{**}p<0.01$；$^{***}p<0.001$

由表4-20可见，除了敦促性政治参与外，其他政治参与类型均有社区间差异，最为显著的差异是居民的推动性政治参与，其次是维持性政治参与。推动性政治参与中，C市S_c社区的参与水平最高，其次是B市S_{b_2}社区，最后是A市S_a社区。据资料反映，C市S_c社区作为一个国有企业管理的社区，平时比较注重企业文化建设，因此市民的文化素质、个人素养相对其他地方要高一些。这可能是导致其推动性政治参与较高的缘由之一，一般单位社区，由于市民大都依附单位生存和发展，对于单位下辖的社区工作会有较高的关注和热心，尤其是国有企业的职工,社区建设与企业建设基本一致。维持性政治参与在 B 市的 Sb_2 社区表现明显,从这种较低水平的参与可以看出混居社区的特点。

三、小结

通过本章研究,可以得出以下结论:村民政治参与的水平与趋势总体不佳,除了参选率和主动参与的结果令人欣慰外,其他有关村民政治参与的表现可以概括为:政治参与广度不足,集中于村委会选举单一主题,参与管道有限而且多集中于私下接触,参与的范围也不广泛;政治参与水平极低;政治参与的深度严重不足。从影响因素看,影响村民政治参与深度的因子除了有社会人口学因素中的政治面貌、性别变量,不同村庄的政治生态也是重要的影响因子,较为独特的影响因子是"关系"变量。在政治参与的主体类型上,村民的选举参与几乎是全员参与,但是参与管道的选择上,处于乡村社会中的较高地位或者政治生活中的主流村民会选择单独向领导反映问题。

城市居民的政治参与广度有所增加,不再聚集在居委会选举上,有扩散化趋势,但居民政治参与的主动性严重不足,居民政治参与水平极低,政治参与深度较差。影响社区居民政治参与深度的变量中环境因素依然重要,但政治面貌是造成城市居民政治参与差异的最为重要的因素。参与社区选举的主要群体是那些年龄在 56—65 岁之间、人均月收入在 3000—4999 元之间、文化程度在小学水平、党员、女性居多。市民倾向于组织化政治参与的是那些经济收入并不高、学历教育倾向于偏高、女性和非党员市民群体。

第五章　城乡居民政治效能感与政治参与的比较与关联性

30多年来，中国城市和农村在政治、经济和文化等方面均发生了翻天覆地的变化。对于农村而言，联产承包责任制解放了农村的生产力，推动了乡村经济的迅速发展，村委会组织法的颁布和执行成为中国民主政治的窗口，是农村政治生活中的一件大事，中国农民在这样的政治实践中，了解了政治知识、明白了选举程序、增长了政治智慧，这一点也体现在我们的研究中，中国村民在政治制度以及相关规定的了解和感知上有了巨大的进步，为村民政治态度的提升和政治参与提供了基础性条件。对于城市居民而言，国家现代化和城市化的推进，无形中形成了以城市为中心的各种商业圈，自然催生了城市经济的迅猛发展，也逐渐瓦解了以"单位"控制的生存空间，很多居民可以摆脱单位的约束，走向社会，对城市的基层管理提出了挑战。在这种背景下，为了填补"管理真空"，社区居委会成为国家试图通过控制社会、吸纳社会精英的组织机构，为了使居委会的存在具有合法性，社区居委会选举成为居委会存在的必然前提，同时成为居民政治生活不可回避的事件。中国30多年城乡经历的变迁，成为改变中国城乡居民政治态度和政治行为的首要因素。

从制度进程和效果看，村委会和居委会的选举时间上不同步，《中华人民共和国居民委员会组织法》是跟随《中华人民共和国村委会组织法》的脚步制定下来的，由此产生的制度绩效也非常不同。然而，更为重要的是，当这种制度遭遇城乡不同的环境和情景时，便产生了不同的结果。村委会组织法的颁布和实施使得村庄选举有法可依、有据可循，强化了"利益追求"中的村庄选举，在制度催生下的村庄选举进行得如火如荼。而在政府主导下推行的居委会选举，由于其强大的行政导向，使本来就无利益驱动的居民更加远离社区治理的活动，出现居民政治参与冷漠的现象。

由于上述种种的不同，一定会导致城乡居民在政治态度和政治行为上的不同，而这种不同体现在政治效能感和政治参与上或许更加明显，但要将城乡居民的政治效能感和政治参与放在同一个标尺下衡量，首先要解决的问题是城乡居民在上述两个方面是否可以比较、怎样比较的问题。

所谓比较，就是将两个或者多个事物放在一个平台上进行对比、鉴别，从而发现两者或多者之间的优长劣短，相同与不同之处的方法。比较研究的一个前提是比较的双方或者多方在某些变量上是同质的。阿尔蒙德与维巴五国公民文化的比较就忽略了这五个国家的经济发展水平的差异，将其共同放在公民文化这一标尺上研究五个国家的民主制度的差异。罗伯特·D.帕特南（Robert D. Putnam）在研究意大利南北在制度绩效上的差异时，将南北地区放在同一个制度改革的时间序列里进行比较，才使得南北地区社会资本的差异突显出来。[①] 本研究试图将城市居民和农村村民放在中国政治社会发展的大背景下进行比较，两者同质的方面是都在中国这样一个发展中国家，都经历了中国社会的转型，更为重要的是城乡居民都是基层民主的经历者，在这样的基础上，对其政治效能感和政治参与进行比较，由此判定农村民主政治和城市社区民主政治的实效。

从方法论上说，一定的技术使得两者也具备了可比的条件。第一，

[①] 罗伯特·D.帕特南：《使民主运转起来——现代意大利的公民传统》，王列、赖海榕译，江西人民出版社2001年版。

从研究手段来讲，俗话说，"一把尺子量身高"，"尺子"的一致性才是比较个体身高的基础。因此，为了将居民和村民放在一个"尺子"上比较，"尺子"的标准就非常关键。我们设计了几乎完全相同的"尺子"进行测量，即城乡居民的政治效能感和政治参与问卷，这一问卷在问题表达、答案设计、甚至问题数量上基本一致，只是在态度对象上略有不同。同时采用同样的程序和手段进行测量，都是运用随机抽样、在相同区域抽取城市居民和农村居民，都是采用入户访谈的形式获得研究资料。资料的分析也都是采用了 SPSS 统计软件，最大可能地使研究的衡量标准、测量方法和程序乃至分析工具达到一致。然而，即便如此，或许也会存在两者是否可比的疑问，因为这是比较研究面临的最大质疑，但是郭秋永先生曾对这样的比较难题提出了自己的建议，在概念的运作层面，应力求"功能相等"，而非"完全相等"或"浮面相等"。所谓功能相等的指标或项目，是指同一的概念，可用不同的指标来表达，而这些不同指标，可能就是不同环境中该同一概念的最适指标。① 放在本研究中，尽管村民和市民的政治效能感指向有所不同，但是问题所起的功能则是相同的。第二，从研究的内容来说，不管是村民还是市民，我们均是对其政治效能感和政治参与进行测定，内容高度一致，只是在问题的设计和提问上稍有差异。

一、城乡居民政治效能感及其影响因素的比较分析

（一）城乡居民在社区（村庄）政治效能感及其维度和类型上的比较

将城乡居民的政治效能感进行比较，具体会涉及乡规民约、社区规章制度、社区居委会和村委会的选举等内容展开，但总体上会体现在总

---

① 郭秋永：《政治参与》，（台湾）幼狮文化事业公司1993年版，第45页。

体政治效能感及其不同维度和类型上。见表5-1。

表5-1 城乡居民社区（村庄）政治效能感及其维度的平均数、标准差比较

总体与维度	平均数	标准差
村民村庄政治效能感	2.36	0.49
村民村庄内在政治效能感	2.32	0.48
村民村庄外在政治效能感	2.41	0.70
居民社区政治效能感	2.53	0.44
居民社区内在政治效能感	2.44	0.48
居民社区外在政治效能感	2.64	0.54

由表5-1可见，社区居民社区政治效能感、社区内在政治效能感和外在政治效能感均高于村民的村庄政治效能感以及相应的内、外在政治效能感。居民社区政治效能感和社区外在政治效能感超出了均值2.5，而村民的村庄政治效能感及其两个维度均低于均值。

进一步分析构成内在、外在政治效能感的类型要素，可见城乡居民在政治效能感上的具体差距。表5-2显示，市民在了解型、影响型、重视型和回应型政治效能感方面均高于村民。

表5-2 村民、市民在不同类型政治效能感上的比较

政治效能感	村民		市民	
	平均数	标准差	平均数	标准差
了解型政治效能感	2.31	0.596	2.41	0.597
影响型政治效能感	2.33	0.608	2.48	0.544
重视型政治效能感	2.34	0.767	2.55	0.624
回应型政治效能感	2.47	0.704	2.64	0.536

这一结论有违人们认识的常识，在一般人的认识中，都认为村委会选举推行时间早于社区居委会选举，制度实施效果也好于社区，自然应该是村民村庄政治效能感及其维度要高于市民的社区政治效能感及其维

度。而且这一结论也与国内一些研究相悖。①

对这一结论可以有两方面的解释：第一，从城乡居民内在要素看，城市居民的受教育程度要高于农村居民。城市居民在接收民主知识和制度上面具有"先天"的优势，这种优势直接决定了城市居民的政治态度转变、适应较快，不需要那么多的练习。第二，从外部环境看，城市居民政治效能感习得的条件要比农村居民的好，由于政治态度是习得的，城市本身的开放性以及相应的媒体冲击使得城市居民在潜移默化中习得了这种态度。这一点在阿尔伯特·班杜拉（Albert Bandura）的理论中有所提及，班杜拉在研究自我效能感时曾经提出，自我效能感的具体性水平是由活动、任务或情境决定的。也就是说，由于自我效能感信念是经由经验和反思性思维而建立起来的，是人们对由各种渠道获得的关于自身在不同情境中的能力信息的认识和评价，因而具有某种概括性。而当不同种类的活动由相似的亚技能控制时，自我效能知觉就会产生较大的迁移性，因而具备了一定程度的普遍性。② 由此推知，政治效能感也具有这样的概括性和普遍性的特征，相比较而言，村民尽管具有了现实的刺激和活动、情境的强化，但是由于其任务的特定性和短暂性，甚至由于这种习得态度的不稳定性和刺激物的物质化等原因，导致村民政治效能感的"无力性"。又加之村民获取信息渠道的单一化，无法形成对其政治效能感的长期刺激，形成了村民政治效能感的"短暂性"。可见，由政府在乡村推行的民主管理、民主选举举措对于村民公民精神的形成或许只产生了外在的作用力，而远未达到内在的生长力。相反，对于城市居民而言，由于其获得自身能力的渠道要多于村民，同时大多数城市

---

① 国内许多研究表明，城市居民的政治参与意识不如农村居民。见李凡：《对中国城市基层民主发展背景的一些分析》，http：//www.jyq.gov.cn/（访问时间：2013 年 12 月 2 日）；见于显洋：《社区选举与民主化进程》，载《江苏行政学院学报》，2005 年第 5 期，第 74 页。

② 郭本禹：《自我效能理论及其应用》，上海教育出版社 2008 版，第 63 页。

居民仍然属于单位管制下的个体，因此参加单位选举所产生的自我效能感会迁移到社区居委会选举和公共参与中，这种扩散使得城市居民在不具备活动或者相应的情境中便习得了政治效能感。另外一个原因，城市居民获取各种信息的渠道要广于村民，而在国家治理过程中发生的种种社会与国家冲突中，社会的高概率的推进或许也是市民获得"泛化"政治效能感，由此推广到社区活动中的缘由之一。

相比较而言，尽管市民缺乏与村民类似的制度环境和利益环境，但是市民所居住的城市地域和单位环境却为市民政治效能感的获得提供了先天、优良、持久的条件，为市民具备相应的公民性格和精神提供了肥沃的土壤。如果这样的结论成立，在城市社区推行居民自治和相应的民主选举其实已经具备了心理条件，只是这种条件还需要有制度的保障和真正意义上的选举活动的刺激，当这三者都具备时，市民参与政治活动、社区居委会选举乃至国家治理都成为必然之举。由此看来，市民的高政治效能感或许成为"无心插柳柳成荫"，而村民的政治效能感却成为"有心栽花花不开"的结果。

在外在政治效能感方面，城市居民在社区管理和选举中尽管没有太大的自主性，但是，由于社区居委会在选举推进和公共事务的管理中，其自身地位和角色的尴尬[1]，在很多时候，会更依赖市民的参与和支持，而这种支持和参与又不能给市民带来任何利益，这使得居委会在日常工作中更加注重利用其工作中的资源维系其人情，从而换取市民的支持和参与，这就导致市民提出的要求会得到居委会的重视和回应，因此，市民会获得较高的重视型政治效能感和回应型政治效能感，尤其是回应型政治效能感。而村民外在政治效能感较为低下的原因则是其在选举过

---

[1] 社区居委会的尴尬角色主要是指其一方面是上级政府和街道的行政命令的承担者，没有任何讨取功劳的资本；而在另一方面，对于社区内居民也没有可以指使的权威资源，相反，社区居委会在其工作中很多时候要通过人情资源开展工作，所以在很大程度上，居民提出的要求，居委会会作为其换取人情资源的砝码给予重视和回应。

后,村干部和村委会再没有需要村民辅助的工作或任务。相反,在医疗保障和低保户等政策分配以及相应的宅基地分配中,村干部会有较大的利益分配支配权,从而会导致许多村民要去"求"村委会,而且这种求还不一定会带来效果,这就会导致村民产生村委会和村干部重视、回应其问题迟缓的感觉。

在表 5-2 中也出现了一个颇为有趣的现象,就是不管是市民还是村民,在政治效能感和内、外在政治效能感以及各层级的政治效能感上,也表现出颇为一致的现象。即在内在政治效能感方面,影响型政治效能感要高于了解型政治效能感,在外在政治效能感方面,回应型政治效能感要高于重视型政治效能感。也就是说,城乡居民均具有了一定的政治影响力,但是这种影响力还是处于较低水平,都未达到平均线以上。

另外,城乡居民在政治效能感上表现出来的共同特点是:社区(村庄)的外在政治效能感都高于社区(村庄)内在政治效能感。说明城乡居民主观感知居委会或者村委会对其诉求的重视和回应是积极的,他们也是相信居委会和村委会的,在这一点上城市居民对居委会的认可和信任高于村委会。这与居委会在居民生活中的服务多于村委会的服务有关。

(二)城乡居民政府政治效能感及其维度和类型上的比较

由表 3-2 和表 3-14 可见,城乡居民在政府的政治效能感上表现不同:农村居民对于政府的总体态度达到均值,政府外在政治效能感也超过均值,政府内在政治效能感趋近均值,总体趋势是村民政府政治效能感高于村庄政治效能感;城市居民总体政府政治效能感超过均值,但是政府内在和外在政治效能感均低于均值,总体趋势是市民政府政治效能感低于社区政治效能感。这种区别说明村民认为政府相对村委会来讲,更加容易接近,更加认同,同时也认为政府对他们的诉求更在乎和重视，对政府的信任要高于村委会。但是在现实中，村民其实根本无法接触到政府官员和相应的政府组织，因而无法谈到影响或者重视，村民表现出来的这种特点，主要是因为中央或者地方政府政策输出在村民身上体现出来的情感倾向，从而提升了村民整个的政治效能感；而对于市民而言，市民在生活中更能理性地判断出他们对于政府的影响力以及政府的回应力，因此形成比较客观的态度取向。

城乡居民政府政治效能感上表现一致的是：政府外在政治效能感依然高于内在政治效能感，依然呈现出城乡居民对于政府的信任与依赖，同时也说明政府的输出影响较大。

比较而言，城市居民不仅具有了适度的政治效能感，而且形成了较稳定的、均衡的、弥漫性的政治效能感；他们的社区政治效能感和政府政治效能感表现得更为接近民主制度要求的公民属性，他们更能理性地看待自己与社区、政府之间的关系。而农村居民还没有具备适度的政治效能感，政治效能感低而且呈现"单一化"特征，村民村庄政治效能感和政府政治效能感之间不均衡，村民们还不能够理性地分析自己与村庄、政府之间的关系。

（三）城乡居民政治效能感影响因素的比较分析

哪些因素导致了城乡居民政治效能感的上述差异？在影响城乡居民政治效能感的因素上有哪些不同？这是本节要解决问题。依据研究模型，依次从社会人口学因素、环境因素和特殊变量进行分析。

1. 社会人口学因素对于城乡居民政治效能感影响的比较

（1）性别对城乡居民政治效能感影响的比较

性别是不是影响城乡居民政治效能感的重要因素？将城乡男性、女性在政治效能感以及各维度和类型上的表现放在同一尺度上去衡量，运用T检验进行分析，由表5-3可以看出：城乡男性居民在总体政治效能感、外在政治效能感方面均有显著差异，而在内在政治效能感方面没有显著差异;城乡女性居民在内在政治效能感、外在政治效能感两方面方面存在显著差异。见表5-3。

表5-3 城乡男女性居民政治效能感及其维度上的T检验

政治效能感及其维度	男性	平均数	标准差	T值
村庄(社区)政治效能感	男$_1$ 男$_2$	2.42 2.52	0.53 0.40	19.38***
村庄(社区)内在政治效能感	男$_1$ 男$_2$	2.43 2.45	0.50 0.45	1.34
村庄(社区)外在政治效能感	男$_1$ 男$_2$	2.40 2.59	0.73 0.52	38.22**
村庄(社区)政治效能感	女$_1$ 女$_2$	2.30 2.49	0.43 0.46	1.83
村庄(社区)内在政治效能感	女$_1$ 女$_2$	2.21 2.42	0.42 0.47	6.49*
村庄(社区)外在政治效能感	女$_1$ 女$_2$	2.42 2.59	0.66 0.56	14.20***

注:*$p<0.05$;**$p<0.01$;***$p<0.001$ 女$_1$村庄女性;女$_2$城市女性;男$_1$村庄男性;男$_2$城市男性。

具体而言,城市男性居民的外在政治效能感远远高于农村居民,体现在重视型政治效能感和回应型政治效能感上也是如此,这说明城市男性居民对于居委会的信任要远远高于农村男性居民;但是在内在政治效能感方面无差异,说明城乡男性居民主观政治能力感基本一致。城乡女性居民在内在和外在政治效能感的差异表现为城市女性居民高于农村女性居民。这说明两个问题,第一,社区女性居民在内心与居委会的距离较近,也能深刻感受到居委会以及干部对其反映问题的重视程度,第二,也说明社区女性居民是居委会工作的主要依赖对象和发动对象。这种双向依赖的关系在城市社区表现得尤为明显,而乡村女性的政治效能感特点则足以反映其对村委会乃至村庄事务的疏离和漠不关心,其也不是乡村政治生活的主要依赖对象。这或许源自城市与乡村女性接受的教育程度不同，表5-4显示出，城市女性的受教育程度高于村庄女性，文盲所占比例也低于农村。

表5-4 农村与城市女性居民受教育程度的百分比比较

受教育程度	村庄女性		城市女性	
	人数	百分比（%）	人数	百分比（%）
不识字	22	64.7	2	50
小学	122	55.5	10	62.5
初中	185	45.3	65	56
高中	60	51.3	105	55.9
本科或大专	10	41.7	47	45.6

由上可知，性别因素是导致城乡居民政治效能感差异的原因之一。

（2）不同年龄段对城乡居民政治效能感影响的比较

由前文可知，处于不同年龄段的城乡居民在政治效能感上表现稍有差异。村民在内在政治效能感和了解型政治效能感方面有显著年龄的差异，表现出随着年龄增长，内在政治效能感尤其是了解型政治效能感的提升，其他方面均无差异；城市居民在各个政治效能感上均无年龄的差异。由于乡村居民在乡村居住的时间，越年长的居住时间越长，再加上没有过多的信息刺激，有关村规民约等问题，年长的村民了解要多于年轻的，由此形成了这样的差异。而在村庄外在政治效能感和影响型政治效能感方面，年龄越大的或许无力感越强。

年龄变量只对农村居民部分村庄政治效能感有一定的影响，而对市民社区政治效能感无影响。

（3）受教育程度对城乡居民政治效能感影响的比较

由表3-7和表3-17可以看出，农村居民的政治效能感以及各维度和类型受教育程度的影响比较明显，而且基本呈现出随着教育程度的提升，政治效能感及其维度和不同层级有提高的趋势。但是在城市居民这里，这种特点并未突显，城市居民的表现为：一是政治效能感及其维度和类型上并没有显示出教育程度上的显著差异,二是也未显示出随着教育程度的提升,政治效能感及其维度和类型上的提升,而是会表现出忽高忽低的特点,没有明显的规律性,这似乎可以说明城市居民的政治效能感及其维度和类型并不受到居民教育程度的影响。

(4)经济收入对城乡居民政治效能感影响的比较

在西方学者眼里,居民的经济水平乃至地区的经济发展对于国家的民主制度以及相应的民众政治态度、参与均有较大的影响,因此,有观点提出,经济促进民主政治的发生和巩固。这样的观点放在中国当代社会中,是否有同样的结论?或者城乡居民的经济收入增长后是否对政治效能感有着较大的影响?两者又有着怎样的区别?

表3-8、图3-2显示:农村居民的政治效能感的维度和类型在经济收入方面均表现出显著差异,说明经济收入不同的村民在政治效能感及其维度和层次上是有不同的,但是这种不同并没有呈现出随着经济收入提升,其政治效能感及其维度和层级水平也会随之提升,而是呈现出高低不同的趋势,同时发现处于年经济收入在5000—7999元的村民政治效能感较高;表3-18和图3-3显示:对于城市居民而言,除却在总社区政治效能感、影响型政治效能感和回应性政治效能感上有差异外,其他维度和层次的政治效能感均在经济收入方面没有体现出显著差异,这可能说明对于城市居民而言,经济收入的高与低对于其政治态度影响不大,而在影响大的几个政治效能感的类型上,呈现出与村民类似的曲线———一种"折"字形的状态,而在折字形的高端是月人均收入在3000—4999元之间的市民,虽然在调研中,市民大多数会隐瞒自己的经济收入水平,可我们似乎仍能看出,处于这一收入阶段的居民具有较高的政治效能感和影响型政治效能感与回应型政治效能感。由此可见,城乡居民的政治效能感的不同之处在于:农村居民的各个维度和层级的政治效能感均受到经济收入的影响,而城市居民的只有部分政治效能感受到经济收入的影响,其余维度的政治效能

感并未受到经济收入的显著影响;两者的相同之处,则是两个居民群体在影响政治效能感的维度方面均凸显了两个收入阶层的高端化。而这两个收入阶层是不是各自所处群体中的"中产阶层"?这一问题又涉及城乡居民收入水平以及在城乡二元结构下,处于中产阶层的居民是不是已经具备了民主政治社会中那种功能?这是我们下一步要深入讨论的问题。

那么,为什么经济收入的不同会影响村民的政治效能感,而对市民的政治效能感影响不大呢?曹锦清在研究居民房屋产权与居民政治参与的相关性时得出城市居民的社区参与意识以及相关行为与居民房屋产权之间有一定关联性,[①]虽然居民房屋产权涉及了居民自身利益的关切点,但是这一利益点并非是造成居民政治参与的关键变量。所以,城市居民在政治效能感上表现的上述特质,说明市民政治效能感的获得或许与非经济收入的其他变量有着紧密的关系。

(5)政治面貌对城乡居民政治效能感影响的比较

在城乡居民政治面貌方面,比较一致的表现是,不管是不是党员都对政治效能感没有产生影响,只是在城市居民群体中,党员与非党员在了解型政治效能感层面显示出显著差异。见表3-9和表3-19。

城乡居民党员身份与非党员身份在政治态度上的非差异性,表现出相当高的一致性。说明党员居民的政党身份并没有成为其提高政治态度的缘由之一。由此推知,基层政党建设中的绩效之低,基层党组织对党员的影响和引领也相当地有限,党员居民对自身的要求在意识层面并没有政党归属意识。这种现象并不只反映在社区和乡村,在企事业单位,党员意识淡化,模范带头作用降低,共产党员的党性观念弱化是普遍现象,直接导致的就是在政治意识和政治态度上的平民化、群众化。这与

---

① 曹锦清、李宗克:《社区管理与物业运作——上海徐汇区康健街道研究报告》,上海大学出版社2000年版,第107页。

党的组织建设和组织规范退步有着很大的关联性。但值得庆幸的是，在所有政治效能感的类型上，党员虽然没有显示出与非党员的显著差异，但是均值均高于非党员，也可以视作是党员与非党员之间在政治效能感上的些许差异吧。

2. 环境因素对城乡居民政治效能感影响的比较

环境是形成和改变个体态度的重要来源，由于其包含内容颇多，如地域、制度、文化和村庄社会结构等，本研究无法顾及这么多内容，因此这里的环境因素主要是指城乡居民所在地域的村庄或者社区中表现出来的突出特征。

城乡居民政治效能感的差异必然与他们所在的城乡区域有较大的关系，众所周知，中国长期城乡二元经济结构导致城市与农村之间在基础设施、交通卫生、教育和生活水平上的差距，这种二元格局必然在城乡居民认知层面产生影响。城市居民由于接触信息多、了解事物的渠道多，会增加他们对政治信息的了解和认识，从而提高其判断能力，这是一种潜移默化的影响，久而久之就会影响他们，从而形成比较稳定的政治效能感；而村民接触信息少或者本身不会对信息进行选择，了解事物的渠道不多，熟人社会导致村民的关注点也比较单一，形成判断比较片面，欠缺理性分析，所以看到村民的政治效能感单一化特征明显。从这个角度上说，城乡居民的非均衡政治生态是导致他们政治效能感不同的根本原因。

同时，村庄与村庄之间、社区与社区之间在政治效能感上也存在较大差别，从上述研究中得出的结论：传统农业村庄的村民政治效能感不见得低；社区制度运行良好和居委会工作到位的社区，居民的政治效能感也相对较高，而具有这种特点的社区往往是处于核心城市，因此可以推知，居于较为发达的城市的居民政治效能感较高。

3. 特殊变量对城乡居民政治效能感影响的比较

特殊变量是指与干部有关系和物质诱因，在乡村表现出关系与物质诱因均对政治效能感有影响，只是影响的类型不同而已。见表3-10与3-12。由于物质诱因在城市社区没有设计，因此不能比较这一因素对于城乡居民政治效能感的影响状况。见图3-4。

"关系"变量对于城乡居民政治效能感均有影响。在乡村，关系更多地表现为以血缘关系为核心的网络，与村委会干部关系较近的村民比其他村民获得较多的信息，在情感上也会有较多的互相依赖，自然这些村民就会觉得自己有较强的影响力。在城市，则是由"关键人物"或者弱势群体与居委会形成的"互惠"或者"庇护"关系使得这些人具有较强的政治效能感。由此可见，"关系"对于城乡居民的政治效能感均有影响，但是影响的机制并不完全一样。

二、城乡居民政治参与及其影响因素的比较分析

（一）城乡居民政治参与的比较分析

政治参与是民主政治的核心要素，具有不同政治效能感的城乡居民应该在政治参与的广度、深度以及形式上有不同的表现。

1. 城乡居民在政治参与广度上的比较

在我们所调研的七个村庄、四个社区来看，农村居民参选率要远远高于城市居民，村民当年的参选率平均达到75%以上，而城市居民的参选率只有20%到30%左右。2011年中国《政治参与蓝皮书》的统计数据表明，2006年，城市社区居委会选举全国的平均投票率是70.02%；乡村在2006年的投票率已达90.68%。[①] 城乡居民政治参与的广度差异，说明村委会选举的普遍性和广泛性，而城市居委会的选举则有较大的局限性，据我们了解，在山西的11个地级市中，B市的社区居委会选举开

---

① 房宁：《中国政治参与报告》，社会科学文献出版社2011年版，第95、100页。

展较好，A 市次之，C 市几乎没有开展社区居委会的选举。

从表 4-1、表 4-2 和表 4-14、表 4-15 可见，城乡居民参与活动的情形表现为村民的参与活动集中在村委会选举上，呈现出"一枝独秀"的状况，参与的渠道比较单一，内容相对狭窄；市民在居委会选举中参与比例不如村庄，但是政治参与呈现出分散状和多元化趋势，单位选举和人大代表选举等也是居民政治参与的主要形式。市民这种多渠道的政治参与，是城市居民提升公民意识的基础，也是训练市民政治效能感的最佳的形式。佩特曼的研究也认同这一点：工作单位的政治参与可以训练公民成为民主社会的"典型公民"。[①]

2. 城乡居民在政治参与深度上的比较

从表 4-3 和表 4-16 可见，城乡居民的政治参与强度都较低。在总体政治参与上，市民高于村民；而在维持性政治参与方面，村民远高于市民；其他两个类型的政治参与，市民均高于村民。也就是说，在低水平政治参与方面，村民高于市民，在中高水平的政治参与方面，市民要高于村民。由此可以说明：第一，尽管市民参与居委会选举没有村民参与村委会选举普遍，但是市民多渠道的参与类型以及相应的参与经验，会促进市民在高水平参与上的活动，并提升他们相应的行为。第二，由于乡村的选举，政策性强，秩序严谨，在多年的训练中，村民对于选举的相关规定和操作程序，都有相当的认识，因此，在维持性政治参与上，村民的水平要远远高于缺少相应训练的市民，市民对于社区的疏离和漠不关心会导致其在维持性政治参与上水平不高。第三，市民的政治效能感的总体特征优于村民，会使得市民具有更为持久的动机参与到政治中。

---

① [美] 卡罗尔·佩特曼：《参与和民主理论》，陈尧译，上海世纪出版社 2006 年版，第 64—80 页。

3. 城乡居民在政治参与的形式上的比较

在政治参与的主动性与被动性方面，城乡居民表现相反，城市居民表现出对娱乐性的公共事务参与的主动性强于居委会选举的主动性；农村居民参与居委会选举的主动性强于参与娱乐性事务的主动性。城市居民由于居委会选举的被操作化以及利益关切不大，表现出对选举的被动和疏远；而村民由于利益关切和选举的正规化以及多年的训练，参与选举的主动性已经养成。

（二）城乡居民政治参与影响因素的比较分析

1. 社会人口学因素对城乡居民政治参与的影响比较

（1）性别因素对城乡居民政治参与影响的比较

表4-7、表4-9和表4-18中显示，在总的政治参与方面，性别差异是村庄政治参与的影响变量，村庄女性的政治参与水平低于男性，而社区居民在总的政治参与强度上则不表现男女性之间的统计差异。

村庄女性在政治参与方面与男性的差异，一方面与她们在家庭和乡村社会中被赋予的角色有关，詹宁斯的研究发现：中国乡村男女的差异，主要是传统社会男女性别的差异仍然存在，女性一直处于农村社会结构以及家庭中的从属地位，表现在政治上最为直接的就是农村女性党员较少，受教育机会也较少，农村女性更多地会受到乡村环境的影响。[①] 另一方面，女性自身也对这种角色给予认同，没有参与的动机，她们的政治效能感较低，恰恰说明了其政治参与匮乏的原因。

在城市中，由于社会结构以及女性在社会工作中的地位，以及由此产生的经济独立性，导致城市女性在政治参与中的自主性，加之传统文化对女性的束缚相对较少。在社区工作中，女性市民是公共参与的主要

---

① M. Kent Jennings, "Gender and Political Participation in the Chinese Countryside", *The Journal of Politics*, Vol. 60, No. 4, December 1998, p. 964.

力量，较多的退休女职工，都比较热心社区公共活动。

（2）年龄段对城乡居民政治参与影响的比较

生命周期是指成熟和自然发展的代际过程，其包含了个人的年龄阶段、家庭生活周期和组织的生活周期三个方面。[①] 在社会科学中，尤其注重个体在不同的年龄阶段表现出来的不同的特征和特点。就我们的研究而言，处于不同年龄段的城乡居民在政治参与中表现出怎样的特点？城乡居民在不同的年龄段上的政治参与又有哪些不同？

从政治参与的广度看，参与村庄选举最多的年龄群是41—55岁的村民，参与社区选举最多的年龄群是56—65岁及以上的居民。

如果将处于不同年龄段的城乡居民运用方差分析进行政治参与及其各深度上的比较，我们发现，村民在总政治参与、维持性政治参与、推动性政治参与上均有显著差异，只在敦促性政治参与上无显著差异，其中维持性政治参与方面存在显著年龄差异。具体看，呈现出随着年龄增长维持性政治参与的水平越高的特点，说明年长者仍是维持性政治参与的主要依赖对象；在推动性政治参与方面，35—49岁这一年龄段的村民水平最低，按理说，这一年龄段的村民应该是乡村选举中最为活跃的群体，可能是因为处于这一年龄段的村民是家庭主要劳动力，无暇顾及政治，尤其对于推动性政治参与而言，需要的成本或许更大，因而更是不愿付出；而处于65岁以上的群体推动性政治参与水平最高，65岁以上老人一般都是中国乡村社会中受人尊敬的长者，而且相对比较有权威，因此在乡村中，这部分人由于自身社会地位受到推崇，而在公共事务中更具有发言权和影响力，相比较其他年龄段的群体就显得较高。对于市民来说，年龄段没有呈现出对政治参与深度的影响。见表5-5。

[①] Angela M. O'Rand and Margaret L. Krecker, "Concepts of the Life Cycle: Their History, Meaning, and Uses in the Social Science", *Annual Review of Sociology*, Vol. 16, 1990, pp. 241 – 262.

表 5-5　年龄与城乡居民政治参与及其深度的方差分析

政治参与（乡村）	年龄段（年）	人数	平均数	F 值
总政治参与	18—34 35—49 50—64 65 以上	111 291 352 49	1.59 1.56 1.65 1.67	3.00*
维持性政治参与	18—34 35—49 50—64 65 以上	111 291 352 49	2.03 2.08 2.21 2.23	4.25**
推动性政治参与	18—34 35—49 50—64 65 以上	111 291 352 49	1.37 1.31 1.42 1.45	3.67*
敦促性政治参与	18—34 35—49 50—64 65 以上	111 291 352 49	1.35 1.29 1.28 1.29	0.56
政治参与（城市）	年龄段	人数	平均数	F 值
总政治参与	18—34 35—49 50—64 65 以上	85 202 103 24	1.52 1.66 1.68 1.50	1.94
维持性政治参与	18—34 35—49 50—64 65 以上	85 202 103 24	1.64 1.81 1.92 1.69	2.50
推动性政治参与	18—34 35—49 50—64 65 以上	85 202 103 24	1.44 1.56 1.57 1.46	1.13
敦促性政治参与	18—34 35—49 50—64 65 以上	85 202 103 24	1.49 1.62 1.56 1.32	1.37

注：* $p<0.05$；** $p<0.01$；*** $p<0.001$

城乡居民的上述不同，可以清楚地表明，村民的政治参与具有年龄群体的区别，也就是说村庄政治参与在不同的年龄中表现不同；而对于城市居民而言，没有年龄段的差别。村民中老者的地位仍然沿袭了传统社会中"老者为尊"的习俗，说明老者仍然是乡村政治不可或缺的重要对象，他们起着承袭乡村社会政治活动的角色。而在城市社区，这种老者为尊的观念早已不复存在，由于社区的流动性和扩大化，导致社区成为陌生人的社会，老者为上的观念也会被这种快速的流动性和现代性冲击得无影无踪，尽管相当部分社区的管理上依赖老者的现象非常普遍，但是老者并无法凸显在熟人和半熟人社会中的优势，不仅如此，社区中大部分老者为弱势群体，他们往往要受到社区居委会的"庇护"才能获得相应的尊重；再加上网络在城市的快速发展，不同年龄段的居民更多地会从网络上获取需要信息，老人的社会作用逐渐弱化。与此同时，社区政治参与的有限性和社区自治的淡化，根本不会在所有年龄段的居民群体上产生什么影响，呈现出社区政治参与的居民均等化现象。

(3) 受教育程度对城乡居民政治参与影响的比较

社会成员的受教育程度是反映其社会地位与社会化程度的变量，一般的认识是受教育程度与政治参与有着紧密的关联性，受教育程度越高，政治参与的强度也应越高。就我们调查的结果看，这种结论并不一定具有普适性。

从政治参与的广度看，乡村中参与选举最多的是处于初中水平的村民，并不是受高中教育以上的村民；从政治参与的深度看，农村居民受教育程度越高者，政治参与越积极，并且这种线性关系体现在各个层级的政治参与水平上。这一结论证实了前面的假设。对于城市居民，本研究发现：参与社区选举最多的市民是处于小学文化程度的群体，多为女性，政治参与的深度上没有体现受教育程度越高，政治参与的水平就越高的规律，体现的是受教育水平与政治参与之间不规律的折线关系，这种折线关系总体上的趋势也是逐渐增高，具有高中学历水平的这一群体似乎在各个类型的政治参与上都显得比较消极。见表5-6。

表5-6 城乡居民受教育程度在政治参与及其深度上的方差分析

政治参与（乡村）	受教育程度	人数	平均数	F值
总政治参与	不识字 小学 初中 高中 本科	34 220 408 117 24	1.43 1.57 1.59 1.73 1.99	11.16***
维持性政治参与	不识字 小学 初中 高中 本科	34 220 408 117 24	1.82 2.10 2.15 2.26 2.31	4.45***
推动性政治参与	不识字 小学 初中 高中 本科	34 220 408 117 24	1.24 1.34 1.35 1.48 1.82	8.59**
敦促性政治参与	不识字 小学 初中 高中 本科	34 220 408 117 24	1.22 1.23 1.26 1.45 1.85	11.39**
政治参与（城市）	受教育程度	人数	平均数	F值
总政治参与	不识字 小学 初中 高中 本科	4 16 116 188 103	1.81 1.33 1.60 1.60 1.77	3.02*
维持性政治参与	不识字 小学 初中 高中 本科	4 16 116 188 103	1.69 1.52 1.79 1.75 1.92	1.47

（续表）

政治参与（城市）	受教育程度	人数	平均数	F 值
推动性政治参与	不识字 小学 初中 高中 本科	4 16 116 188 103	1.90 1.28 1.51 1.51 1.67	2.63*
敦促性政治参与	不识字 小学 初中 高中 本科	4 16 116 188 103	1.83 1.17 1.48 1.55 1.75	3.19*

注：* $p < 0.05$；** $p < 0.01$；*** $p < 0.001$

（4）经济收入对城乡居民政治参与影响的比较

从政治参与的广度看，乡村中家庭人均年收入在5000—7999元之间的村民是参与村委会选举最多的群体；城市中人均月收入在3000—4999元间的市民是参与居委会选举最多的群体。

从政治参与的深度看，表4-7和表4-18显示，城乡居民经济收入对于政治参与而言，并不是十分重要的影响因子。但是如果将经济收入因素运用方差分析进行分析，我们可以更加明确地看到两者的关系，经济收入对于城乡居民政治参与的影响是不同的。村民的经济收入差异对总体的政治参与影响不大，但是对维持性政治参与、敦促性政治参与具有显著影响，对于推动性政治参与的影响不显著，而且村民经济收入与政治参与的关系并没有体现出线性关系，而是呈现出较为复杂的曲线关系；对于市民而言，经济收入对于总体政治参与就有比较显著的影响，而这种影响主要反映在推动性政治参与上。市民的推动性政治参与显示出随着经济收入提升而参与强度增加的趋势。

（5）政治面貌对城乡居民政治参与影响的比较

从表4-7和表4-8可以看到，不管是市民还是村民，是不是党员都影响着他们的政治参与行为,而且均对政治参与的解释率很高,具体为村民政治面貌对于政治参与的整体解释率为 6.2%,市民的解释率为 9.6%。从表 4-18、表 4-19 还可看出,在三个层次的政治参与强度上,均显示出党员村民、市民和非党员村民、市民之间的显著差异,差异程度市民比村民更为强烈。这是城乡居民在政治参与上表现出来的一致性结论。

詹宁斯在其对中国乡村的政治参与研究中指出:党员对政治参与有着极为强烈的影响力。[1] 党员居民与非党员居民在政治参与上的差异,说明在政治行为方面党员居民的积极性要高于非党员,这与党员在平时的政治教育有莫大的关系,因为共产党在对党员的教育中明确规定"党员要起模范带头作用",这种带头作用更多地体现在行为上,比如对乡村、社区中公共事物和公共决策的支持,对村委会、居委会及其干部的支持等。这种"模范带头作用"或许会在外显的行为中表现出来,其内在动机之一可能是政治效能感,另一种或许就是党员长期受党的熏陶而形成的身份意识,尽管这种"意识"并不一定转化成政治效能感,但在重大政治事件和活动中,党员的这种意识还是比较强烈的。由此可见,党员的身份意识表现在外显行为上要远远高于内在政治态度上。

2. 环境因素对于城乡居民政治参与影响的比较

从政治参与的广度看,乡村中矛盾冲突越大的村庄参与选举的村民越多,而矛盾较小或者无竞争的村庄参与选举的村民较少。城市社区中是位于省核心的城市社区参与选举的居民越多。

从政治参与的深度看,表 4-10 与表 4-11 显示,维持性政治参与四个村庄没有太大差异,但是在推动性政治参与和敦促性政治参与方面都表现出矛盾较大、家族势力竞争的村庄要比无矛盾和无家族势力的村

---

[1] M. Kent Jennings, "Political Participation in the Chinese Countryside", *The American Political Science Review*, Vol. 91, No. 2, June 1997, pp. 361–372.

庄参与政治水平高的特征。表 4 - 20 也显示出，处于不同区域的社区居民也表现出地区差异。

三、城乡居民政治效能感与政治参与之间的关联性分析

社会心理学中态度与行为关系的理论以及已有的现代化理论，都认为民众的政治效能感与政治参与之间具有相当的一致性。坎贝尔的研究指出，在一定程度上，政治效能感是可以测量的，同时它与政治参与有着紧密的关联性，[1] 并通过其研究证实，一个个体的政治效能感高，政治参与水平也高。[2] 哈罗德·D. 克拉克和艾伦·C. 艾萨克（Harold D. Clarke and Alan C. Acock）的研究以及吉光·塔克和迈克尔·克莱曼（Yoshimitsu Takei and Michael Kleiman）研究也认为政治效能感影响政治参与，效能高的个体，政治参与也较为积极；效能低的个体，政治参与较为消极。[3] 具体到内在政治效能感和外在政治效能感与政治参与的关系方面，有学者指出，外在政治效能感与政治参与的关联性比较大，艾布拉姆森在分析美国自 1960 年以来总统选举参与下降的原因中提出，这种参与率的下降很大程度上与政党认同和外在政治效能感的降低有关。[4] 台湾学者黄信豪研究指出，代表自我政治能力评估的内在政治效

---

[1] Angus Campbell, Gerald Gurin, Warren E. Miller, *The Voter Decides*, New York: Row, Peterson and Company1954, p. 187.

[2] Angus Campbell, Gerald Gurin, Warren E. Miller, *The Voter Decides*, New York: Row, Peterson and Company, 1954, p. 190.

[3] Harold D. Clarke & Alan C. Acock, "National elections and Political attitude: The case of Political efficacy," *British Journal of Political Science*, Vol. 19, No. 4, Octermber 1989, pp. 551 - 562. Yoshimitsu Takei and Michael Kleiman, "Participation and Feeling of Political Efficacy: The Examination of the Transference Model," *Comparative Education Review*, Vol. 20, No. 3, October 1976, pp. 381 - 399.

[4] Paul R. Abramson & John H. Aldrich, "The Decline of Electoral Participation in America", *The American Political Science Review*, Vol. 76, No. 3, September 1982, p. 502.

能感是民众从事竞选活动参与相当重要的心理基础。① 陈陆辉的研究也说明，台湾不同地市的政治效能感的不同，会表现在对市级政府的不同支持度上。② 陈杰和杨忠（Jie Chen & Yang Zhong）在研究中国的乡村选举时指出，具有较高内在政治效能感的村民愈发倾向参与投票活动。③

由上可知，政治效能感与政治参与之间的密切关系是学界认同的，但是有很多问题还需要进一步澄清和证实，首先，内、外在政治效能感对政治参与的影响哪一个更为明显，并没有一致的认识，而且究竟是内在政治效能感还是外在政治效能感更易引发城乡居民参与政治呢？其次，政治效能感与政治参与形成怎样的关系才是一个民主政体真正的表现？本研究以为，在一个民主国家，政治效能感与政治参与之间应该具有良好的一致关系，即适度的政治效能感应该有适度的政治参与。适度的政治效能感是保证民主政体得以正常运作的公民基本的态度条件，过低的政治效能感必然带来政治输入的严重不足，导致政治系统瘫痪，民主政府也就不称为民主。过高的政治效能感也会导致政治参与爆炸，产生暴民政治。因此政治效能感与政治参与的适度一致是最为合理的关系。

本章首先论证的是城乡居民政治效能感在与其他自变量的竞争中，是否与政治参与有着较强的关联性，其次再进一步论述两者的内在关系。

（一）农村居民政治效能感与政治参与之间的关联性分析

从第四章分析可见，影响村民政治参与的因素较多，政治面貌、性

---

① 黄信豪：《政治功效意识的行动效果》，载《台湾民主季刊》，2006年第2期，第119页。
② 陈陆辉：《政治效能感与政党认同对选民投票抉择的影响》，载《台湾民主季刊》，2008年第1期，第87页。
③ Jie Chen & Yang Zhong, "Why people Vote in Semicompetitive Elections in China", *The Journal of Politics*, Vol. 64, No. 1, February 2002, p. 193.

别和不同的地域等 10 个自变量都对政治参与产生不同的影响,然而,将这些因素与村民的政治效能感放在一起,究竟哪些因素对政治参与的影响力更大、解释力更强些? 或者说在社会人口学变量、地域变量和物质刺激、关系以及政治效能感等方面共同作用于政治参与时,到底哪些因子起到关键作用? 如果是政治效能感在诸多因子中起到关键作用,那我们进一步追问的是政治态度与政治参与之间的关系又是怎样的?

1. 农村居民政治效能感与总体政治参与之间的关联性

我们运用逐步回归法 (stepwise regression) 进行初步选择,了解哪些自变量能够进入到解释总体政治参与的模型中,后用虚拟回归 (dummy regression) 进行模型运算。将 10 个自变量经过筛选后发现,在社会人口学变量中:政治面貌、性别、受教育程度是影响总的政治参与的主要变量,不同地域环境是影响政治参与的重要变量以及村庄内在政治效能感等 5 个自变量进入到模型中,关系与物质诱因两个自变量没有进入到总体政治参与的解释中。进一步了解上述 5 个自变量中各自对于政治参与的解释力。结果见表 5-7。结果发现,上述 5 个变量全部进入解释中,解释量达 56.5%,调整后的 R^2 变量也达到 31.9%,说明这 5 个变量对于总的政治参与有相当的解释度。并且 5 个变量的显著性检验全部呈现显著。同时 5 个自变量中,村民村庄内在政治效能感对于总体政治参与的解释度为 21.8%,占到 5 个自变量中的最大比例;其次是性别 (解释度为 3.5%),再次是不同的地域 (解释度为 3.4%),第四为政治面貌 (解释度为 1.5%),最后为受教育程度 (解释度为 1.8%)。由此可见,村级内在政治效能感对于总的政治参与产生显著影响,这就证明了作为比较稳定的内在能力感知对政治参与的影响的假设。

在社会人口学变量中,将女性、非党员以及文盲作为控制变量,发现男女性别之间在总体政治参与方面有显著差异,党员村民与非党员村民之间在总体政治参与方面也有显著差异,受教育水平是在大学及大学以上的村民与文盲村民在总体政治参与上有显著差异;不同地域的村庄上，位于 C 市的两个村庄 c_2 村和 c_1 村与位于 A 市的 a_1 村之间在总体政治参与上有显著差异。

表5-7 5个自变量对村民总体政治参与影响的回归模型

自变量	系数	标准误
村庄内在政治效能感	0.47	0.035***
男性（女性=0）	0.19	0.033***
党员（非党员=0）	0.13	0.057**
（受教育水平1=0）		
受教育水平2	0.40	0.093
受教育水平3	0.03	0.092
受教育水平4	0.08	0.099
受教育水平5	0.14	0.125*
(a_1 村=0)		
b_1 村	0.03	0.046
c_2 村	0.18	0.044***
c_1 村	0.17	0.044***
N = 456		
R = 56.5.1%	AdjR^2 = 29.3%	

注：*$p<0.05$；**$p<0.01$；***$p<0.001$

由此可见，村民村庄内在政治效能感是影响其政治参与最为主要的自变量，内在政治效能感是个体在政治活动中形成的对自身政治能力较为稳定的主观倾向性和感知，由于其具有动机和唤醒的作用，因此在环境允许的情况下，这种内在的政治效能感就会从储备状态转变为行为状态，导致政治参与行为的发生。这也再一次证明前文假设的正确性。村民外在政治效能感对于政治参与基本没有影响，这是因为外在政治效能感会受到外部环境影响，不稳定，容易发生变化，因此它对政治行为的影响不是很强烈。

进一步探究发现，在村民村庄内在政治效能感的两个要素中，村庄了解型内在政治效能感对于总体政治参与的影响更为显著，影响型政治效能感的影响不显著。了解型政治效能感反映的是村民主观上自认为对于村庄乡规民约以及选举程序等知识的了解程度，这种了解并不足以促进村民整体的政治参与，然而由于村民总体政治参与水平较低，所以较低层次的了解型政治效能感就会对政治参与有较大影响，从这个角度讲，政治参与的低水平就不需要村民较高层面的内在政治效能感。

2. 农村居民政治效能感与不同深度政治参与的关联性分析

同样将上述 10 个变量放置于不同层级的政治参与中进行竞争性比较，考察政治效能感对村民维持性政治参与、推动性政治参与和敦促性政治参与的贡献率。

（1）农村居民政治效能感与维持性政治参与

将上述 10 个变量放入模型中进行初步的筛选，结果发现进入模型，影响维持性政治参与的自变量只有村民内在政治效能感、性别、政治面貌和物质诱因 4 个变量（见表 5－8）。上述 4 个变量对于维持性政治参与的解释量为 53.8%，调整后的解释度为 28.1%。其中村庄内在政治效能感的解释度占到 21.7%、性别的解释度为 3%、政治面貌的解释度为 3.1%、物质诱因的解释度为 1.2%。4 个自变量对于维持性政治参与的影响均达到显著性水平。

由表 5－8 可以看到，村民村庄内在政治效能感作为村民个体对自身政治知识、政治能力的感知，感知较强的个体会积极参与公共事务，在乡村政治中，对于维持性政治参与而言，村民村庄内在政治效能感仍然是非常重要的要素之一。村民村庄外在政治效能感对于维持性政治参与没有影响。

进一步研究发现，村庄内在政治效能感中，了解型政治效能感和影响型政治效能感对于维持性政治参与均有显著影响（显著系数分别达到 0.000 和 0.005），了解型内在政治效能感对于维持性政治参与的解释度大于影响型内在政治效能感（0.243＞0.007）。

表5-8 4个自变量对村民维持性政治参与影响的回归模型

维持性政治参与	系数	标准误
村庄内在政治效能感	0.47	0.049***
党员（非党员=0）	0.18	0.089***
男性（女性=0）	0.18	0.045***
（物质诱因4=0）		
物质诱因1	-0.11	0.052*
物质诱因2	0.01	0.092
物质诱因3	-0.08	0.085
N=456		
R=53.8%	adjR^2=28.1%	

注：* $p<0.05$；** $p<0.01$；*** $p<0.001$

（2）农村居民政治效能感与推动性政治参与

将10个自变量放入村民推动性政治参与模型中，结果发现影响村民推动性政治参与的自变量有7个，它们分别是不同地域的村庄、性别、政治面貌、村庄外在政治效能感、村庄内在政治效能感、受教育程度和物质诱因。7个变量对于推动性政治参与的解释度为50.9%，修订后的解释度为22.4%，其中贡献度依次为性别（8.2%）、村庄环境（5.3%）、政治面貌（3.3%）、村庄内在政治效能感（3.1%）、村庄外在政治效能感（2.8%）、受教育程度（2.6%）、物质诱因（0.6%）。有5个自变量均达到显著水平。见表5-9。

表5-9显示，对于推动性政治参与，是一个多个自变量影响的状态，即村庄内在政治效能感和外在政治效能感、性别、政治面貌和不同村庄都对推动性政治参与有影响。同时，村庄内在政治效能感的解释度大于村庄外在政治效能感。

表5-9 7个自变量对村民推动性政治参与影响的回归模型

推动性政治参与	系数	标准误
村庄内在政治效能感	0.198	0.07***
村庄外在政治效能感	-0.171	0.042**
党员（非党员=0）	0.184	0.101***
（女性=0）		
男性	0.286	0.06***
（物质诱因4=0）		
物质1	0.079	0.065
物质2	0.012	0.150
物质3	-0.030	0.098
（受教育程度1=0）		
受教育程度2	0.07	0.136
受教育程度3	0.12	0.134
受教育程度4	0.03	0.145
受教育程度5	0.17	0.187*
（Xc村=0）		
ZH村	-0.231	0.062***
N=456		
R=50.9% adjR^2=22.4%		

注：* <0.05；** $p<0.01$；*** $p<0.001$

（3）农村居民政治效能感与敦促性政治参与

对于敦促性政治参与来讲，只有3个自变量进入到模型中，这3个变量的总的解释度为27.1%，调整后的解释度为6%，其中村庄内在政治效能感的解释度为5.8%，不同年龄段的解释度为1.1%，物质诱因的解释度为0.4%。这3个自变量对于敦促性政治参与的影响均达到显著水平。见表5-10。由此可知，村庄内在政治效能感也是影响村民敦促性政治参与的重要变量。进一步探究发现，村庄了解型内在政治效能感和影响型内在政治效能感均是影响敦促性政治参与的重要因素，但从解释度而言，了解型内在政治效能感解释度为6.3%，影响型内在政治效能感的解释度为1.1%。

表 5-10　3 个自变量对村民敦促性政治参与影响的回归模型

敦促性政治参与	系数	标准误
村庄内在政治效能感	0.24	0.046***
（年龄 18—34 = 0）		
年龄 35—49	-0.126	0.064*
年龄 50—64	-0.081	0.062
年龄 65 岁以上	-0.095	0.111*
（物质 4 = 0）		
物质 1	0.075	0.052
物质 2	0.018	0.091
物质 3	0.028	0.084
N = 456		
R = 27.1% 　　adjR^2 = 6%		

注：* $p < 0.05$；** $p < 0.01$；*** $p < 0.001$

3. 农村居民政治效能感与政治参与的内在关系

政治效能感属于一种特殊的政治态度，这种特殊性主要体现在以下几个方面：第一，政治效能感的指向是特殊的，任何态度都是有对象的，但是政治效能感的指向是在与政府关系的整合后投射在自我评级的基础上形成的，这就导致其态度形成的基础是以往与政府以及相关决策部门的感知和接触，其后才会形成对自身能力的认识和评价，如果前者没有形成一个正向的态度结构，后者也就很难形成积极的自我认识和评价；第二，政治效能感的结构是复杂的，它并不是简单的认知、情感和行为意向的总和，它在很大程度上起到了动机的作用，而且这种动机趋向十分强烈，会在短暂的时间内直接促发政治行为的产生，也可以在短暂的时间内阻止政治行为的产生。由表 5-7 可见，政治效能感与政治参与具有显著相关，再一次证明了政治效能感与政治参与之间的关联性。而这种关联性主要来自于村民村庄内在政治效能感，内在政治效能感与村民政治总参与的相关系数达到 0.483，由于村民内在政治效能感更多地指向自我政治能力的评估，这种评估是在自己已经拥有的政治知识和政治经验基础上产生的,当村民具有政治能力的自信时,就具有了较为强烈的行动意向和情绪动机,当具有了相当的条件时,这种行为意向就直接转化为行为。

由于外在政治效能感的获得更多地依靠认知对象,亦即村委会及其干部,再回馈到村民心理,因此村庄外在政治效能感更多地会随着外在环境的变化而变化,如村民所在村庄、所在宗族以及政治认同和政治信任的影响,会随着既有政治系统的变化而变化,这就导致外在政治效能感具有了不稳定性和不确定性,无法形成明确的行动意向和情绪动机,因此,对政治参与行为的影响就较为薄弱。

由此引发的下一个问题是,在构成内在政治效能感的两个不同层级,哪一个对政治参与影响更大?我们的理论假设是,低效能感与低政治参与相关联,高效能感与高政治参与相关,为说明这一问题,我们将前已描述的问题进行总结。结果见表5-11。

表5-11 村民村庄内在政治效能感各类型与其政治参与深度的回归模型

村庄内在政治效能感的类型	系数	标准误
模型一:$R^2 = 24.3\%$		维持性政治参与
了解型村庄内在政治效能感	0.493	0.031***
模型二:$R^2 = 0.7\%$		
影响型村庄内在政治效能感	0.088	0.031**
模型一:$R^2 = 11.7\%$		推动性政治参与
了解型村庄内在政治效能感	0.342	0.026***
模型二:$R^2 = 1.2\%$		
影响型村庄内在政治效能感	-0.113	0.026***
模型一:$R^2 = 6.3\%$		敦促性政治参与
了解型村庄内在政治效能感	0.251	0.030***
模型二:$R^2 = 1.1\%$		
影响型村庄内在政治效能感	0.107	0.030**

注:*$p<0.05$;**$p<0.01$;***$p<0.001$

表 5-11 的结果显示，不管是维持性政治参与、推动性政治参与还是敦促性政治参与方面，了解型政治效能感对其的解释度均高于影响型政治效能感，相比较而言，了解型政治效能感对于维持性政治参与的解释度最大，其次是推动性政治参与，最后是敦促性政治参与。影响型政治效能感虽然在回归模型上也显示出显著性，但是与了解型政治效能感相比较，其对三种政治参与的解释度都比较小，但是也能看出，随着政治参与深度的加强，影响型内在政治效能感的解释度在逐渐增强，同时也均呈现出显著的影响。由此可见，原有的理论假设，即低效能与低参与相关显著，高效能感与高参与相关显著的假设无法证实，而是得出：低效能与低参与、高参与均有显著相关，相比较于影响型政治效能感，了解型政治效能感对各层级政治参与的影响，包括对于推动性政治参与和敦促性政治参与均产生显著影响。

低效能与低参与相关性显著是因为低效能感也仅是对于乡村政治生活的基本了解和关注，并没有形成影响的意愿和动力。这种效能感不足以使民众参与具有公开性和敦促性很强的政治参与活动，只能引发维持性的政治参与。而中国农民所具有的低效能却在很大程度上与高参与相关，这与西方理论的结论截然不同。从而也证实由于中国村民政治参与的总体水平较低，深度政治参与几乎没有，所以村民已有的低层次的了解型内在政治效能感就足以引发各种层次的政治参与。

农村居民所表现出来的政治效能感与政治参与深度之间的关系，证实了村民内在政治效能感对于政治参与及其三种不同类型政治参与的影响，更为重要的是说明了在中国的基层民主建设中，村民已经形成了较为适度的了解型内在政治效能感，即村民已经具备了相应的主观政治认知能力，这种主观的认知能力可以满足村庄公共事务所需要的行为，这就是说，村民的政治参与水平和层次均很低，使得低层次的内在了解型政治效能感具有了"弥漫性功能"（diffuse functions），从而说明村民所具有的政治效能感与政治参与之间不是一种均衡发展的状态，而是一种不均衡形态。其原因是村民政治参与的低层次性、有限性和管道狭窄，较为"单一"的村委会选举不足以激发更大的民主空间，使得村民的政治态度"阻滞"，无法形成较高的影响型内在政治效能感，也就不可能影响较高层次的政治参与。

（二）城市居民社区政治效能感与政治参与的关联性分析

从前几章分析可以看出，居民政治效能感较高，而政治参与较低，这种两极化的态度与行为表现驱使我们进一步了解城市居民政治态度与政治行为之间的关系到底是怎样的、政治态度是否真正与政治行为之间有着密切的关系？我们同样采取逐步回归法了解在诸多自变量中政治效能感与政治参与的关系。

1. 城市居民社区政治效能感与总体政治参与之间的关联性

城市居民的社区政治效能感是不是影响总体政治参与的最为关键的指标，需要与其他自变量进行比较才能得知。因此运用逐步回归方程，将性别、年龄、受教育水平、人均经济收入以及不同社区和内在、外在政治效能感等9个自变量均放入模型中，考察其对城市居民总体政治参与的影响。结果发现有4个自变量进入模型中。这4个变量对于总体政治参与的解释度达到58.4%，调整后为33.0%，解释的自变量首先是社区内在政治效能感（解释度为24.4%）；其次将非党员居民作为控制变量，党员的解释度为6.1%；再次是不同社区的解释度为2.0%；最后是社区外在政治效能感1.6%，上述4个变量均达到显著水平。见表5-12。

从表5-12可见，对于城市居民而言，社区内在政治效能感、社区外在政治效能感均是影响总体政治参与的指标，相比较而言，社区内在政治效能感影响较大。这说明内在政治效能感依然是影响政治参与的重要变量，这与本书的假设一致。同时对于城市居民而言，对于社区居委会的信任与否也是影响其政治参与的关键因素。城市居民与农村居民的政治效能感与政治参与的关系相比较，城市居民的政治参与受到了社区外在政治效能感的影响,这是因为城市居民的参与活动是动员的结果,他们不存在"利益"驱动的结果。在这样的情况下,作为对于居委会工作的信任与"回馈"他们才会参与社区的公共活动。

表 5 – 12 影响城市居民总体政治参与诸变量之间的回归分析模型

总体政治参与	系数	标准误
居民社区内在政治效能感	0.494	0.061***
(非党员 = 0)		
党员	0.250	0.069***
居民社区外在政治效能感	0.147	0.060**
(Sc 社区 = 0)		
Sa 社区	-0.157	0.072**
Sb_2 社区	-0.02	0.079
N = 364		
R = 58.4% $AdjR^2$ = 33%		

注:* $p<0.05$;** $p<0.01$;*** $p<0.001$

2. 城市居民政治效能感与不同深度政治参与的关联性分析

维持性政治参与、推动性政治参与和敦促性政治参与三种深度不同的政治参与,在城市居民中的表现也较低,总体的趋势仍然是维持性政治参与高于敦促性政治参与,敦促性政治参与高于推动性政治参与。这样的现状是不是同样受到诸多自变量的影响?政治效能感是否仍然是影响它们变化的重要因素?

(1) 城市居民政治效能感与维持性政治参与

对于维持性政治参与而言,将9个自变量全部放进回归分析中,只有社区内在政治效能感、社区外在政治效能感和政治面貌进入了方程中,3个变量对维持性政治参与的解释度为56.4%,调整后的解释度31.3%。3个自变量的贡献率分别是,社区内在政治效能感为25.4%,

社区外在政治效能感为4.3%，以非党员居民为参照，党员居民的贡献率为2.1%。3个变量均表现出显著水平。见表5-13。

表5-13　3个自变量对城市居民维持性政治参与的回归模型

维持性政治参与	系数	标准误
社区内在政治效能感	0.504	0.067***
社区外在政治效能感	0.242	0.065***
（非党员=0）		
党员	0.148	0.074***
N=425		
R=56.4%　　adjR^2=31.3%		

注：$^*p<0.05$；$^{**}p<0.01$；$^{***}p<0.001$

由表5-13可见，对城市居民维持性政治参与影响最大的仍然是社区内在政治效能感，其次是社区外在政治效能感。社区内在政治效能感是影响居民维持性政治参与的主要变量。对于维持性政治参与，居民较为稳定的内在的主观政治能力感和主观政治认知感足以推动其参与社区基本的选举活动。

（2）城市居民政治效能感与推动性政治参与

同样，我们对居民推动性政治参与也做了相同的方程，探究其关键的影响因素。见表5-14。有3个自变量进入方程中，总体解释率为45.4%，调整后的解释率为19.7%。3个变量的解释率分别为社区内在政治效能感为8.9%，不同社区为7.5%，政治面貌为4.3%。3个变量均呈现显著水平。

由此可见，市民社区内在政治效能感依然是影响推动性政治参与的主要因素，政治面貌和不同社区环境也是影响推动性政治参与的重要原因。

表 5-14　3 个自变量对城市居民推动性政治参与影响的回归模型

维持性政治参与	系数	标准误
社区内在政治效能感	0.298	0.069***
(Sc 社区 =0)		
Sa 社区	-0.388	0.079***
Sb_2 社区	-0.239	0.086***
（非党员 =0）		
党员	0.216	0.077***
N =325		
R =45.4%　　adjR^2 =19.7%		

注：* $p<0.05$；** $p<0.01$；*** $p<0.001$

（3）城市居民政治效能感与敦促性政治参与

对于敦促性政治参与而言，进入方程的有 3 个自变量，总的解释度为 53.6%，调整后的解释度为 28.2%，3 个自变量的解释度分别为社区内在政治效能感为 21.7%，政治面貌为 4.7%，社区外在政治效能感为 2.3%。见表 5-15。

表 5-15　3 个自变量对城市居民敦促性政治参与影响的回归模型

敦促性政治参与	系数	标准误
社区内在政治效能感	0.466	0.072***
（非党员 =0）		
党员	0.220	0.08***
社区外在政治效能感	0.178	0.069***
N =425		
R =53.6%　　adjR^2 =21.7%		

注：* $p<0.05$；** $p<0.01$；*** $p<0.001$

从表 5-15 中可见，社区内在政治效能感和社区外在政治效能感依然是解释敦促性政治参与的重要变量。

综上可见，城市居民的社区内在政治效能感对于总体政治参与和不同类型的政治参与均有较为显著的影响。而城市居民的社区外在政治效能感对于政治参与及其不同类型的影响则表现不一。城市居民社区外在政治效能感对于维持性政治参与和敦促性政治参与的影响较为显著，而对于推动性政治参与没有影响。

进一步想了解的是社区居民社区内、外在政治效能感对于不同深度的政治参与的影响主要表现在哪一个政治效能感的面向上，我们运用回归模型进行分析。见表 5–16。

由表 5–16 可见，城市居民在内在政治效能感的两个面向上呈现出了解型政治效能感对于维持性政治参与和敦促性政治参与的解释度高于对于推动性政治参与，而影响型政治效能感对于推动性的政治参与解释度要高。这说明城市居民对自身政治了解能力的主观感知影响到了自身是否参与最为基本的政治活动和劝说其他人参与活动；那些认为自己可以影响社区公共事务的居民则更可能在公开场合和其他场合提出自己的见解。

从城市居民的社区外在政治效能感看，虽然重视型政治效能感和回应型政治效能感对于维持性政治参与和敦促性政治参与的影响均达到显著水平，但是从总的趋势看，重视型外在政治效能感对于维持性政治参与的解释度大于敦促性政治参与，回应型外在政治效能感对于推动性政治参与和敦促性政治参与的解释度逐渐增大，尤其是对于推动性政治参与，回应型的外在政治效能感是唯一的解释。本研究认为，由于推动性政治参与具有公开性和建设性，需要社区居民更多的勇气，因此，具有较高回应型外在政治效能感的居民会出于社区居委会的高度信任而大胆发表意见。

表 5-16 城市居民内在、外在政治效能感与政治参与深度的回归模型

社区内在政治效能感	系数	标准误
模式一：$R^2 = 21.5\%$		维持性政治参与
了解型政治效能感	0.464	0.053***
模式二：$R^2 = 0.4\%$		
影响型政治效能感	0.207	0.059***
模式一：$R^2 = 5.2\%$		推动性政治参与
了解型政治效能感	0.228	0.047***
模式二：$R^2 = 5.5\%$		
影响型政治效能感	0.243	0.052***
模式一：$R^2 = 14.3\%$		敦促性政治参与
了解型政治效能感	0.378	0.058***
模式二：$R^2 = 7.8\%$		
影响型政治效能感	0.289	0.063***
社区外在政治效能感	系数	标准误
模式一：$R^2 = 16\%$		维持性政治参与
重视型政治效能感	0.40	0.053***
模式二：$R^2 = 3.4\%$		
回应型政治效能感	0.273	0.089***
模式一：$R^2 = 0$		推动性政治参与
重视型政治效能感		
模式二：$R^2 = 2.5\%$		
回应型政治效能感	0.157	0.053***
模式一：$R^2 = 8.7\%$		敦促性政治参与
重视型政治效能感	0.295	0.057***
模式二：$R^2 = 6.5\%$		
回应型政治效能感	0.376	0.095***

注：* $p<0.05$；** $p<0.01$；*** $p<0.001$

可以这么说，城市居民的政治参与行为更多地受到居民社区内、外在政治效能感的影响，由此再次证明政治效能感是解释政治参与行为的主要变量。而城市居民所表现出来的政治效能感与政治参与之间的关

系,更接近于民主社会应具有的特征,即内在政治效能感和外在政治效能感共同作用于政治参与行为,但是内在政治效能感的作用更为显著,同时也基本呈现出低效能感与低参与的关联性更大,高效能感与高参与的关联性在增强的特点,尽管后一种特点并不是很明显。

四、城乡居民政治效能感与政治参与关系的比较分析

(一)城乡居民内在政治效能感与政治参与的关系比较

由表5-7与表5-12可见,城市居民和农村居民在政治效能感与政治参与的关联性上有相同之处,也有不同之处。相同的是,城乡居民的内在政治效能感与总的政治参与和各层次的政治参与均有显著的关联性,说明不管对哪一种政治参与行为而言,起决定作用的是个体对于自身政治能力的认知和评价乃至信念,这种对自我的评价会直接引发政治行为的发生,不管是高层次的政治参与还是低层次的政治参与。

深究下去,我们发现村庄内在政治效能感的两个层级中,村民的了解型政治效能感解释维持性政治参与最多(解释度为24.3%),其次是推动性政治参与(解释度为11.7%),最后是敦促性政治参与(6.3%)。但是影响型政治效能感对三种政治参与均没有较为显著的影响,因此本研究以为,村民低层次的了解型政治效能感具有"弥漫性功能",可以影响高层次的政治参与。对于村庄影响型内在政治效能感在三个层次的政治参与中,解释最多的是推动性政治参与(1.2%),其次是敦促性政治参与(1.1%),最后是维持性政治参与(0.7%),尽管村庄影响型政治效能感对其政治参与的影响度不如了解型内在政治效能感,但也基本可以看出,影响型内在政治效能感对于维持性政治参与、推动性政治参与和敦促性政治参与的影响力在逐步提高。这种混合的,层级式的政治效能感与政治参与的关系,或许就是当下中国农村村民最为真实的表现,即

以了解型政治效能感为基础的政治态度就足以引发村民维持性政治参与、推动性政治参与和敦促性政治参与；而影响型政治效能感只是起到辅助性作用，只是对高层次的政治参与有时会有较大的影响力。这种以了解、认知为主的政治效能感在中国村民中具有较强的"辐射性"，它不一定需要先转化为"影响型政治效能感"再去影响其政治行为，但是其已经成为后者的"政治储备"和"政治能量"，一旦有更为宽松的环境和条件，即可转化为催化剂，成为一种力量。由此可知，中国乡村社会的民主政治在村民个体身上的体现，从政治效能感的水平来看，虽不乐观，但是其引发和触动政治行为的能力却不可小觑。这样一种特点的政治效能感与政治参与之间的关系说明农村民主政治的发展具有一定的成就，但是水平较低，依然是维持乡村基本政治生活的状态，但是这种低水平的现状具有一定的稳定性。

　　城市居民内在政治效能感与政治参与的关系也均有显著性，具体来看：了解型政治效能感对于维持性政治参与的解释度最高，为21.5%，其次是对敦促性政治参与，为14.3%，最后是推动性政治参与，仅为5.2%。而影响型政治效能感对于敦促性政治参与的解释量最高为7.8%，对于推动性政治参与的解释量为5.2%，对维持性政治参与的解释量仅为0.4%，并且对于推动性政治参与而言，影响型政治效能感的解释量高于了解型政治效能感。相比较于村民而言，城市居民的了解型政治效能感对于维持性政治参与的解释度要低，而对敦促性政治参与的解释度要高，对推动性政治参与的解释度要低。而影响型政治效能感对于市民的敦促性政治参与和推动性政治参与的解释度要远远高于村民，这说明市民表现出更为紧密的低效能与低参与的关联性。同时，高效能与高参与的紧密关联性的特点，市民比村民表现得更为明显和突出。市民这种政治效能感与政治参与的关系表明，政治态度与政治行为的一致性程度较高，而且了解型政治效能感的作用在降低或者没有形成辐射状，而是呈现较为单一的作用趋势，相反，影响型政治效能感对政治参与的作用具有了覆盖性,这种政治态度与政治参与的关系是一种较为平衡的关系。

(二) 城乡居民外在政治效能感与政治参与的关系比较

外在政治效能感是个体对于基层自治组织重视其问题和回应其诉求的自我感知,这种感知多来自城乡居民对于自治组织的观察和了解以及相应的"接触"。与内在政治效能感相比较,外在政治效能感在城乡居民政治参与以及不同层级的政治参与上作用不同,对于村民来讲,在维持性政治参与和敦促性政治参与方面,村庄外在政治效能感均不显著,只是在推动性政治参与方面表现出显著水平。并且,村民外在政治效能感所表现出来的两个层级上,重视型政治效能感解释推动性政治参与的解释度为2.2%,而回应型政治效能感的解释度仅为0.2%,说明对于一个较高层的政治参与,外在政治效能感的低层次水平的解释度高于高层次水平的解释度,村民认为村委会对于其提出的问题是重视的,就足以在公共事务中表现出较高水平的政治参与,而不一定非得以较高水平的外在政治效能感来产生推动性政治参与。推演可知,如果村民认为村委会对其意见回应性较高的话,推动性的政治参与更易产生。

对于市民而言,则表现出在维持性政治参与、推动性政治参与和敦促性政治参与上的显著水平。具体而言,市民在维持性政治参与中,重视型政治效能感的解释度为16%,而回应型政治效能感的解释度仅为3.4%;对于敦促性政治参与,重视性政治效能感的解释率为8.7%,而回应性政治效能感的解释率为6.5%,已比维持性政治参与高出许多。这表明对于较低水平的政治参与,重视型外在政治效能感作用较大,而对于较高层次的政治参与而言,回应性政治效能感作用较大。

黄信豪的文章指出,外在政治效能感会受到外界环境的影响而表现出不稳定的特征，对政治参与的影响较小。① 由我们的研究可以发现，外在政治效能感对于城乡居民的政治参与确实有着不同的影响，村民的高参与水平受到外在政治效能感影响较大，而市民的中、低水平的政治参与受到外在政治效能感的影响较大，似乎可以证明城乡居民所处政治制度的环境不同，造成外在政治效能感起到的作用不同。从表 5-16 可以看出社区居民外在政治效能感的不同类型对于不同深度政治参与的具体影响，外在政治效能感对于城乡居民政治参与的影响表现出不稳定性的特点。

五、小结

综合以上研究，可以总结为以下几点：

第一，城乡居民的社区（村庄）政治效能感表现出城市居民高于农村居民的特点；在政府政治效能感方面，农村居民高于城市居民，但总的来看，城市居民政治效能感表现适中，趋于平衡和稳定，农村居民政治效能感呈现出"单一"趋向、低水平和不稳定的特点。影响城乡居民社区（村庄）政治效能感的因素有相同之处，也有不同之处，相同的影响因素是环境因素以及"关系"，不同的影响因素主要在社会人口学变量上，影响农村居民村庄政治效能感的因素主要是性别、年龄、受教育程度和经济收入，前三个因素基本与研究假设一致，表现出男性、年长和受教育程度较高的群体，村庄政治效能感较高的趋势；但是经济收入与村庄政治效能感的关系不是简单的直线关系，而是"折线"关系。影响城市居民社区政治效能感的社会人口学因素表现不明显，受教育程度和经济收入对于城市居民社区政治效能感的影响表现在个别类型上。

第二，城乡居民政治参与的表现是：从政治参与的广度看，城市居

---

① 黄信豪：《政治功效意识的行动效果》，载《台湾民主季刊》，2006 年第 2 期，第 119 页。

民在参选率上低于农村居民,但是在参与的范围和活动方面,城市居民好于农村居民,即城市居民的政治参与管道多、范围广;从政治参与的深度看,城乡居民政治参与都很低,都是维持性政治参与为最高水平,不同的是城市居民的敦促性政治参与高于推动性政治参与,而农村居民是推动性政治参与高于敦促性政治参与。影响城乡居民政治参与的广度和深度的因素也表现不一,从广度上看,参与村委会选举最多的群体和参与居委会选举最多的群体都是在城乡中最为核心的人群,乡村以男性、党员、年龄在46—56岁之间、受教育程度为初中、经济收入中等的村民为主;城市是以女性、党员、年龄在55岁以上、小学文化程度、收入偏低的市民为主。从政治参与的深度看,农村居民的政治参与深度受到社会人口学因素中性别、年龄和受教育程度三个因素的影响,但经济收入没有太大影响;城市居民政治参与深度不受年龄、受教育程度的影响,但经济收入对于推动性政治参与有相当的影响。政治面貌是影响城乡居民政治参与深度的共同因素。环境因素依然是影响城乡居民政治参与的重要因素,乡村中矛盾冲突较大的村庄参与选举的村民较多,而矛盾较小或者无竞争的村庄参与选举的村民较少。城市社区中是处于核心城市的社区参与选举的居民较多。

第三,城乡居民政治效能感与政治参与的关联性分析发现:城乡居民均表现出社区(村庄)内在政治效能感对于政治参与不同深度的影响,更为准确地说,是了解型政治效能感对于不同深度的政治参与均有影响,表现出低层级政治效能感可以影响不同深度的政治参与的特点,形成"低效能的扩大性功能"。城乡居民社区(村庄)政治效能感与政治参与关系表现不同的是,城市居民的社区外在政治效能感也是影响其政治参与深度的一个变量。这就说明城市居民政治效能感与政治参与之间的关系表现出均衡性特点。而农村居民没有表现出这样的特点,其受外在政治效能感的影响较小,因而呈现出不均衡的特点。

第六章　效能与参与视域下的中国基层民主政治

中国基层民主30多年的历程,不仅填补了"人民公社"和"单位制"解体后国家权力在基层的真空,而且从真正意义上让城乡居民走到了政治生活的前台,他们第一次用手中的选票选出自己的"代理人",这是历史赋予中国普通民众的使命,也是中国国家建设中亮丽的一笔。在这个过程中,政治学界也赋予了中国基层民主很高的期望和评价,其不仅是"中国模式"的重要组成部分,也是提升民众民主能力和素质的关键课堂,更是民众参与政治生活的平台。但是在基层民主受到高度评价的同时,仍然需要科学、客观、冷静地分析中国基层民主政治的不足和问题,才能更好地深化基层民主建设和推进社会主义民主政治。

衡量一个国家民主制度的好坏优劣,是与这个国家整体的政治、经济和文化分不开的,中国是一个外生性的现代化国家,这就意味着中国的民主化道路必须在国家主导下进行。改革开放以来,中国在社会主义制度框架下的民主道路体现在基层民主上,更多地体现了人民当家做主的意愿与国家建构民主之间的平衡,以这一中心为原则审视中国城乡居民政治效能感与政治参与的"质"和"量"的问题,或许可以更好地确定这两者对基层民主政治的检视。

一、检视中国基层民主政治的标准

中国基层民主政治的长期实践必定在城乡居民心里产生适度的政治效能感。这种适度主要表现为以下三个方面：第一，政治效能感作为一种公民参与政治的内在的态度指标，它在很大程度上体现着公民在政治生活中的自主性程度和在政治系统中的影响作用以及对政治系统的信任和依赖感，这种综合的系统反映在城乡居民的政治效能感上，则是总体政治效能感及其内在、外在政治效能感的中等水平，因为过高的政治效能感会促使个体产生过强的行为动机，导致参与过度；过低的政治效能感又会导致参与不足，使得基层民主政治流于形式。即使在民主国家，公民政治效能感也往往处于适度的范围内，并不是越高越好。第二，城乡居民的政治效能感应该是均衡的、理性化的政治效能感。公民政治效能感的均衡性不仅体现在社区（村庄）内在政治效能感与外在政治效能感处于中等水平，也体现在构成内在政治效能感和外在政治效能感各个类型政治效能感上的中等水平。理性化的政治效能感则表现为城乡居民社区（村庄）政治效能感应高于政府政治效能感。因为从理论上说，对于城乡居民而言，与他们生活最为密切的城乡自治组织才是更有可能了解、施加影响和依赖与信任的。第三，城乡居民的政治效能感应该具有持久性。这就要求内在政治效能感应高于外在政治效能感，影响型政治效能感应高于了解型政治效能感，回应型政治效能感高于重视型政治效能感。总之，中国基层民主政治实践的有效运行，体现在城乡居民政治效能感上理想的状态是中等程度、平衡的、相对稳定的态度体系。

从城乡居民政治参与角度审视中国基层民主政治，也应当有一个基本标准。城乡居民的政治参与行为不应该是越多就越好，过多的政治参与会导致政治系统的瘫痪，而不足的政治参与行为也会使得政治系统失去生存和发展的活力，民众适度的政治参与才是一个政治系统得以维系和发展的基础和前提。具体来说，第一，基层民主政治作为一种制度，不仅应体现在参选率上，也应该能够为城乡居民提供丰富的参与管道和内容，因此，多渠道、多内容的政治参与广度是基层民主制度落实好坏的标准之一。第二，如果将民主政治看作是城乡居民的一种生活方式的话，其政治参与则具有了持久性和深入性，维持基本的政治参与活动仅是考量基层民主政治效果的基础性方面，更要检视其推动性和敦促性的表现。如果城乡居民具有较为深层次的政治参与行动，那么就说明基层民主政治具有了内生性力量。第三，将这种内生性的力量反映到政治参与上，则表现在城乡居民的政治参与的自主性上，即政治参与是主动性参与还是被动性参与上。因此，适度的政治参与表现在广度、深度和形式上应该是一个中等程度的，比较平衡的状态，这才是一种良好的民主状态。

同理，中国基层民主需要、也必将导致民众政治效能感与政治参与呈现单纯的线性关系而不受外因的影响。两者关系应该是内在、外在政治效能感与政治参与都有较为合理的关系，并且保持相应的一致性，即低效能与低参与，高效能与高参与相匹配。若是高效能、低参与，基层民主政治还需进一步扩充参与管道；若是低效能、高参与，则是外因的刺激或者民众机械的服从制度安排的表现。这样一个立体的标准尺度才能比较全面地衡量出中国基层民主政治的成效。

二、效能与参与视域下中国基层民主政治取得的成就

（一）效能与参与视域下农村基层民主政治取得的成就

对于中国这样一个后现代化国家而言，基层民主政治是其政治发展中的重大进步。这种进步体现在村民政治效能感和政治参与方面也颇为明显。

个体政治态度的转变是制度运作和实施后在心理层面的沉淀和反映，从村民政治效能感的表现看，尽管总体政治效能感未达到中等水平，但也接近中等；更为可喜的是，村民政府政治效能感已经达到中等水平，而且村民对于中央政府的影响力和回应力感知均在中等水平以上，说明在村民心里对中央政府的总体感知良好。在村庄内在政治效能感方面，村民的影响型政治效能感略高于了解型政治效能感，尽管这种状态是在低水平政治效能感的基础上形成的，但也充分表明，村民村庄政治效能感正在从一个较低水平向较高水平推进，村民不仅具有了对一定政治知识的主观感知，而且也具有了一定影响村委会和村干部的主观能力感，这种接近中等水平的主观能力感必将成为今后较高水平政治效能感的基础乃至成为村民政治参与的动力源，也会成为中国基层民主政治发展的推动力。另外，从村民村庄外在政治效能感的特征看，回应型政治效能感高于重视型政治效能感，说明村民对于村委会对其问题的解决不是停留在重视层面上，而是上升到行为意向上，这种正面的、良性的村民感知说明村委会和村干部不仅重视村民的需求，也会在主观意向上给予积极回应，体现了为民服务的意识，也说明村民对村委会是有制约的。这种村民政治效能感的特征具有持久性，为基层民主政治的深化提供了源源不断的动力。

不仅如此，农村居民参与村委会选举的人数高达93.9%，充分说明村委会的选举在乡村中的推广程度。每三年举行一次的村委会选举活动，已经是乡村政治生活中必不可少的生活要素，尤其对于中国村民而言，能够用自己的一票选出村委会干部是其政治权利的典型表现，也是人民当家做主的具体范例。由此可以说明基层民主制度在一定程度上已落到实处，农村民主政治取得了相当瞩目的成绩。

另外，从村民参加选举的主动性和被动性来看，有61.9%的村民选择主动参加村委会选举，有20.3%的村民选择动员下参加，还有17.8%的村民选择动员也不参加。超过五成的村民能够主动参与村委会选举，则可说明村民参与是积极的，也说明村民明白自己的行为会对村委会造成什么样的影响，具有较强的自主意识。这种内生性的参与行为表明，我国的基层民主正慢慢转化为民众的一种生活方式，渗透进民众的日常生活中。这点反驳了亨廷顿对于发展中国家的政治参与的认识，即在发展中国家，都市和乡村的穷人更可能从事的是动员参与，而不是自动参与。① 中国村民从原来的动员性参与转变到今天具有自主意识的主动参与选举，也是这30年农村民主政治的成就所在。

（二）效能与参与视域下城市社区民主取得的成就

在中国，社区居委会的选举与自治晚于村委会近十年，而且在制度执行和落实方面还存在不少问题。但是从前文调查发现：城市居民的社区政治效能感达到中等水平，而且高于村民村庄政治效能感，城市居民的社区政治效能感和政府政治效能感水平适中，总体政治效能感均已超过平均数，表现出良好的态度特征。

城市居民政治效能感的特点表明，尽管社区选举滞后于乡村选举，但是，弱选举的社区并不见得居民的政治效能感就低，而其他选举形式以及发达的信息冲击或许已经成为居民较高社区政治效能感的真正来源，这种"迁移"过来的政治态度使得居民不需要过多的现实政治的历练就可以储备相应的政治能量，成为社区自治和社区管理可依赖的心理要素。其次，城市居民的社区内在政治效能感也高于村民，在内在的政治效能感的自知影响力上社区居民要高于村民。同时社区内在政治效能感"单一化"趋势降低，"弥漫性"特征初显。

城市居民的社区外在政治效能感中，回应型外在政治效能感高于重视型外在政治效能感，则说明居民对于居委会良好的反馈和较为积极的

---

① ［美］塞缪尔·亨廷顿、琼·纳尔逊：《难以抉择：发展中国家的政治参与》，汪晓寿、吴志华、项继权译，华夏出版社1989年版，第134页。

评价，也说明居委会和居委会干部在对居民提出的问题的重视和反应上是主动的、积极的。这样积极的政治效能感说明城市居民大部分已具有"积极公民"的主观素养，如果辅以良好的制度环境便可形成公民能力。

同时从调查中可见，城市居民政府政治效能感低于社区政治效能感，政府内在政治效能感和外在政治效能感均低于社区，这一特点对于中国现实政治而言，是比较符合的，城市居民认为其更能影响和关注社区的公共事务和民主选举，同时也更以为社区居委会干部更加重视和回应他们的诉求。政府各级干部和组织在现实生活中距离较远，他们是无法影响和干预的。但是，社区居民对于政府以及国家大事的自我认知度较高，表明城市居民具备良好的政治知识。城市居民在政治效能感上水平适中、稳定、均衡的特征，恰是民主社会公民应具有的态度特点，说明城市居民已经具备较为理性的、平衡的政治态度，为社区民主进一步的发展奠定了良好的心理基础。虽然这种态度或许不是社区民主的直接产物，但是也说明城市居民在现代化过程中由于优越的环境因素和相应的先天素质以及基层单位的民主锻炼促成了其适度政治效能感的形成和发展。因此，对于中国社区民主和自治而言，城市居民已具备良好的心理条件，可以与社区居委会乃至更高一级政府进行沟通与协商。

从政治参与角度看，城市居民在广度、范围、内容以及管道方面均优于农村居民。虽然从参与选举的比例上讲，村委会选举远远高于居委会，但是，并不能说明城市居民不具备相应的参与行为和能力，反而可以说明，城市居民如果在合适的制度安排下，会具有更积极的参与行为。除了参与比例外，市民的政治参与广度较广，不仅在居委会选举方面具有较高的比例，在人大代表选举、单位选举乃至在网络上发表意见等都占有较高比例。由此可见，广泛的参与管道和途径使得城市居民政治参与活动之间具有弥散性的趋势，是居委会选举和基层民主建设乃至民主改革的积极方面。这种"弥散性"的政治参与行为成为政治环境中的重要组成部分，在一定程度上强化了市民的政治态度，从反面成为促进居民政治效能感提升的重要因素。城市居民的这一政治参与特点是社区民主建设极为宝贵的资源。

从社区政治效能感与政治参与深度的关系看，城市居民也表现得颇为理想，因为市民的社区内在政治效能感与社区外在政治效能感均是影响其政治参与深度的因素，这充分说明城市居民的社区内在、外在政治效能感的相对均衡以及与政治参与均衡、一致的关系。

由此可见，城市居民对于民主的接受程度和感知充分说明社区民主乃至城市民主的可行性，也印证了有些学者的观点，社区民主是未来中国民主建设的又一亮点。

三、效能与参与视域下中国基层民主政治存在的问题

（一）村民低且单一的效能与参与，说明农村基层民主政治效力不足

众所周知，民主是需要条件的，即需要制度的给予、经济的刺激乃至社会的发展，但是民主政治的先天条件，更多是指公民自身所具有的公民精神，这种精神中包含有自由、平等的政治诉求以及具有相应的政治效能感等要素，其中政治效能感是"政治能力中相当重要的部分，为个人政治行动中重要的政治技巧，而这样的政治能力应是民主政治中个人所具备的必要条件"。[①] 所谓民主政治的后天土壤则是指国家政治机构的设立和安排乃至相应的制度设计。世界上较为成熟的民主国家中，公民所具有的政治效能感更多地来自学校和家庭的政治社会化，孩童在八岁时就具有了在公共生活中的主观政治能力，这种主观能力成为其成人后参与政治活动的"态度储备库"，成为一种潜在的政治能量，一旦环

---

① Barnes, Samuel H., *Leadership Style & Political Competence*, In Lewi J. Edinger (ed.), *Political Leadership in Industrialized Societies*, New York: John Wiley & Sons, 1967, p. 60.

境所需，如选举等活动，就会直接转化为政治行为。但是，中国作为发展中国家，不具备为民众提供民主政治的先天条件，只有通过乡村民主实践和社会学习这种后天的刺激才能够使民众习得民主态度。

乡村民主政治的开展与推进，不应只是制度的表面贯彻和形式化的村委会选举，而应在追求程序与规范民主的过程中，使得这种民主制度和要求深化到民众的"骨髓"中，形成民主政治所需要的较为稳定和一致的民主态度，这种民主态度应是适当水平的、全面的、稳定的。但从中国村民村庄政治效能感来看，情形却不容乐观。

1. 村民低水平村庄效能感和政治参与说明乡村民主政治深度不足

从理论上讲，中国的农村基层民主在多年的制度熏陶下，已经形成了以"民主选举"为核心的民主氛围，村民应具有中等水平的政治效能感。但是我们的研究表明村民村庄政治效能感总体偏低，并且村庄内在和外在政治效能感水平都较低，说明有相当多的村民认为自己并没有具备相应的政治知识和影响力，也不认为村委会和村干部是可以依赖和信任的。

低水平的村庄内在政治效能感表明，第一，相当一部分村民在乡村公共事务中不积极和不满意。正如阿尔蒙德认为，一个主观上有能力的公民更有可能是一个积极的公民。反之，一个主观上没有能力的公民则不可能是一个积极的公民，一个消极的公民是无法对政府形成压力和影响的。① 在乡村，内在政治效能感低的村民无法对村委会及其干部产生影响，进而形成约束，长此以往，将会导致村民对村委会选举疏离和冷漠，已有的积极性下降，难以形成良好的民主氛围，民主政治所需的自我管理和自我决策难以达到。同时，村庄内在政治效能感低的村民，往往也是对村委会和村干部不满意的村民，大部分人在谈论村委会选举和

---

① [美] 加布里埃尔·A.阿尔蒙德、西德尼·维巴：《公民文化——五个国家的政治态度和民主制》，徐湘林译，东方出版社2008年版，第171页。

村干部的时候持着一种抱怨情绪。当这种抱怨情绪无法正常宣泄的时候,就会形成强烈的疏离感和无力感,从而带来政治活动的自卑感。第二,村民与村委会的关系并不理想,低水平的村庄内在政治效能感反映出村民输入村委会的意见和影响力稀少,没有足够的影响力。同时映射出村民与村委会及其干部之间的关系疏离,没有形成良好的互动关系。

低水平的村庄外在政治效能感表明村民并不信任村委会和村干部,这种不信任的关系导致乡村干群关系紧张,产生诸多矛盾,村委会与村干部在村庄中难以开展工作。

村民村庄政治效能感总体偏低的特点引发的一个问题是:为什么村委会和村干部都是村民自己选举出来的,村民对其却感到疏离和不满意呢?造成这一问题的原因可能是,当选了的村干部并没有像他们承诺的那样真正满足村民的需求,而是更多地满足了自己的需求;其次,当选的村干部本身就是宗族和金钱政治下的产物,自然不会满足大多数村民的要求。如果在这样的情景下多次进行的村委会选举必定强化了这样的观念,使得村民有较为强烈的挫败感和无力感,政治效能感自然也不会太高。

从村民的政治参与看,则表现出以下特点:低水平,即总体政治参与水平极低,低于2.5;政治参与的深度以维持性参与为主,推动性政治参与和敦促性政治参与接近1数值。政治参与表现出来的水平低于村民的政治效能感。

乡村民主政治的核心和外在表现就是村民的政治参与,具有较为适度的政治参与水平是保证民主政治发展的基本条件,如果在乡村政治生活中,村民参与政治的活动仅能处于维持的状态,那就说明,第一,从村民自身来讲,其不是一个积极的参与者,他是冷漠的,不愿意参与选举活动,高的参选率背后有着外在因素的存在。第二,从制度运行的角度看,村民委员会选举法中民主管理、民主监督、民主决策在乡村没有开展,大多数乡村村民代表大会和村民大会不能正常召开,无法形成监督和决策。我国 2010 年 10 月颁布的《中华人民共和国村民委员会组织法》第二条表明村民委员会是村民自我管理、自我教育、自我服务的基层群众性自治组织，实行民主选举、民主决策、民主管理、民主监督。[①] 这四个民主相辅相成，共同推进基层民主政治的发展。而在现实中，透过高比例的村委会选举可以看出，民主选举成为唯一体现基层民主政治的标志，民主决策、民主管理和民主监督在村民自治中的作用并不明显，村民代表大会，村民大会乃至村务公开仅是昙花一现，随即淹没在每三年一次的村民选举浪潮之中。第三，村民参与政治的内在动力不足，驱使其参与的动力多来自于外在和动员。由我们的研究可知，村民所具备的政治效能感水平较低，不足以形成较大的动力促使村民参与乡村政治。因此，乡村民主政治的深度也就难以提升。

如果说乡村民主选举是村民自治的发端和核心，那么民主决策、民主管理和民主监督则是村民自治可以持续发展的关键。只有将村民大会、村民代表大会以及村务公开等组织活动常态化，才能真正约束和监督村委会及其干部的行为，也才能在村庄真正形成民主政治的氛围，使得民主选举规范化和秩序化。要想真正改变现状，必须拓宽除基层选举外的参与渠道和参与途径。

2. 村民"单一性"、"非均衡性"效能与参与反映出乡村民主政治广度不足

从我们调研资料看出，中国村民的村庄政治效能感表现出参与选举的"单一趋向"的高水平，其他方面的低水平，说明村民所习得的政治效能感是单一的，这种单一化的政治态度很难达到较高水平，也很难形成一种态度习惯，从而转化为公民文化。再者，中国村民的村庄政治效能感中还表现出"高外在、低内在"以及"低村庄、高政府"的特点，这显示出其形成的政治效能感是非均衡的。单一趋向的高效能表明村民

[①] http://www.china.com.cn（访问时间：2010 年 10 月 29 日）。

习得的政治态度仅是某一活动刺激的效果,那么导致的结果则是当这一刺激物存在时才能激发出较高的政治效能感,表现出短暂、无法迁移的特点,不利于形成较为稳定的政治态度;而"高外在、低内在"的政治效能感依然表明村民重村委会和政府的"输出",而不重自己的"输入"。阿尔蒙德在描述民主国家的输出与输入时认为,一个有能力的公民,更多的是提出要求,而不仅仅是服从和忠诚。如果村民仅仅表现出后者,那么他们只能算作是臣民,这也说明乡村民主的局限性。村民的政治效能感的"高政府,低村庄"表明村民的影响力都达不到乡村,却可以"影响"距离较远的各级政府,这是村民对于政府,尤其中央政府良好政策的效能感,而且最终体现在外在政治效能感上,村民对于中央决策以及中央政府的印象在很大程度上提升了其政府政治效能感。但是这并不能说明乡村民主具有良好的状态,恰恰印证了其不足。

由调研可知,村民政治参与的高比例集中表现在村委会选举上,参选比例均超过50%以上,而其他的政治参与形式和内容相对较少。这种"一枝独秀"的政治参与态势一方面可以说明民主选举已取得一定的成就,另一方面也说明村民政治参与的管道有限,不能为村民提供更多的参与活动。而一个民主社会,参与形式多元化,参与内容丰富,参与的管道也日趋宽大。

同时,我们也发现,村民的政治参与多采用原子化的、非组织化的方式进行,而且也多是"私下接触"。合作性不强、公开性不强,这说明村民彼此之间的信任感不高,无法形成较为有力的影响性组织;也说明乡村非正式组织的形成非常困难,村民无法依托其完成个人的政治诉求。这种现状可以解释为什么村庄中难以形成监督的力量,也就难以达到制约乡村干部的目的。政治参与的功能非常有限。

在政治效能感与政治参与的关系方面,村民又表现出了单一趋向,即只有村庄内在政治效能感与政治参与深度有关,村庄外在政治效能感与政治参与深度无关的特点,表明村民的政治参与活动仅仅依赖内生动力，而无外在的拉力，政治参与的动力不足。这也充分说明，村民在乡村事务中民主监督、民主管理和民主决策的缺失。

乡村民主政治的广度不够的原因在于，第一，乡村民主政治建设是在制度架构下的独脚行走，《村民委员会组织法》虽然已经规定村民自治要进行民主管理、民主选举、民主监督和民主决策，但是在乡村实际的运作中只是做到了"民主选举"，造成制度浪费和制度失效。第二，在这样单一种类的民主选举中，受到很多不利因素的影响，宗族势力和物质诱因乃至关系因素，都使得应该正常发展的基层民主的效力大打折扣。第三，更让人不安的是，应该在民主国家发挥作用的社会人口学因素在中国乡村民主生活中的作用并没有体现，具有较高社会地位的村民，如高收入村民和党员村民也没有形成高水平的内在政治效能感。第四，村民所表现的内在政治效能感低于外在政治效能感，说明村民会更为看重政治系统的输出在自己政治能力上的投射和作用，也说明村民较为依赖村委会和村干部，而不是很倚重自己对政治系统的影响和作用。这种特点其实是中国公民比较独特的表现，也是中国传统政治文化影响的结果。在官与民的关系中，民仰仗官，民渴望清官的情结从古至今一直是中国老百姓的特点，在涉及的诸多利益诉求上，中国老百姓急切寻找"清官"、寻找"高官"的期盼是其解决问题的首要选择，几乎不会想到运用法律或者制度程序解决自己的问题。这种现象其实说明中国乡村治理和管理，包括社会管理更多人治色彩、集权化特点。但是在发达国家，公民的政治效能感均呈现出内在政治效能感高于外在政治效能感的特点。

中国乡村基层民主30多年，只是开启了民主的序幕，依托乡村"民主选举"进行的制度和文化建设依然任重道远。这需要在大幅度提升村民受教育水平的同时，从小开展公民文化的培育，提升权利意识和责任意识。也需要将乡村社会中的"关系"转化为积极的、优良的社会资本，不再以关系的远近参与政治生活，而是在普遍互信和互惠的基础上形成村民与村民之间、村民与干部之间的良好关系，共同营造民主政治的良好氛围。当然也需要剪除宗族势力和物质诱因的刺激，使得村民习得更加稳定的持久的民主态度，当然更为重要的是在现实政治系统中扩展村民政治参与的途径和管道，深化乡村民主政治。

（二）市民非均衡的效能与低参与，说明社区民主需让权于民

尽管城市社区民主进程没有乡村民主进行得时间长，但是在我们的调研中却发现，城市居民的政治态度呈上扬趋势，而且普遍比村民水平高，表现出良好的态度特征。同时政治参与的广度也好于村民。这些结果虽然不一定完全得益于社区民主的推进，但是城市居民所具有的得天独厚的地理条件以及已经进行的民主训练将基层民主所需态度"迁移"过来，成为社区民主建设的良好基础。但是，我们也发现，城市居民的政治参与水平也极低，维持性政治参与低于村民，表明社区民主政治的发展有待增强。

1. 市民非均衡的效能与参与，说明城市社区民主内生动力不足

同村民政治效能感一样，城市居民不管在社区政治效能感方面还是政府政治效能感方面，均表现出"内低，外高"的趋势，社区政治效能感中，内在、外在差异显著。这依然表明，城市居民无法摆脱"臣民"的特质，注重社区居委会和各级政府的政策输出以及回馈，更多地选择服从政令，而不是努力发出自己的声音去改变决策。从这点说，城市居民仍然属于依赖的公民而不是积极的公民。

在政治参与方面，城市居民表现出被动性政治参与为主、主动性政治参与严重不足的特点，充分说明城市居民政治参与依然依赖动员和宣传，市民具有的适度政治效能感无法转化为积极主动的政治参与，由此推知，中国城市社区民主自治中内力不足的问题，社区民主选举和民主活动依然是国家主导下的产物，城市居民没有真正的内在需求，基层民主化进程缺少内在动力。

2. 市民参与严重不足说明城市社区民主制度落实不到位

从调查中我们也发现，居民政治参与的总体水平和深度堪忧。总体政治参与水平只有 1.63，维持性政治参与也仅有 1.79，距离村民的维持性政治参与差距较大，推动性政治参与和敦促性政治参与也非常有限。如此之低的政治参与与较高的政治效能感形成了巨大的反差，这也将会是今后政治不稳定的缘由之一。这也说明居委会选举的维持和推进举步维艰，同时反映出现有社区的民主选举和自治存在着无法回避的现实缺陷，过于明显的操控性特点使得社区民主"形式化"和"程序化"，无法真正吸引城市居民，使得本无利益吸引的社区选举更加降低了人们参与的积极性。因此，加强社区民主的实际运作，减少街道办与上级政府的人为操控，真正把选举权回归市民手中，方是社区民主政治的要义。这样从一定程度上会将城市居民较高的政治效能感能量发挥出来，减少在其他问题上的冲动和张力，也是保障社会稳定的重要手段。

综上，城市居民已具备社区民主政治所需要的民主态度，这是今后中国民主建设的宝贵资源，如何让这一积极的态度能够持续而且发挥其能动性，不仅需要进一步在制度上完善社区自治的相关法规，将社区居委会的决定权和选举权真正给予市民，提升居民的政治参与水平，社区民主才会具有更强的生命力。

（三）城乡居民效能与参与的关系特点显示基层民主政治有待深化

不管是村民还是市民，他们的政治效能感与政治参与之间的关系具有一致的特点，即社区（村庄）内在政治效能感均是影响政治参与及其类型的主要变量，而且也表现出低层次的了解型政治效能感对于高、低层次政治参与的解释度都很强势的特点。当然在城市居民中，也体现了影响型政治效能感对于上述政治参与的解释度逐渐增大的趋势。

这一研究结论充分证明了城乡居民内在政治效能感是引发政治参与

的内在动力系统,但是中国城乡居民内在政治效能感的低层次趋向导致政治参与的动力不强,而且大有低层次的内在政治效能感就足以引发现有水平的推动性政治参与和敦促性政治参与的现象。从这点来看,中国基层民主政治建设的水平依然"虚弱",并没有构筑起城乡居民较高的政治参与水平,更没有转化和沉淀到城乡居民的政治态度层面。这种虚弱的、肤浅的城乡居民的态度—行为关联性特征或许正是中国基层民主政治"发育不良"的有利佐证,也是当前基层民主政治遭遇瓶颈的极好说明。由于在城乡居民中没有形成较高、较强势的态度行为模式,就难以形成民主国家所必备的公民精神,也就难以进一步推进基层民主发展。

研究也发现,城乡居民的外在政治效能感与政治参与没有直接的关联性,这说明城乡居民外在政治效能感无法促进政治行为的产生。但是城乡居民的外在政治效能感又表现出高于内在政治效能感的特点,这就说明城乡居民对于政府、村委会以及居委会具有较高的政治信任感和政治依赖感,这种信任感和依赖感无疑是政府、村委会和居委会开展工作的基础。但是也表明,中国城乡居民的政治态度和行为表征仍带有较深的臣民文化的烙印。阿尔蒙德和维巴这样描述道:"臣民的政治文化存在着一个对分化了的政治系统和该系统输出方面的取向的高频率,但是对特殊输入对象的取向以及对一个作为积极参与者的自我取向,则都近似于零"。[1]

(四)城乡居民效能和参与的地区差异,反映出基层民主发展的不均衡性

中国幅员辽阔,地区之间经济发展和资源格局有很大差异,即使是在同一省份,也表现得非常明显。从研究中发现,不管是城市居民还是农村居民的政治效能感均表现出显著的地区差异,分布在晋北、晋中和

---

[1] [美]加布里埃尔·A.阿尔蒙德、西德尼·维巴:《公民文化——五个国家的政治态度和民主制》,徐湘林译,东方出版社2008年版,第18页。

晋南的不同村庄和社区在总体政治效能感和不同类型的政治效能感面向上几乎都有差异。造成这种差异的原因或许有以下几方面：第一，各个村庄和社区所处的制度环境不同导致对待村委会选举的态度不同，比如 A 市 Xa_1 县的 a_1 村民主选举相对弱化，而地处 C 市的 c_2 村由于宗族势力的介入促使村委会选举异常"火爆"，这种现实层面的制度运作导致不同村庄和社区民主政治的绩效不同。第二，不同村庄和社区自身的文化氛围也是造成不同民主政治绩效的原因。这一点清晰地体现在传统气息浓厚的 a_1 村，该村民风淳厚，村民关系简单，彼此互信，所以村民对于村委会选举的看法以及相应的态度就显得相对积极。

基层民主政治建设的区域发展不平衡性，社区表现得比乡村更为明显，从我们掌握的资料看，A、B、C 三市社区选举进行得不一样，B 市社区相对规范，A 市和 C 市相对滞后。所以，从研究结果看出，社区居委会选举工作做得较好的社区，相应的居民政治效能感就高，这说明基层民主政治的绩效有赖于制度良性运行和实施。

四、深化中国基层民主政治的几点思考

中国基层民主政治在中国特色社会主义民主建设中扮演着重要的角色，是中国民主发展的必然产物，因此需要在发展中不断优化和完善。从城乡居民政治效能感和政治参与及其影响因素的角度，有以下正、反两方面的启示。

（一）提高村民普遍的受教育水平是提升政治效能感的最佳途径

本研究发现，对村民而言，受教育水平的高低依然是影响村庄总体政治效能感以及不同维度和类型村庄政治效能感的重要因素，依然存在随着受教育水平的提高，村民政治效能感逐渐提升的规律。

村民受教育程度的提高，不仅会减少文盲比例，增加知识信息的接

收水平，而且更能使村民在接收信息的基础上增强对信息的分析和判断能力，成为理性公民。同时，随着受教育程度的提高，村民对于乡村公共事务和政治活动采取开放的态度，接收不同意见，形成主动积极的参与理念，这些内在意识的改变，都会促进村民内在政治心理发生转变，进而有助于政治效能感的提升。

（二）弱化"关系"和金钱政治对村民效能感的影响，提升乡村民主的实效

从调研中看到，中国农村中有许多因素影响村民自治，其中有两个要素至关重要，一是干群"关系"，这是村民社会资本的一个重要体现，另一个是金钱贿选，因为这是在村治中出现的新问题，而且也成为目前村选中非常"时髦"的做法，尤其是在资源型农村。

干群"关系"的亲疏远近决定了村民政治效能感的水平，与村委会和村干部有关系的村民会形成"关系导向"下的政治效能感，从而形成较高水平的政治态度；而没有关系的村民政治效能感相对较低。乡村干群关系主要有三种类型：一种是以家族和亲戚关系为主的干群关系、一种是以朋友关系为主的干群关系、还有一种就是以利益捆绑在一起的干群关系。这三种关系使得与村委会或村干部有关系的村民在乡村中影响力增强，容易在村庄中得势，进而形成以村委会和村干部为核心的村庄势力或者黑恶势力。同时也会在村庄内部造成"派系"矛盾，进而引发更多的村选冲突，这种情势并不是民主国家以"竞争"为特点的选举冲突，更多的是以家族、亲朋为主带来的恶性竞争，导致无法产生妥协的民主选举，会破坏村庄公平的竞争环境，带来不良后果。

而与干群"关系"紧密关联的另一个要素就是乡村贿选，贿选造成村民政治效能感的提升主要体现在吃饭和打招呼上。但是我们也并不排除在选举中的金钱刺激下带来的政治态度的变化，由于物质诱因导致的村民政治效能感提升是一种"假性"的政治效能感，这种效能感只有在物质刺激下才会出现，一旦没有了物质刺激，政治效能感也就不存在

了,这样会造成村民政治效能感的极端不稳定,也会形成物质刺激的逐年攀升,而不是形成真正意义上的政治效能感。因此,可以想象,选举空隙村民政治效能感会低于在选举中的政治效能感,而不是在任何时候政治效能感都能存在,成为一种行为意向存在于个体的内隐态度里。也就无法在需要的时候转化为正常的参与行为。

在这种情况下,需要将干群"关系"进行优化或者弱化,这是指将特殊的干群"关系"转化为正常的干群"关系",使得所有的村民在乡村事务中有均等的知情权和发言权,从而提升村民的政治效能感。至于乡村贿选的治理,除了加强法律建设,还可以通过改变村民政治素养拒绝物质诱因的刺激来实现。

(三)经济发展未必提升城乡居民的效能和参与,也不必然推动民主政治的发展

西方现代化理论曾明确提出,经济发展与个人经济收入的增加,都会促进民众政治态度的转变和政治参与的增加,从而推动民主的发展。

但是,在调查中,我们发现不管是农村居民还是城市居民,其经济收入和政治效能感的关系上,并不是简单的直线关系,而呈现出复杂的"折字"形关系,低收入的城乡居民政治效能感并不低,高收入的居民政治效能感也不见得就高;在经济收入与政治参与的关系上,也没有明显的关联性。这说明经济发展并不一定必然推动民主政治的发展。

经济收入是农民在乡村社会中地位和能力的体现,尤其是在市场经济的发展中,农民能否"发家致富"至关重要,因此,高收入的农民一般在乡村中是受人尊重的对象,也应在乡村政治活动中体现其影响力和价值,但是我们的研究却并没有证实这样的理论假设。原因是,改革开放以来,中国农村的经济发展导致乡村社会有相当一部分人在政策的引领下成为乡村经济精英,他们在改革开放中获得第一桶金,通过发展农村企业和家族企业,成为率先富起来的一批人,这批人的经济收入往往是农村社会的最高水平,但是这批人很多已经在所属的乡镇乃至县市有

住宅，很少回农村务农，只是保留户籍，所以这部分人的主要精力并不在乡村公共事务中，而是将目光投向更多的市场发展。而作为经济收入在 5000—7999 元这一层次的村民处于农村经济收入的中上端，逐渐摆脱了过于依赖农村资源，但这批农民不得不在乡村发展，他们或许更加关注乡村公共事务，成为乡村政治活动的生力军。而对于经济收入最低的群体，表现出较高的政治效能感，是否可以说是中国农村政治的一个特征？这批人因为收入过低，反而对乡村政策更为不满，也正由于经济收入的水平低，他们会更加无所顾忌地发表意见、参与政治；由于相对剥夺感处于相对较高的水平，他们反而愈发有一种高的自知水平。

中国城乡居民表现出来的经济收入与政治态度之间的关系，表明即使在现代化过程中，尤其是后发性的现代化国家，经济收入并不一定与村民的政治态度形成一种正向的、积极的线性关系，而会呈现出比较复杂的状态。而这种复杂的状态恰恰又说明了后发性现代化国家中，民主化进程的独特性。亨廷顿在《第三波》中对第三波民主化国家中，经济发展与民主化之间的关系表述得非常谨慎，他说，经济发展与民主和民主化之间的关系是复杂的，而且可能是因时因地而异，经济因素对民主化有着重大的影响，但是这些因素不是决定性的……但是，他也明确指出，经济发展似乎促进了社会结构的变迁和鼓励民主化的价值观，首先，有人认为，一个社会内部经济富裕的程度决定了"其公民的价值观和态度"，而且培育了人际间相互信任、生活满足感和凭能力竞争的性格；这些情感又反过来与民主制度存在有高度的相关性；而且经济发展会促进中产阶级的扩大。①

如果将经济收入的发展放在地域角度看，处于经济发展比较低的

---

① [美]塞缪尔·P.亨廷顿：《第三波——20世纪后期民主化浪潮》，刘军宁译，上海三联书店1998年版，第75—76。亨廷顿在这本书中，详细论证了经济发展与民主政治的关系，除去上述直接关系外，还论证了经济发展和教育程度的关系，经济发展促进集团之间有更多的资源可用，经济发展促进了社会的开放以及经济发展促进了中产阶级的扩大等关系。

Xa₁县a₁村,政治效能感水平较高,而经济发展较高的c₁村等却表现出较低的政治效能感,这样一种情形,似乎说明经济发展的水平与公民政治效能感之间的关联性极其薄弱,但是我们也发现,在a₁村,贫富差距不大,即表现出相对的经济平等,这是不是在后发性现代化国家中,经济平等比经济发展更能促进民主态度的形成?

综上,经济收入与民主态度之间的关系并不是简单的直线关系,而是比较复杂的状态,低收入者并不见得不具有较高的政治态度,而高收入者也不见得就具有积极的政治态度。比较稳定的是,处于中等偏高收入的群体则具有比较稳定和积极的政治态度。推演下去,这种政治态度的获得是不是绝对能促进民主政治的发展,或许仍是待商榷和继续研究的问题。

(四)党员居民的"弱效能,强参与",表明城乡社区"关键人物"作用有限

30多年来,中国基层民主的推进,依赖政府强有力的部署和安排,而制度执行则主要依赖村委会和居委会,在当下较为松散的社会关系的村庄和社区开展工作,村委会和居委会更多地会依赖村庄中的积极分子和共产党员,很多共产党员担任着村民代表或者社区居民代表,他们成为村庄和社区的"核心人物"(central figure)或者"关键人物"(key figure),这一现象在社区中表现尤为明显。然而从我们的调查发现,除了市民党员与非党员在了解型政治效能感上显示出显著差异,城乡党员居民在政治效能感及其各个类型上均没有显著差异。史天健的调查也发现,党员对民主政治更为感兴趣,而且更有信心参与政治,他们比别人更认为政府官员就应该对百姓的要求作出回应。党员同样比非党员更容易为了保护自己的利益,卷入与别人的冲突中。但是在党员与非党员对于权力和权利的态度上并没有什么区别。最后党员并不支持私有化,而

支持政治改革。① 由此是否可以说明城乡居民党员对乡村事务和社区事务影响力的自我感知以及对回应感知上与非居民党员趋向一致？而且在政治态度上并没有显示出党员应有的积极态度？城乡党员居民政治效能感的群众化趋向表明基层政治化的退化和表面化，这样的状态显然不利于基层民主政治的开展和进行。

城乡党员居民的政治参与在总体及其各个层次上均明显高于非党员居民，而且具有显著差异。这与城乡党员居民在政治效能感上的表现差异极大，这也说明城乡党员存在着态度与行为之间的不一致，即低效能高参与。这说明，党员居民的政治行为的外显性特征更多地受到环境的影响，易产生服从效应，而内心的积极性并没有达到这样的水平。这也说明基层民主政治的建设对于党员居民而言，并没有深化到其政治心理的层面，从而足以显示与非党员居民的不同。由此可见，城乡党员居民政治参与趋向表面化，也就会产生相应的不稳定。这种不稳定性的政治参与行为会随时间空间的不同发生变化，以至于无法保证基层民主政治有效进行。

综上，中国城乡居民政治效能感、政治参与以及两者间关系的复杂特点是中国基层民主政治的现实反映，由此可以推知的是，中国30多年基层民主政治建设虽已有一定的成效，但是成效并不稳固，并未改变臣民属性的政治文化。因此，如何保证基层民主政治建设的成效和进一步推进基层民主政治的纵深发展仍然是摆在中国政治精英和政治理论家面前的现实命题！

五、结论

民主政治是现代国家政治发展的必然选择，中国也不例外。在中国

---

① Tianjian Shi, "Cultural Values and Democracy in the People's Republic of China", *The China Quarterly*, No. 162, Junly 2000, p. 554.

特色社会主义民主建设的过程中，中国基层民主政治扮演着十分重要的角色，起到了非常重要的作用。回顾改革开放后中国基层民主发展的30多年，围绕"村民自治"和"居民自治"，基层出现许多值得总结的经验和模式，同时也存在不少问题。在学界，关于中国基层民主政治的讨论与研究如火如荼，角度也各有不同。本书试图从亲身经历于中国民主实践的村民和市民入手，通过对他们的政治效能感和政治参与较为客观与科学的描述和分析，以期反映中国基层民主政治的情况，从而为民主政治的现实发展和理论完善提供些许有益的帮助和建设性的思考。

  本章的研究结论是：中国基层民主政治已取得一定的成就，表现在乡村民主中，村民政治效能感正在从一个较低水平向较高水平推进，村民不仅具有了一定的政治知识的主观感知，而且也具有了一定的影响村委会和村干部的主观能力感，这种中低水平的主观能力感必将成为今后较高水平政治效能感的基础。村民参与村委会选举比例较高，参与选举的主动性增强；表现在社区民主中，城市居民的政治效能感已趋向适中，民主所需的基本态度已经形成，政治参与的广度在逐步扩大，参与范围也在增加。但是，30多年的基层民主政治还存在诸多不足，从城乡居民政治效能感和政治参与角度而言，具体表现为以下几方面：第一，村民民主态度并没有充分形成，政治参与深度不够，乡村民主政治的效力不足。第二，尽管城市居民已具备相应的民主态度，但政治参与明显不足，社区民主仍需让权于民。第三，城乡居民政治效能感与政治参与之间的关系要求基层民主政治深化。第四，西方诸多现代化理论和民主理论在中国现实政治中并不一定具有理论的普适性，需要具体问题具体分析。

参考文献

（一）中文文献

[1][奥]约瑟夫·熊彼特:《资本主义、社会主义与民主》,吴良健译,商务印书馆2002年版。

[2][法]古斯塔夫·勒庞:《乌合之众：大众心理研究》,冯克利译,中央编译出版社2004年版。

[3][法]卢梭:《社会契约论》,何兆武译,商务印书馆2003年版。

[4][法]托克维尔:《论美国的民主》,董果良译,商务印书馆1988年版。

[5][古希腊]亚里士多德:《政治学》,吴寿彭译,商务印书馆2007年版。

[6][美]安东尼·唐斯:《民主的经济理论》,姚洋、邢予青、赖平耀译,上海世纪出版社2010年版。

[7][美]阿尔蒙德、维巴:《公民文化——五个国家的政治态度和民主制》,徐湘林等译,东方出版社2008年版。

[8][美]博曼、雷吉:《城乡公民参与和政治合法性》,陈家刚译,中央编译出版社2007年版。

[9][美]戴维·米勒、韦农·波格丹诺:《布莱克维尔政治学百

科全书》，邓正来等译，中国政法大学出版社 2002 年版。

[10]［美］格林斯坦·波尔斯：《政治学手册精选》（下册），储复耘译，王沪宁校，商务印书馆 1996 年版。

[11]［美］卡尔·科恩：《论民主》，聂崇信、朱秀贤译，商务印书馆 1988 年版。

[12]［美］卡罗尔·佩特曼：《参与和民主理论》，陈尧译，上海世纪出版集团 2006 年版。

[13]［美］罗伯特 D·帕特南：《使民主运转起来——现代意大利的公民传统》，王列、赖海榕译，江西人民出版社 2001 年版。

[14]［美］利普赛特：《政治人——政治的社会基础》，刘钢敏、聂蓉译，商务印书馆 1993 年版。

[15]［美］利普赛特：《政治人——政治的社会基础》，刘钢敏、聂蓉译，上海世纪出版社 2011 年版。

[16]［美］拉斯韦尔：《政治学：谁得到什么？何时和如何得到？》，杨昌裕译，商务印书馆 2000 年版。

[17]［美］塞缪尔·亨廷顿：《难以抉择——发展中国家的政治参与》，汪晓寿、吴志华、项继权译，华夏出版社 1991 年版。

[18]［美］塞缪尔·亨廷顿：《第三波——20 世纪后期民主化浪潮》，刘军宁译，上海三联书店 1998 年版。

[19]［美］塞缪尔·亨廷顿：《变化社会中的政治秩序》，王冠华、刘为等译，上海世纪出版集团 2008 年版。

[20]［美］西奥多·W.阿道诺等：《权力主义人格》，李维译，浙江教育出版社 2002 年版。

[21]［美］斯蒂芬·范埃弗拉：《政治学研究方法指南》，陈琪译，北京大学出版社 2006 年版。

[22]《列宁全集》，人民出版社 1986 年版。

[23]［日］浦岛郁夫：《政治参与》，解莉莉译，经济日报出版社

1989 年版。

［24］［英］格雷厄姆·沃拉斯：《政治中的人性》，朱曾汶译，商务印书馆 1996 年版。

［25］［英］J. S. 密尔：《代议制政府》，汪瑄译，商务印书馆 1982 年版。

［26］曹锦清、李宗克：《社区管理与物业运作——上海徐汇区康健街道研究报告》，上海大学出版社 2000 年版。

［27］曹锦清：《黄河边的中国》，上海文艺出版社 2000 年版。

［28］陈向明：《质的研究方法与社会科学研究》，教育科学出版社 2003 年版。

［29］房宁：《中国政治参与报告》，社会科学文献出版社 2011 年版。

［30］高建、佟德志：《中国式民主》，天津人民出版社 2010 年。

［31］郭本禹：《自我效能感理论及其应用》，上海教育出版社 2008 年版。

［32］郭秋永：《当代三大民主理论》，新星出版社 2006 年版。

［33］郭秋永：《政治参与》，（台湾）幼狮文化事业公司 1993 年版。

［34］郭秋永：《社会科学方法论》，五南图书出版公司 2010 年版。

［35］桂勇：《邻里空间：城市基层的行动、组织与政治互动》，上海书店出版社 2008 年版。

［36］何包钢、朗友兴：《寻找民主与权威的平衡》，华中师范大学出版社 2002 年版。

［37］胡佛：《政治参与与选举行为》，三民书局 1990 年版。

［38］胡佛：《方法与理论》，三民书局 1987 年版。

［39］胡荣：《理性选择与制度实施》，上海远东出版社 2001 年版。

［40］季乃礼：《政治心理学》，中国人民大学出版社 2010 年版。

[41] 林尚立：《社区民主与治理：案例研究》，社会科学文献出版社 2003 年版。

[42] 闵琦：《中国政治文化——民主政治难产的社会心理因素》，云南人民出版社 1988 年版。

[43] 倪承海：《社会转型时期中国农民的非制度化政治参与》，广西社会科学 2002 年版。

[44] 孙永芬：《西方民主理论史纲》，人民出版社 2009 年版。

[45] 仝志辉：《选举事件与村庄政治》，中国社会科学出版社 2004 年版。

[46] 陶清明、陈明明：《当代中国的政治参与》，浙江人民出版社 1998 年版。

[47] 吴毅：《小镇喧嚣——一个乡镇政治运作的演绎与阐释》，生活、读书、新知三联书店 2007 年版。

[48] 肖唐镖：《宗族政治——村治权力网络的分析》，商务印书馆 2010 年版。

[49] 徐勇：《利益与体制：民主选举背后的变数分析》，载《徐勇自选集》，华中理工大学出版社 1999 年版。

[50] 燕继荣：《民主之困局与出路——对中国政治改革经验的反思》，见《中国式民主》，天津人民出版社 2010 年版。

[51] 叶娟丽：《行为主义政治学方法论研究》，武汉大学出版社 2005 年版。

[52] 殷陆君：《人的现代化——心理·思想·态度·行为》，四川人民出版社 1985 年版。

[53] 于建嵘：《岳村政治——转型期中国乡村政治结构的变迁》，商务印书馆 2001 年版。

[54] 翟学伟：《中国人的关系原理》，北京大学出版社 2011 年版。

[55] 陈陆辉，耿曙：《政治效能感与政党认同对选民投票抉择的影

响——以 2002 年北高市长选举为例》，载《台湾民主季刊》，2008 年第 1 期。

［56］陈陆辉、陈义彦：《政治功效意识、政治信任感以及台湾选民的民主价值》，载《选举与民主化调查研究学术研讨》，2001 年 10 月。

［57］陈晓莉：《从国家与社会关系透视中国农民的政治参与》，载《理论学刊》，2003 年 10 期。

［58］董石桃：《中国农民政治参与研究：视域与方向》，载《理论与改革》，2010 年第 3 期。

［59］邓全国：《农村村民自治与城市居民自治兴起的背景与动因比较》，载《当代世界与社会主义》，2008 年第 1 期。

［60］樊红敏：《基层民主建设的基本特征与发展走向》，载《东南学术》，2010 年第 5 期。

［61］桂勇：《城市基层政治参与对政治效能感的影响：一项实证研究》，载《复旦政治学评论》，2009 年第 1 期。

［62］郭秋永：《抽象概念的分析与测量："政治效能感"的例释》，见方万全、李有成主编：《第二届美国文学与思想研讨会文集》，1991 年。

［63］郭正林：《当代中国农民政治参与的程度、动机及社会效应》，载《社会学研究》，2003 年第 3 期。

［64］郭圣莉：《加入核心团队：社区选举的合意机制及其运作基础分析》，载《公共行政评论》，2010 年第 1 期。

［65］耿曙、陈奕伶、陈陆辉：《有限改革的政治意义：中国大陆动员式选举参与对其城市居民参与意识的影响》，载《人文及社会科学集刊》，2008 年第 12 期。

［66］耿曙、陈玮：《比较政治的案例研究：反思几个方法论的迷思》，载《社会科学》，2003 年第 5 期。

［67］耿曙、陈奕伶：《中国大陆的社区治理与转型前景：发展促转

或政权维稳》，载《远景基金会季刊》，2007年第1期。

[68] 贺雪峰：《差序格局与乡村治理的区域差异》，载《乡村治理研究》，2007年第4期。

[69] 贺雪峰：《村庄精英和社区记忆：理解村庄性质的二维框架》，载《社会科学辑刊》，2000年第4期。

[70] 黄信豪：《台湾民众政治功效意识的持续与变迁：政党轮替前后的分析》，载《选举研究》，1994年第2期。

[71] 黄信豪：《政治功效意识的行动效果》，载《台湾民主季刊》，2006年第2期。

[72] 金珊珊：《政治参与行为对政治效能感的影响——基于浙江省闾村基层民主选举投票的实证调研》，载《甘肃行政学院学报》，2012年第4期。

[73] 景跃进：《两票制：组织技术与选举模式——"两委关系"与农村基层政权建设》，载《中国人民大学学报》，2003年第3期。

[74] 蒋用普：《行政吸纳与村庄"政治"的塌陷——村民自治制度的运行困境与出路》，载《湖北行政学院学报》，2011年第6期。

[75] 郎友兴、何包钢：《村民会议和村民代表会议》，载《政治学研究》，2000年第3期。

[76] 李翠霞：《论国家与农村社会良性互动的路径——农民的政治参与》，载《贵州社会科学》，2005年第4期。

[77] 李春玲：《寻求变革还是安于现状：中产阶级社会政治态度测量》，载《社会》，2011年第2期。

[78] 李培林、张翼：《中国中产阶级的规模、认同和社会态度》，载《社会》，2008年第2期。

[79] 李蓉蓉：《政治效能感：内涵与价值》，载《晋阳学刊》，2010年第2期。

[80] 李蓉蓉：《海外政治效能感研究述评》，载《国外理论动态》，

2010 年第 9 期。

[81] 林尚立:《基层群众自治:中国民主政治建设的实践》,载《政治学研究》,1999 年第 4 期。

[82] 刘春荣:《中国城市社区选举的想象:从功能阐释到过程分析》,载《社会》,2005 年第 136 期。

[83] 刘建明、史献芝:《新中国公民政治参与模式历史演进的梳理及启示》,载《当代世界与社会主义》,2010 年第 3 期。

[84] 刘小青:《降低评价尺度偏差:一项政治效能感测量的实验》,载《甘肃行政学院学报》,2012 年第 3 期。

[85] 尚九宾:《概念与方法:对我国农民政治参与研究中存在问题的反思》,载《辽东学院学报(社会科学版)》,2006 年第 6 期。

[86] 宋维强:《当代中国农民的政治参与》,载《长白学刊》,2001 年第 11 期。

[87] 孙德海:《村民自治后村民制度外政治参与》,载《行政与法》,2002 年第 4 期。

[88] 唐兴霖、马骏:《中国村民自治民主的制度分析》,载《开放时代》,1999 年第 3 期。

[89] 吴重礼、汤京平、黄纪:《我国"政治功效意识"测量之初探》,载《选举研究》,1999 年第 2 期。

[90] 万斌、章秀英:《社会地位、政治心理对公民政治参与的影响及其路径》,载《社会科学战线》,2010 年第 2 期。

[91] 王金红、蒋达勇:《制度过密化:解释村民自治发展瓶颈的一种理论假设》,载《华南师范大学学报(社科版)》,2008 年第 2 期。

[92] 王靖兴、王德育:《台湾民众的政治参与对其政治功效意识之影响:以 2004 年总统选举为例》,载《台湾政治学刊》,2007 年第 1 期。

[93] 王丽萍、方然:《参与还是不参与:中国公民政治参与的社会心理分析——基于一项调查的考察与分析》,载《政治学研究》,2010

年第 4 期。

［94］王绍光：《政治文化与社会结构对政治参与的影响》，载《清华大学学报（哲学社会科学版）》，2008 年第 4 期。

［95］王旭：《乡村中国的基层民主：国家与社会权力互强》，载《二十一世纪》双月刊，1997 年第 4 期。

［96］吴玉山：《现代化理论 VS 政权稳定论：中国大陆民主发展的前景》，载《政治科学论丛》，1998 年第 9 期。

［97］熊易寒、姚银科：《迈向多动力选举：党组织在社区选举中的角色转型》，载《中共天津市委党校学报》，2011 年第 2 期。

［98］熊易寒：《社区选举：在政治冷漠与高投票率之间》，载《社会》，2008 年第 3 期。

［99］徐勇：《村民自治的成长：行政放权与社会发育》，载《华中师范大学学报（人文社科版）》，2005 年第 2 期。

［100］徐勇、刘义强：《我国基层民主政治建设的历史进程与基本特点探讨》，载《政治学研究》，2006 年第 4 期。

［101］徐勇：《中国民主之路：从形式到实体——对村民自治价值的再发掘》，载《开放时代》，2000 年第 11 期。

［102］杨敏：《公民参与、群众参与与社区参与》，载《社会》，2005 年第 5 期。

［103］于建嵘：《村民自治：价值和困境——兼论＜中华人民共和国村民委员会组织法＞的修改》，载《学习与探索》，2010 年第 4 期。

［104］于建嵘：《失范的契约——对以示范性村民自治章程的解读》，载《中国农村观察》，2001 年第 1 期。

［105］于显洋：《社区选举与民主化进程》，载《江苏行政学院学报》，2005 年第 5 期。

［106］曾庆亮：《论当前我国公民政治参与的转变》，载《社会科学研究》，2011 年第 5 期。

［107］张雅雯、耿曙:《中国大陆基层选举中的物质诱因与投票动员:以上海"先进"、"发达"村改居为例》,载《东吴政治学报》,2008年第4期。

［108］张平:《论政治效能感的作用机制及其培养》,载《东北大学学报》,2004年第1期。

［109］朱妍:《中产阶层对于自身政治参与有效性的评价——比较中国与越南中产阶层的政治效能感》,载《青年研究》,2011年第8期。

［110］魏星河:《60年来我国公民政治参与之变迁》,载《北京日报》,2009年第8期。

［111］郑永年:《谁"偷走"了中国的中产阶级?》,载《联合早报》,2011年5月3日。

［112］黄卫平:《中国选举民主:从广度到深度》,见高建、佟德志主编:《中国式民主》,天津人民出版社2010年版。

［113］张立进:《2001年以来城市社区居民委员会选举中的居民参与》,见房宁主编:《中国政治参与报告》(2011),社会科学文献出版社2011年版。

(二) 英文文献

［114］Bienen H.: *The Politics of Participation and Control*, Princeton New Jersey: Princeton University Press, 1974.

［115］John W. Creswell, *Research Design: Qualitative and Quantitative Approachs*, London: SAGE Publications, Inc, 1994.

［116］Lane and Robert, *Political Ideology*, New York: The Free Press, 1962.

［117］Lazarsfeld, Paul F., Bernard Berelson, and Hazel Gaudet, *The People's Choice: How the Voter Makes Up His Mind in A Presidential Campaign.* New York: Columbia University Press, 1948.

[118] Myron Weiner, *Political Participation: Crisis of Political Process*, L. Binder, et al, eds, Crisis and Sequences in Political Development, 1971.

[119] Robert E. Lane, *Political life: Why People Get Involved in Politics*, New York: The Free Press, 1959.

[120] Stanley Allen Renshon, *Psychological Needs and Political Behavior*, New York: The Free Press, 1974.

[121] Stacy G. Ulbig, *The Influence of Local Government Systems on Political Participation*, Paper or Poster Session Presentation at the Annual Meeting of the Midwest Political Science Associatio, Chicago, IL. 1999.

[122] Smauel H. Barnes, "Leadership Style and Political Competence", In Lewi J. Edinger (ed.), *Political Leadership in Industrialized Societies*, New York: John Wiley & Sons, 1967.

[123] Aina Gallego and Daniel Oberski, "Personality and Political Participation: The Mediation Hypothesis", *Political Behavior*, Vol. 34, September 2012.

[124] Alan Acock, Harold D. Clarke and Marianne C. Stewart, "A New Model for Old Measures: A Covariance Structure Analysis of Political Efficacy," *The Journal of Politics*, Vol. 47, Issue 4, November 1985.

[125] Angela M. O' Rand and Margaret L. Krecker, "Concepts of the Life Cycle: Their History, Meaning, and Uses in the Social Science", *Annu. Rev, Social*, Vol. 16, August 1990.

[126] Angus Campbell, Gerald Gurin and Warren E. Miller, "The Voter Decide", *American Sociological Review*, Vol. 19, No. 6, December 1954.

[127] Balch and George I, "Multiple Indicator in Survey Research: The Concept Sense of 'Potical Efficacy'", *Political Methodology*, Vol. 1, No. 2, Spring 1974.

[128] Chung-LI Wu, "Psycho-Political Correlates of Political Efficacy:

The Case of the 1994 New Orleans Mayoral Election", *Journal of Black Studies*, Vol. 33, No. 6, July 2003.

[129] Cindy D. Kam and Carl L. Palmer, "Reconsidering the Effects of Education on Political Participation", *The Journal of Politics*, Vol. 70, Issue 3, July 2008.

[130] Coleman and Davis, "The Structural Context of politics and Dimensions of Regime Performmance: Their Importance for the Comparative Study of Political Efficacy", *Comparative Political Studies*, Vol. 9, No. 2, July 1967.

[131] David Easton and Jack Dennis, "The child's acquisition of regime norms: political efficacy", *The American political Science Review*, Vol. 61, Issue1, March 1967.

[132] Douglas Madsen, "The Structural Approach to the Explanation of Political Efficacy Levels Under Democratic Regimes", *American Journal of Political Science*, Vol. 22, No. 4, November 1978.

[133] Harold D. Clarke and Alan C. Acock, "National Elections and Political Attitudes: The Case of Political Efficacy", *British Journal of Political Science* , Vol. 19, No. 4, October 1989.

[134] Jie Chen and Chunlong Lu, "Democratization and the Middle Class in China: The Middle Class's Attitudes toward Democracy", *Political research Quarterly*, Vol. 64, No. 3, 2011.

[135] Jie Chen and Yang Zhong, "Why people Vote in Semicompetitive Elections in China", *The Journal of Politics*, Vol. 64, No. 1, February 2002.

[136] J. Miller Mcpherson, Suan Welch, and Cal Clark, "The Stability and Reliability of Political Efficacy: Using Path Analysis to Test Alternative Models", *The American Political Science Review*, Vol. 71, No. 2, June 1977.

[137] Jude Howell, "Women's Political Participation in China: in Whose

Interests Elections?", *Journal of Contemporary China*, Vol. 49, No. 15, November 2006.

[138] Kevin J. O'Brien and Lianjiang Li, "Accommodating 'Democracy' in a One – Party State: Introducing Village Elections in China", *The China Quarterly*, No. 162, June 2000.

[139] Kam, Cindy D, and Carl Palmer, "Reconsidering the Effects of Education on Political Participation", *Journal of Politics*, Vol. 70, No. 3, July 2008.

[140] Kasza, Gregory, "Peretroika: For an Ecumenical Science", *Political Science and Politics*, Vol. 34, No. 3, 2001.

[141] Lawrence Bobo and Franklin D. Gilliam, Jr, "Race, Sociopolitical Participation, and Black Empowerment", *The American Political Science Review*, Vol. 84, No. 2, June 1990.

[142] Lee, Francis L. F, "Collective Efficacy, Support for Democratization, and Political Participation in Hong Kong", *International Journal of Public Opinion Researc*, Vol. 18, No. 3, 2006.

[143] Marianne C. Swewart, Allan Kornberg, Harold D. Clarke and Alan Acock, "Arena and Attitude: A Note on Political Efficacy in a Federal System", *The Journal of Politics*, Vol. 54, No. 1, February 1992.

[144] Melanie Manion, "The Electoral Connection in the Chinese Countryside", *The American Political Science Review*, Vol. 90, No. 4, December 1996.

[145] Mitchell A. Seligson, "Trust, Efficacy and Modes of political Participation: A Study of Costa Rican Peasants", *British Journal of Political Science*, Vol. 10, No. 1, January 1980.

[146] M. Kent Jennings, "Political Participation in the Chinese Countryside", *The American Political Science Review*, Vol. 91, No. 2, June 1997.

[147] M. Kent Jennings, "Gender and Political Participation in the Chinese Countryside", *The Journal of Politics*, Vol. 60, No. 4, Novermber 1998.

[148] M. Margaret Conway, "The Political Context of Political Behavior", *The Journal of Political Behavior*, Vol. 51, No. 1, February 1989, pp. 3 – 10.

[149] Paul R. Abramson, "Political Efficacy and Political Trust Among Black Schoolchildren: Two Explanation", *The Journal of Politics*, Vol. 34, No. 4, November 1972.

[150] Paul R. Abramson, "Political Attitudes in America: Formation and Change", *Political Science Quarterly*, Vol. 98, No. 4, Winter 1983 – 1984.

[151] Paul R. Abramson and John H. Aldrich, "The Decline of Electoral Participation in America", *The American Political Science Review*, Vol. 76, No. 3, September 1982.

[152] Philiph. Pollock Ⅲ, "The Participatory Consequences of Internal and External Political Efficacy: A Research Note", *The Western Political Quarterly*, Vol. 36, No. 3, September 1983.

[153] Robert A. Pastor and Qingshan Tan, "The Meaning of China's Village Elections", *The China Quarterly*, No. 162, June 2000.

[154] Robert Huckfeldt, Paul Allen Beck, Russell J. Dalton, Jeffrey Levine, "Political Environments, and the Communication of Public Opinion American", Journal of Political Science, Vol. 39, No 4, November 1995.

[155] Ronald D. Lambert, James E. Curtis, Steven D. Brown and Barry J. Kay, "Effects of Identification with Governing Parties on Feelings of Political Efficacy and Trust", *Canadian Journal of Political Science*, Vol. 19, No. 4, December 1986.

[156] Simona Gozzo and Rosario D. Agata, "Social Networks and Political Participation in a Sicilian Community Context", *Procedia Social and Be-

havioral Sciences, No. 4, 2010.

[157] Stephen C. Craig, Richard G. Niemi and GlennE Silver, "political efficacy and trust: A report on the NES pilot study items", *Political Behavior*, No. 3, 1990.

[158] Stephen C. Craig, "Efficacy, Trust, and Political Behavior: An Attempt to Resolve a Lingering Conceptual Dilemma", *American Politics Research*, Vol. 7, No. 2, April 1979, p. 229.

[159] Scott D. McClurg, "Social Networks and Political Participation: The Role of Social Interaction in Explaining Political Participation", *Political Research Quarterly*, Vol. 56, No. 4, December 2003.

[160] Steven E. FInkel, "Reciprocal Effects of Participation and Political Efficacy: A Panel Analysis", *American Journal of Political Science*, No. 4, 1985.

[161] Tianjian Shi, "Voting and Nonvoting in China: Voting Behavior in Plebiscitary and Limited Choice Elections", *Journal of Politics*, Vol. 61, No. 4, November 1999.

[162] Tianjian Shi, "Village Committee Elections in China: Institutionalist Tactics for Democracy", *World Politics*, Vol. 51, No. 3, April 1999.

[163] Tianjian Shi, "Cultural Values and Democracy in the People's Republic of China", *The China Quarterly*, Vol. 162, June 2000.

[164] Yoshimitsu Takei and Michael Kleiman, "Participation and Feelings of Political Political Efficacy: An Examination of the Transference Model", *Comparative Education Review*, Vol. 20, No. 3, October 1976.

（三）网络文献

[165] 李凡：《对中国城市基层民主发展背景的一些分析》，http://www.jyq.gov.cn（访问时间：2006年11月10日）。

[166] 山西省统计信息网，www.stats-sx.gov.cn（访问时间：2011年3月7日）。

[167] 中国政府创新网，http：//www.china.com.cn，（访问时间：2010年10月29日）。

[168] 《中华人民共和国村民委员会组织法》，http：//www.china.com.cn（访问时间：2010年10月29日）。

[169] 《中华人民共和国宪法》，http：//www.people.com.cn（访问时间：2004年3月15日）。

[170] 周晓虹：《从国家与社会关系看中国农民的政治参与——毛泽东和后毛泽东时代的比较》，http：//www.sociologyol.org（访问时间：2008年8月28日）。

[171] 耿曙、张雅雯：《不鸣则已，一鸣惊人？中国大陆城乡基层民主进程的比较》，http：//www.docin.com/p-624683091.html（访问时间：2013年12月15日）。

附录一：中国村民政治效能感和政治参与调查问卷

老乡：

您好！很抱歉耽误您一些时间参与我们的问卷调查。本问卷是一个学术课题的一部分内容，主要是想了解您的政治态度以及选举参与的情况，只用来做学术探究，不做他用，只求如实回答，问卷都是匿名进行，测试结果保密，请您放心。希望能得到您的积极配合，占用您宝贵的时间，非常感谢！

第一部分　这部分主要想了解您的一些看法

A1

1a　您熟悉不熟悉村里的村规民约？
　□①非常不熟悉　　　　　　□②比较不熟悉
　□③比较熟悉　　　　　　　□④非常熟悉

2a　您关注不关注村里的村委会选举？
　□①根本不关注　　　　　　□②很少关注
　□③比较关注　　　　　　　□④非常关注

3a　您了解不了解村委会选举的整套程序？
　□①根本不了解　　　　　　□②了解不多

□③比较了解　　　　　　　□④非常了解

1b "在村委会选举中，村民的投票对最后的选举结果会有影响。"您同意不同意这种说法？

□①非常不同意　　　　　□②比较不同意
□③比较同意　　　　　　□④非常同意

2b "一般情况下，村民能够说服村干部。"您同意不同意这种说法？

□①非常不同意　　　　　□②比较不同意
□③比较同意　　　　　　□④非常同意

2.1　如果村委会的某项决定对您不公平，您一般会怎么做？

□①不配合、不合作　　　□②被迫服从

2.2　或者向上反映

□①跟村委会或村干部反映　　□②向乡镇相关部门或领导反映
□③向省市相关部门或领导反映　□④向中央相关部门或领导反映
□⑤其他

2.3　如果您去反映问题，一般您是：

□①一个人去　　　　　　□②鼓动自己的亲戚朋友一起去
□③叫上村里相关的人一起去　□④视情况而定

B1

1a　您认为，在村务决定过程中，村委会会不会在乎像您一样的村民的想法？

□①根本不在乎　　　　　□②比较不在乎
□③比较在乎　　　　　　□④非常在乎

2a　您认为，在村民大会上，村委会和村干部重视不重视像您一样的村民提出的建议？

□①根本不重视　　　　　□②比较不重视
□③比较重视　　　　　　□④非常重视

1b "村委会的决定结果一般能够反映出村民的想法。"您同意不同意这种说法？

☐①非常不同意 ☐②比较不同意
☐③比较同意 ☐④非常同意

2b "如果有困难找村干部解决，他们一般都会处理。"您同意不同意这种说法？

☐①非常不同意 ☐②比较不同意
☐③比较同意 ☐④非常同意

2.1 "只要和村干部有关系，他们会很快解决问题。"您同意不同意这种说法？

☐①非常同意 ☐②比较同意
☐③比较不同意 ☐④非常不同意

A2

1a 您平时关注不关注国家大事？

☐①从不关注 ☐②偶尔关注
☐③比较关注 ☐④经常关注

1.1 下面的国家政策您了解哪些，请打钩选择或具体填写（可多选）您知道哪些国家政策？

☐①计划生育 ☐②退耕还林
☐③新型农村合作医疗 ☐④农村低保
☐⑤良种、大型农具补贴政策 ☐⑥家电下乡
☐⑦农村社会养老保险 ☐⑧其他政策 如：_____

1.2 您一般通过什么途径关注国家大事？（可多选）

☐①电视 ☐②网络 ☐③报纸 ☐④广播
☐⑤与别人闲谈 ☐⑥其他_____

2a "村民一般都知道如何去政府办事。"您同意不同意这种说法？

□①非常不同意　　　　　　□②比较不同意
□③比较同意　　　　　　　□④非常同意

1b "如果政府的某项决策损害了老百姓的利益,老百姓一般会有意见。"您同意不同意这种说法?

□①非常不同意　　　　　　□②比较不同意
□③比较同意　　　　　　　□④非常同意

1.1　如果您非常同意或比较同意以上观点,那么您会:(可多选)

□①私下议论　　　　　　　□②跟村委会或村干部反映
□③向乡镇机关或领导反映　□④找省市政府或相关领导反映
□⑤向中央机关或领导反映　□⑥其他_____

2b　如果有上级领导来视察,您觉得像您一样的老百姓能不能影响他?

□①根本不可能　　　　　　□②不可能
□③可能　　　　　　　　　□④很有可能

B2

1a "中央政府比地方政府更在乎老百姓的想法。"您同意不同意这样的说法?

□①非常不同意　　　　　　□②比较不同意
□③比较同意　　　　　　　□④非常同意

2a　您认为,人大代表在乎不在乎像您一样的老百姓的想法?

□①根本不在乎　　　　　　□②比较不在乎
□③比较在乎　　　　　　　□④非常在乎

3a　如果您有事必须找相关政府部门办理,您认为政府会不会重视您的问题?

□①根本不重视　　　　　　□②不重视
□③重视　　　　　　　　　□④非常重视

4a 您认为，在国家决策中，中央政府会不会重视像您一样的老百姓的利益？

☐①不会重视 ☐②很少重视

☐③比较重视 ☐④非常重视

5a 如果您向政府官员阐述您的意见，您认为他们会不会重视？

☐①根本不重视 ☐②不重视

☐③重视 ☐④非常重视

1b 如果您有事必须找相关政府办理，您认为政府会如何对待？

☐①根本不予理睬 ☐②听一听就没事了

☐③答应会办理 ☐④立即办理

2b 如果您向政府官员反映您的问题，您认为他们一般会给您什么反应？

☐①根本不予理睬 ☐②听一听就没事了

☐③答应会办理 ☐④立即办理

第二部分　下面的问题是想了解您对政治常识的了解情况

C1　我国的人民代表大会每几年举行一次？

①知道 ②不知道

C2　我国现任国务院总理是谁？

①知道 ②不知道

C3　我省现任的省委书记和省长分别是谁？

①知道 ②不知道

C4　我国有权解释宪法的机关是哪一个机关？

①知道 ②不知道

C5　我国的义务教育法规定的每个公民的法定义务教育是几年？

①知道 ②不知道

第三部分　下面的问题想了解您参与政治活动的情况

D1　请问您参加过以下哪些活动？（可多选，在后面的空格里打"√"）

活　　动	是否参加
听证会	
村委会选举	
人大代表选举	
在网络上发表自己的看法	
向有关领导反映问题	
上访	

D2　如果您有问题向领导或政府反映，您一般采取的方式是以下哪几种？（可多选，在后面的空格里打"√"）

方　　式	选　　择
在网络上披露事实	
向其他媒体披露事实	
写匿名信	
直接找相关领导说	
上访	
游行	

D3　如果您有上述行为，您一般是：

□（1）自己去做　　　　□（2）联合其他人一起去

D4　在生活中，您就下列哪些问题发表过自己的意见？（可多选，在前面的空格打"√"）

□（1）教育　　　□（2）医疗　　　□（3）腐败

☐（4）选举　　☐（5）低保　　☐（6）房屋拆迁
☐（7）干部作风　☐（8）宅基地　☐（9）养老保险
☐（10）就业　☐（11）基础设施建设　☐（12）其他

D5 在您的生活中，接触过以下哪些人？（可多选，请您在下列选项中划"√"）

人　员	选　择
村委干部	
大学生村官	
人大代表	
政协委员	
普通政府工作人员	
乡镇领导	
县级领导	
市级领导	
省级领导	

E1　维持性：

1e　您看过候选人的竞选演说吗？
　　☐①经常　　☐②有时　　☐③很少　　☐④没有

2e　您与其他人谈论本村的村委会选举吗？
　　☐①经常　　☐②有时　　☐③很少　　☐④没有

3e　您参与本村的村委会投票选举吗？
　　☐①经常　　☐②有时　　☐③很少　　☐④没有

4e　您参加村里的村民代表大会或村民大会吗？
　　☐①经常　　☐②有时　　☐③很少　　☐④没有

F2　敦促性：

1f　您邀请过亲戚朋友观看村务公开栏吗？
　　☐①经常　　☐②有时　　☐③很少　　☐④没有

2f 您在选举时劝说过别人去投票吗？
☐①经常　　☐②有时　　☐③很少　　☐④没有

3f 您有没有劝说亲戚朋友一起参加村民大会或其他公共活动？
☐①经常　　☐②有时　　☐③很少　　☐④没有

G3 推动性：

1g 您有对村里某些规定表示过不满吗？
☐①经常　　☐②有时　　☐③很少　　☐④没有

2g 您对村里的公共事务（财务公开或其他）管理提出过建议吗？
☐①经常　　☐②有时　　☐③很少　　☐④没有

3g 您有没有在村民会议上提出过建议和意见？
☐①经常　　☐②有时　　☐③很少　　☐④没有

4g 您有没有直接到村委会反映过意见？
☐①经常　　☐②有时　　☐③很少　　☐④没有

5g 您有没有在选举中出现过激行为（比如撕票箱）？
☐①经常　　☐②有时　　☐③很少　　☐④没有

X5 主动性

1x 您一般参与村委会选举是下面哪种情形？
☐a 主动参加　　☐b 在别人动员下参加　　☐c 动员也不参加

2x 如果村委会需要您参与公共活动（如植树、文化活动）您是下面哪种情形？
☐a 主动参加　　☐b 在别人动员下参加　　☐c 动员也不参加

第四部分　下面想了解一下其他的问题（干群"关系"和物质诱因）

干群"关系"：

1. 如果您家中有事需要找人帮忙，您一般会去找：
（1）亲朋好友　（2）本族的人　（3）村干部　（4）街坊邻居

2. 最近三年，您家在以下几方面得到过村委会的直接帮助吗？

项　目	选　择
开展生产经营	
获取银行贷款	
获得经济救济款物	
治病就医	
婚丧嫁娶	
调节邻里纠纷	
调节家族或家庭纠纷	
领取低保	
审批宅基地或兴建房屋	
其他	
没有	

3. 您家里有没有亲戚担任村干部？您和他关系如何？（面访时加问）
（1）有　　　　　（2）没有

物质诱因：

1. 听人们说，村里选举时都会有人拉票？
（1）有　　　　　（2）没有

2. 如果有的话，一般是：
（1）给钱　（2）给东西　（3）请吃饭　（4）打招呼

3. 那您会不会因为没有得到钱或物而不去选举？
（1）会　　　　　　（2）不会

第五部分　下面我们想了解一下您的基本情况

1. 您的出生年月日：_____

2. 您的性别：□①男　□②女

3. 民族：□①汉族　□②满族　□③回族　□④其他少数民族

4. 您的文化程度：□①不识字　□②小学　□③初中　□④高中或中专　□⑤本科（或大专）　□⑥研究生及研究生以上

5. 您的宗教信仰：□①佛教　□②基督教　□③天主教　□④道教　□⑤其他_____　□⑥不信仰任何宗教

6. 您的政治面貌：□①党员　□②民主党派　□③无党派

7. 您的职业：□①工人　□②教师　□③一般行政人员　□④商人　□⑤农民工　□⑥警察　□⑦军人　□⑧公务员　□⑨农民　□⑩其他职业：_____

8. 您的家庭人均年收入：□①999元以下　□②1000—2999元　□③3000—4999元　□④5000—7999元　□⑤8000—9999元　□⑥10000元以上　□⑦拒答　□⑧不知道

9. 您的家庭收入来源主要是：□①务农所得　□②在本地打工　□③在本地租赁房屋　□④在本地做个体经营　□⑤在外务工　□⑥其他_____

＊以下是访员填写内容：

1. 受访者所在省份：_____
　　　　县市：_____
　　　　乡镇村：_____

2. 在访问开始前，受访者有无下列情形？（可多选）
   ☐（1）表示自己太忙，无法受访　☐（2）表示对访问内容有疑虑
   ☐（3）表示不信任调查访问　　　☐（4）表示对访问不感兴趣
   ☐（5）表示对访问的作用有质疑　☐（6）对访员身份有怀疑
   ☐（7）有第三者在场

3. 如有第三者在场，具体是：
   ☐（1）配偶在场　　　☐（2）子女在场（子女大约几岁）
   ☐（3）长辈在场　　　☐（4）村干部在场（居委会干部在场）
   ☐（5）其他人在场_____

4. 你觉得受访者回答问题的可信度是：
   ☐（1）大部分不可信　　☐（2）有些不可信
   ☐（3）大致可信　　　　☐（4）很可信

5. 您觉得受访者对问题的敏感度是：
   ☐（1）非常敏感　　　　☐（2）敏感
   ☐（3）不敏感　　　　　☐（4）非常不敏感

附录二：中国市民政治效能感与政治参与调查问卷

同志：

您好！很抱歉耽误您一些时间参与我们的问卷调查。本问卷是一个学术课题的一部分内容，主要是想了解您政治态度以及相关的情况，只用来做学术探究，不做他用。只求如实回答，问卷都是匿名进行，测试结果保密，请您放心。希望能得到您的积极配合，占用您宝贵的时间，非常感谢！

第一部分　这部分主要想了解您的一些看法

A1

1a　您熟悉不熟悉社区的规章管理制度？

□①非常不熟悉　　□②不熟悉　　□③熟悉　　□④非常熟悉

2a　您关注不关注社区居委会的选举？

□①根本不关注　　□②不关注　　□③关注　　□④非常关注

3a　您了解不了解社区居委会选举的整套程序？

□①非常不了解　　□②不了解　　□③了解　　□④非常了解

1b　有人说："在社区居委会选举中，居民的投票对最后选举的结果<u>没有</u>影响"。您同意不同意这样的说法？

□①非常同意　　　□②同意　　　□③不同意　　□④非常不同意

2b　有人说："一般情况下，我<u>不可能</u>影响居委会所做出的决定"。您同意不同意这样的说法？

□①非常同意　　　□②同意　　　□③不同意　　□④非常不同意

2.1　如果社区居委会的某项决定损害了您的利益，您一般会怎么做？

□①不配合、不合作　　　　　□②被迫服从

2.2　或者向上反映

□①跟居委会或街道办反映　　□②直接去区政府反映

□③直接去市政府反映　　　　□④直接去省政府反映

□⑤直接去中央反映　　　　　□⑥其他方式_____

2.3　如果您去反映问题，一般您是：

□①一个人去　　　　　　　　□②鼓动自己的亲戚朋友一起去

□③叫上社区里相关的人一起去

B1

1a　您认为，在社区居委会做出决定过程中，会不会在乎像您一样居民的想法？

□①根本不在乎　　□②不在乎　　□③在乎　　□④非常在乎

2a　您认为，居委会和居委会干部重视不重视像您一样居民提出的建议？

□①根本不重视　　　　　　　□②比较不重视

□③比较重视　　　　　　　　□④非常重视

1b　有人说："社区居委会的决定结果一般<u>反映不出</u>像您一样的居民的意愿"。您同意不同意这种说法？

□①非常同意　　　□②同意　　　□③不同意　　□④非常不同意

2b　有人说："如果您有困难找社区居委会的干部解决，他们一般

不会处理"。您同意不同意这样的说法？

　　□①非常同意　　　□②同意　　　□③不同意　　□④非常不同意

2.1　有人说，只要和干部有关系，他们会很快解决您的问题，您同意不同意这种说法？

　　□①非常同意　　　　　　　□②比较同意

　　□③比较不同意　　　　　　□④ 非常不同意

A2

1a　您平时关注不关注国家大事？

　　□①从不关注　　　　　　　□②偶尔关注

　　□③比较关注　　　　　　　□④经常关注

1.1　您一般通过什么途径关注国家大事？（可多选）

　　□①广播　　　□②电视　　　□③网络　　□④报刊

　　□⑤其他人聊天　　□⑥其他方式_____

2a　有人说："一般居民都<u>不了解</u>如何去政府办事"，您同意不同意这样的说法？

　　□①非常同意　　　□②同意　　　□③不同意　　□④非常不同意

1b　有人说："像我这样的人，<u>不能</u>影响政府所做的事情"。您同意不同意这样的说法？

　　□①非常同意　　　□②同意　　　□③不同意　　□④非常不同意

2b　有人说："如果政府的某项决策损害了居民的利益，居民<u>不会</u>有所反应"，您同意不同意这种说法？

　　□①非常同意　　　□②同意　　　□③不同意　　□④非常不同意

2.1　如果您非常不同意或不同意，那么您会：（可多选）

　　□①私下议论　　　　　　　□②跟居委会或居委会干部反映

　　□③向街道办事处或相关领导反映　□④找市政府或相关领导反映

　　□⑤向省政府或领导反映　　　□⑥向中央政府及领导领导反映

□⑦其他_____

3b 您觉得您能不能影响到身边的政府官员？

□①根本不可能　　□②很少可以　　□③一般可以　　□④很有可能

B2

1a 有人说："中央政府比地方政府更在乎老百姓的想法"。您同意不同意这样的说法？

□①非常不同意　　　　□②比较不同意

□③比较同意　　　　　□④非常同意

2a 您认为人大代表关注不关注老百姓的心声？

□①根本不关注　　　　□②不关注

□③关注　　　　　　　□④非常关注

3a 如果您有事必须找相关政府部门办理，您认为政府会不会重视您的问题？

□①根本不重视　　　　□②不重视

□③重视　　　　　　　□④非常重视

4a 您认为，在国家决策中，中央政府会不会考虑像您一样老百姓的利益？

□①根本不会考虑　　　□②很少考虑

□③考虑一些　　　　　□④会考虑

5a 如果您向政府官员阐述您的意见，您认为他们会不会重视？

□①根本不重视　　　　□②不重视

□③重视　　　　　　　□④非常重视

1b 有人说："如果您有困难找政府解决，他们一般<u>不会</u>处理"。您同意不同意这样的说法？

□①非常同意　　　　　□②同意

□③不同意　　　　　　□④非常不同意

2b 有人说,"国家政策根本<u>不会</u>反映出像我一样百姓的意愿"。您同意不同意这样的说法?

□①非常同意　　　　　□②同意

□③不同意　　　　　　□④非常不同意

1b 如果您有事必须找相关政府办理,您认为政府会如何对待?

□①根本不予理睬　　　□②听一听就没事了

□③答应会办理　　　　□④立即办理

2b 如果您向政府官员反映您的问题,您认为他们一般会给您什么反应?

□①根本不予理睬　　　□②听一听就没事了

□③答应会办理　　　　□④立即办理

第二部分　下面的问题是想了解您对政治常识的了解情况

C1 我国的人民代表大会每几年举行一次?

□①知道　　　　　　　□②不知道

C2 我国现任国务院总理是谁?

□①知道　　　　　　　□②不知道

C3 我省现任的省委书记或省长分别是谁?

□①知道　　　　　　　□②不知道

C4 我国有权解释宪法的机关是哪一个机关?

□①知道　　　　　　　□②不知道

C5 我国的义务教育法规定的每个公民的法定义务教育是几年?

□①知道　　　　　　　□②不知道

C6 下面的国家政策你了解哪些,请选择。(可多选,在后面的空格里打"√")

政策	选择
计划生育	
限塑令	
住房公积金	
养老保险	
限购令	
其他政策	

第三部分　下面的问题想问问您参与政治活动的情况

D1　请问您参加过以下哪些活动？（可多选，在后面的空格里打"√"）

活动	选择
听证会	
单位选举	
社区居委会选举	
人大代表选举	
在网络上发表自己的看法	
向有关领导反映问题	
上访	
游行	

D2　如果您有问题向领导或政府反映，您一般采取的方式是以下哪几种？（可多选，在后面的空格里打"√"）

方式	选择
在网络上披露事实	
在其他媒体上披露事实	
写匿名信	
直接找相关领导说	
上访	

D3 如果您有上述行为，您一般是：

□（1）自己去做 □（2）联合其他人一起去

D4 在生活中，您就下列哪些问题发表过自己的意见？（可多选）

□（1）教育 □（2）医疗 □（3）腐败 □（4）选举

□（5）房屋拆迁 □（6）干部作风 □（7）购房

□（8）物价上涨 □（9）食品安全 □（10）其他_____

D5 在您的生活中，接触过以下哪些人？（可多选，请您在下列选项中划"√"）

人　员	选　择
一般公务员	
居委会干部	
街道干部	
人大代表	
政协委员	
市级领导	
省级领导	
中央领导	

E1 维持性：

1e 您有没有看过候选人的竞选演说？

□①经常 □②有时 □③很少 □④没有

2e 您会不会与人谈论本社区的居委会选举？

□①经常 □②有时 □③很少 □④没有

3e 您有没有参与本社区的居委会投票选举？

□①经常 □②有时 □③很少 □④没有

4e 您有没有参加过本社区的居民代表大会或居民大会？

□①经常 □②有时 □③很少 □④没有

F2 敦促性

1f　您有没有邀请过其他人观看选举情况公告栏？

□①经常　　　□②有时　　　□③很少　　　□④没有

2f　您有没有劝说别人参加投票？

□①经常　　　□②有时　　　□③很少　　　□④没有

3f　您有没有劝说别人一起参加居民大会或其他公共活动？

□①经常　　　□②有时　　　□③很少　　　□④没有

G3 推动性

1g　您有没有对社区的公共事务管理提出过建议？

□①经常　　　□②有时　　　□③很少　　　□④没有

2g　您有没有对社区的某些制度表示过不满？

□①经常　　　□②有时　　　□③很少　　　□④没有

3g　您有没有对社区居委会工作提出过建议和意见？

□①经常　　　□②有时　　　□③很少　　　□④没有

4g　您有没有直接到居委会反映过意见？

□①经常　　　□②有时　　　□③很少　　　□④没有

5g　您有没有在选举中出现过激行为（比如撕票箱）？

□①经常　　　□②有时　　　□③很少　　　□④没有

X5 主动性

1x　您一般参与居委会选举是下面哪种情形？

□a 主动参加　　□b 在别人动员下参加　　□c 动员也不参加

2x　如果社区需要您参与公共活动（如植树、文化活动），您是下面哪种情形？

□a 主动参加　　□b 在别人动员下参加　　□c 动员也不参加

第四部分　麻烦问您几个个人信息

个人基本信息：

1. 您的出生年月日：_____

2. 您的性别：□①男　□②女

3. 民族：□①汉族　□②满族　□③回族　□④其他少数民族

4. 您的文化程度：□①不识字　□②小学　□③初中　□④高中或中专　□⑤本科（或大专）及以上　□⑥研究生及以上

5. 您的宗教信仰：□①佛教　□②基督教　□③天主教　□④道教　□⑤其他____　□⑥不信仰任何宗教

6. 您的政治面貌：□①党员　□②民主党派　□③无党派

7. 您的职业：□①工人　□②教师　□③一般行政人员　□④商人　□⑤警察　□⑥军人　□⑦公务员　□⑧其他职业_____

8. 您的个人平均月收入：□①999元以下　□②1000—2999元　□③3000—4999元　□④5000—7999元　□⑤8000—9999元　□⑥10000元以上　□⑦拒答　□⑧不知道

9. 您有没有参加某一个社会团体？_____

＊以下是访员填写内容：

1. 受访者所在省份：_____

　　　　县市：_____

　　　　街道居委会：_____

2. 在访问开始前，受访者有无下列情形？（可多选）

□（1）表示自己太忙，无法受访　□（2）表示对访问内容有疑虑

□（3）表示不信任调查访问　□（4）表示对访问不感兴趣

□（5）表示对访问的作用有质疑　□（6）对访员身份有怀疑

□（7）有第三者在场

3. 如有第三者在场，具体是：
   - □（1）配偶在场　　　□（2）子女在场（子女大约几岁）
   - □（3）长辈在场　　　□（4）居委会干部在场
   - □（5）其他人在场_____

4. 你觉得受访者回答问题的可信度是：
   - □（1）大部分不可信　　□（2）有些不可信
   - □（3）大致可信　　　　□（4）很可信

5. 您觉得受访者对问题的敏感度是：
   - □（1）非常敏感　　　　□（2）敏感
   - □（3）不敏感　　　　　□（4）非常不敏感

后 记

本书是我在博士论文的基础上修改完成的，写作过程中，深感学术研究之艰辛，也无时不为其魅力所吸引，真所谓"痛并快乐着"。我深知，这只是我学术经历的开始，书中必有不成熟之处，但是它承载了我许多的心血，也记录了我的成长和努力。付梓交稿之际，要对为我提供帮助和支持的先贤、同仁、学生和家人表示感谢，没有他们无私的奉献，我是无法完成写作的。

导师李路曲教授，给予我的是作为一名学人的胸怀和气度，这是为学者的根本，没有这种胸怀难以用政治学的视角观照中国基层政治的发展，更难以在荆棘丛生的政治现实面前有一份从容和淡定，李路曲先生用他的治学经验和睿智时时点拨着我，激励着我，使我可以在这条学术道路上顽强地走下来。

陈陆辉先生，相识于2008年的盛夏复旦，又求教于他在美丽的台北政治大学，几年来，陈先生在我的论文的选题、开题以及细小的论证乃至计量分析中，都给予我丰厚的给养，让我在踯躅难行之时能获得他及时充分的"搀扶"，让我能够坚持走完最艰难的那一步。

郭秋永先生，北京政法大学鲁莽的求教，让我有幸认识了这位诙谐、幽默而又严谨的学术高人，他不仅是规范研究的先贤，还是经验研究的精通者，这位老先生不仅向我传递了他治学的经验，更向我说明了治学之道，尤其是在我对一个问题百思不得其解的时候，求救于他，老先生总能化解纠结，让我有"豁然开朗"之感。

俗话说，三人行，必有我师，学院同仁的支持和鼓励让我在独自领略学术瑰丽的时候不再孤单。王臻荣、董江爱、王谨、廉如鉴、张守夫、王秋红、上官酒瑞、胡若雨、胡晓燕、杨国兰、杨爱英、张文英、侯经忠、付以正、张勇等老师都曾给予我莫大的学术鼓励和精神支持。另外北京师范大学的刘红云老师、我校教育学院的梁晓燕和刘丽红两位师妹，为我提供了统计学上的帮助。

这篇著作的完成，不是我一人之力可以做到的。我的学生，李忠泽、季玉峰、张开元、任文忠、肖军、员鸿琛、郝娟、杨浩、康珍、张珍、周楠、张丽华、王桂玲、杨洁、闫芳、董文丽、武帼华、张斌斌、邓晶晶、左江波、曹莉荣、翟阳明、林步超、王东鑫、李同和用他们稚嫩的肩膀帮我分担了很多，进村之不易，入户之艰难，调研之辛苦，整理之繁琐，没有他们的帮助我很难想象自己如何进行下去，真心的感谢他们。

如果说本书的完成算是我学术之旅的一个阶段，那么在这段旅途从准备到结束的过程中，我的父母首先给予我的是开始这段旅程最为充足的养分，有他们的精心呵护和无私奉献，我才可以在繁忙的工作之余可以静心地学习研究；我的爱人，多年来给予我充分的理解和诸多的支持，使我可以自由徜徉在学术之海。18岁的儿子，已是阳刚少年，他的阳光、善良和积极是我完成学业的不竭动力。

将这份尚显稚嫩、粗浅的作业完成上交，不知能否报答导师、同仁、学生和家人深深的关爱之心。但愿你们能够感到欣慰，也能够感到些许的满意！

在著作的出版过程中，得到了中央编译出版社贾宇琰主任和王琳编辑的大力帮助和精心指点，让我受益匪浅。

将此书献给所有关心和支持我的人！

李蓉蓉

2014年1月20日

图书在版编目(CIP)数据

效能与参与视域下的中国基层民主政治/李蓉蓉著.
—北京：中央编译出版社，2014.7
ISBN 978-7-5117-2216-4

Ⅰ.①效… Ⅱ.①李… Ⅲ.①民主政治-研究-中国 Ⅳ.①D61

中国版本图书馆 CIP 数据核字(2014)第 134369 号

效能与参与视域下的中国基层民主政治

出 版 人	刘明清
出版统筹	贾宇琰
责任编辑	王　琳
责任印制	尹　珺
出版发行	中央编译出版社
地　　址	北京西城区车公庄大街乙 5 号鸿儒大厦 B 座(100044)
电　　话	(010)52612345(总编室)　　(010)52612341(编辑室)
	(010)52612316(发行部)　　(010)52612317(网络销售)
	(010)52612346(馆配部)　　(010)66509618(读者服务部)
传　　真	(010)66515838
经　　销	全国新华书店
印　　刷	北京中兴印刷有限公司
开　　本	787 毫米×1092 毫米　1/16
字　　数	272 千字
印　　张	20.25
版　　次	2014 年 7 月第 1 版第 1 次印刷
定　　价	68.00 元
网　　址	www.cctphome.com　　邮　箱：cctp@cctphome.com
新浪微博	@中央编译出版社　　微　信：中央编译出版社(ID：cctphome)
淘宝店铺	中央编译出版社直销店(http://shop108367160.taobao.com)

本社常年法律顾问：北京市吴栾赵阎律师事务所律师　闫军　梁勤
凡有印装质量问题，本社负责调换，电话：(010)66509618